KB173493

한국독립운동,
아직 끝나지 않았다

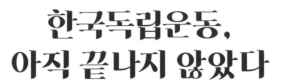

한국독립운동,
아직 끝나지 않았다

| 이계형 지음 |

미완의 독립 :
기억과 청산의 기록

청아출판사

이 책이 출판되기까지 긴 시간이 걸렸다. 2019년 1월부터 2023년 12월까지 만 5년 동안 독립기념관 소식지 《독립기념관》에 '끝나지 않은 독립운동'이란 코너에 매달 기고한 글을 묶어 한 책으로 낸 것이니 5년 7개월이 걸린 셈이다. 맨 처음 원고 제의를 받았을 때는 한 두 해로 끝날 줄 알았는데, 5년이나 글을 썼다.

매달 관련한 주제를 정하고 자료를 수집하고 글을 쓰는 과정은 지난하기만 했다. '끝나지 않은 독립운동'이란 코너 제목을 이해하는 데도 시간이 필요했다. 뭘까 고민도 많이 했다. 질문에 질문을 던져 스스로 얻은 결론은 국민이 한국독립운동을 보다 더 쉽게 기술하는 것이요, 독립운동가들을 기억하도록 하는 것이며, 아직도 남아 있는 친일 잔재를 청산하고 친일파를 역사적으로 척결하는 것으로 생각했다.

그런데 매달 한 편의 글을 쓰는 과정은 쉽지 않았다. 관련한 주제를 선정하는 것이 매우 어려웠다. 가능한 그해, 그달에 해당하는 독립운동 혹은 독립운동가를 주제로 글을 쓰고자 하였지만, 그러지 못하기도 하였다. 물론 일제의 가혹한 식민 통치와 탄압 실상을 알리기도 하였고, 독립운동가는 아니지만 문화 운동을 펼친 인물도 글에 담았다. 간혹 그달에 독립운동(가)과 관련하여 사회적 이슈가 된 것도 다뤘다.

이렇듯 주제를 잡은 뒤에는 그에 따른 자료를 수집, 정리하였다. 〈'신정'이란 말을 쓰면 안 되는 이유〉, 〈'순국선열의 날' 역사적 의미와 제언〉, 〈한국민족운동이었던 어린이날〉 등의 글을 쓸 때는 길게는 100여 년, 짧게는 40여 년의 흐름을 조사해야만 했다. 하나하나 찾아 변화 과정을 추적하고 그 의미를 찾고자 하였다. 물론 다른 주제와 연관해서도 그와 비슷한 시간이 소요되었다. 그 뒤 원고 20여 매의 짧은 글로 정리하여 역사적 의미를 되새기고자 하였다. 어느 때는 원고 매수가 70여 매를 넘어가 줄이는 데 애를 먹기도 하였다.

이런 과정을 통해 5년 동안 모두 60편의 글을《독립기념관》 월보에 실었다. 그러는 동안 오히려 독립운동을 좀 더 깊고 넓게 이해하는데 큰 도움이 됐다.《독립기념관》월보가 계간지로 바뀌어 기고를 마무리한 뒤 글들을 더 많은 사람이 접했으면 하는 마음에 책으로 묶어 내기로 하였다. 이에 60편의 글을 나름대로 소주제로 다시 분류하였다. 소제목을 열거하자면, '기억해야 할 독립운동', '어제의 독립운동과 오늘의 회고', '한국독립운동의 앞길', '끝나지 않은 일제강점기의 문제들', '아직도 지워지지 않은 친일의 그림자와 청산 과제' 등이다.

책으로 엮고자 다시금 글들을 읽어보니 부족한 점이 적지 않아 수정·보완하였고, 시간이 지나 변화된 수치나 통계자료는 책을 출판하는 2024년 7월에 맞게 고쳤다. 모자란 글도 있고 충분히 채워지지 않은 글도 있지만, 많은 독자가 오늘날 한국독립운동의 역사적 의미를 새롭게 이해하고, 자주독립 국가를 건설하고자 자기 한목숨도 기꺼이 희생하였던 평범한 분들의 숭고한 정신도 기억하고 기렸으면 한다.

매달 글을 쓰는 데 많은 도움을 주시고 격려해 주셨던 전 독립기념관 한국독립운동사연구소 김형목 책임 연구위원님께 고마운 마음을 전한다. 책 출판을 기꺼이 맡아주신 청아출판사 이상용 대표님과 편집에 애써 주신 편집부에도 감사의 인사를 드린다.

2024년 7월

이계형 씀

차례

제3장 한국독립운동의 앞길

제4장   끝나지 않은 일제강점기의 문제들

제1장

기억해야 할 한국독립운동

돌아오지 못한
독립운동가들

아직도 돌아오지 못한 독립운동가들

'독립운동가'라 함은 통상 1895년부터 1945년 8월 해방 이전까지 일제의 식민 통치에 맞서 한민족의 독립을 위해 헌신했던 분들을 말한다. 2024년 7월 현재 18,018명의 독립운동가가 대한민국 정부로부터 훈·포장을 받았다. 이 가운데는 중국·일본·미주 등 국외에서 활동하다가 미처 조국의 독립을 보지 못하고 이국에서 숨을 거둔 분들이 적지 않다. 그렇다면 이분들의 유해는 해방 후 얼마나 고국으로 봉환되었을까?

해방되기 전 고국으로 유해를 모셔 온 분들도 있지만, 적지 않은 분들은 타국의 공동묘지 등에 묻히거나, 돌아가신 분의 유언대로 화장하여 그곳에 뿌려지기도 하였다. 돌아오지 못한 분들 가운데는 해방 이후 민간단체, 국가보훈부, 유족 등이 나서서 유해를 고국으로 모셔 오기도 했다. 그런데 유해 소재를 파악하였어도 여러 이유로 모셔 오지 못하거나 독립운동가로 인정받지 못해 봉환하지 못하는 일도 있다. 가장 안타

2001년에 건립된 수이푼 강가의 이상설 유허비(독립기념관)

신채호 묘소

까운 경우는 유해 봉환이 너무 늦어져 소재를 파악할 수 없거나, 도시 개발로 묘지가 유실되어 도저히 모셔 오지 못하는 분들이다.

　김좌진은 1930년 1월 공산주의자 박상실에게 암살당한 후 임시로 헤이룽장성 하이린(海林)에 안치되었다. 이후 1933년 서울에 있던 부인 오숙근이 일제의 감시를 피해 그의 유해를 수습하여 고향인 충청남도 홍성에 안장하였다. 1936년 2월 다롄의 뤼순 감옥에서 순국한 신채호는 "생전에 조국 광복을 못 볼진대 왜놈들의 발끝에 차이지 않게 유골을 화장하여 바다에 띄워 달라."고 유언했지만, 그의 유해는 유족들의 뜻에 따라 그가 어릴 적 살았던 충청북도 청주 고드미 마을에 안장되었다. 1917년 3월 러시아 우수리스크에서 순국한 이상설은 "조국 광복을 이루지 못하고 이 세상을 떠나니 어찌 고혼인들 조국에 돌아갈 수 있으랴."라고 남긴 유언에 따라 유해는 화장한 뒤 러시아 우수리스크 수이푼강에 뿌려졌다.

독립운동가 유해 봉환 현황과 어려움

국외에서 활동하다 미처 조국의 독립을 보지 못하고 순국하신 분들의 유해는 모두 485위에 달한다(2017년 12월 기준). 그 가운데 해방 이후 국외에 묻혔던 독립운동가 유해가 봉환된 경우는 2024년 1월 현재 148위로, 30.5% 정도이다. 이렇듯 유해 봉환이 저조한 것은 여러 이유가 있다. 현지 유가족들의 동의를 얻기가 쉽지 않고, 그곳 정부의 협조 또한 만만치 않기 때문이다. 특히 한국과 수교를 체결하지 않은 국가라면 더욱 그렇다. 북한 출신 독립운동가의 경우에는 북한이 이를 반대하여 어려움을 겪기도 한다.

해방 후 첫 독립운동가의 유해 봉환은 김구의 주도로 민간 분야에서 이루어졌다. 당시 결성된 유해 봉환 추진위원회가 1946년 6월 일본에서

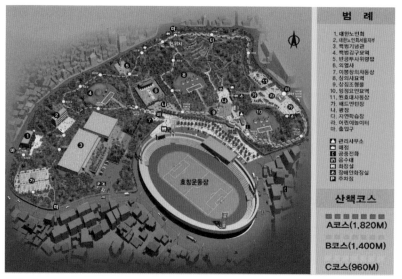

효창공원 조감도

범 례

1. 대한노인회
2. 대한노인회서울지부
3. 백범기념관
4. 백범김구묘역
5. 반공투사위령탑
6. 의열사
7. 이봉창의사동상
8. 삼의사묘역
9. 상징조형물
10. 임정요인묘역
11. 원효대사동상
가. 배드민턴장
나. 광장
다. 자연학습장
라. 어린이놀이터
마. 출입구

🏢 관리사무소
🏪 매점
☎ 공중전화
💧 음수대
🚻 화장실
♿ 장애인화장실
P 주차점

산책코스

▪▪▪▪▪▪▪▪ A코스(1,820M)

▪▪▪▪▪▪ B코스(1,400M)

▪▪▪▪ C코스(960M)

순국한 윤봉길·이봉창·백정기 등 유해 3위를 수습하여 효창공원에 안장한 것이 시작이었다. 그로부터 2년 뒤 1948년 8월에는 중국에서 순국한 이동녕·차리석·민병길·곽낙원·김준례·김인 등 여섯 유해가 봉환되었다. 1963년에는 네덜란드에서 이준의 유해가 56년 만에 돌아와 수유리에 안장되었다.

이후 이렇다 할 유해 봉환이 없다가 1975년부터 원호처(국가보훈부 전신)가 독립운동가 유해 봉환 사업을 담당하면서 꾸준히 봉환이 이어지고 있다. 물론 유족이 희망하는 경우에 한해서다. 이로써 1975년 미국에서 장인환·현순, 일본에서 서상한 등이 봉환되었고, 1980년대 후반 중국의 개혁·개방이 본격화하면서 한국독립운동가의 유해 봉환 운동이 활발해졌다. 그 결과 1990년 10월 중국 동북 지방에 안장되었던 이상룡·이승

김구 묘소

(왼쪽부터) 안중근(가묘) · 이봉창 · 윤봉길 · 백정기 묘소

(왼쪽부터) 이동녕 · 조성환 · 차리석 묘소

화·이봉회·이광민 등의 유해가 봉환되었다. 1987년 10월 제9차 헌법이 개정·공포되면서 '대한민국 임시정부의 법통 계승'이 천명되고, 1992년 8월 한중 수교 이후 유해 봉환이 더욱 활발해졌다. 1993년 8월 국가보훈부는 상하이 만국공묘에 안장되어 있던 임시정부 요인 박은식·신규식·노백린·김인전·안태국 등 5위의 유해를 봉환하였다. 1994년 4월에는 미국 필라델피아 근교 납골당에 안치되어 있던 서재필의 유해를 국내로 봉환하였다. 국외의 독립운동가 유해 봉환 사업은 지금도 계속되고 있다.

최근 상황을 보면, 2019년 4월 문재인 대통령의 카자흐스탄 방문을 계기로 그곳에 묻혀 있던 계봉우·황운정의 유해가 국내로 돌아왔고, 미국에서는 강영각·김태연·이재수 등의 유해가 고국의 품으로 돌아왔다. 2020년 11월에는 조종희·나성돈 등의 유해가 미국에서 봉환되었다. 2021년 8월에는 카자흐스탄 크즐오르다에서 홍범도의 유해가 봉환되었다. 홍범도 유해는 김영삼 정권 당시 처음으로 봉환을 추진하였지만, 그곳 유가족의 반대와 북한이 그의 연고가 평양이라는 이유로 카자흐스탄 정부에 항의하는 바람에 성사되지 못하였다. 그런 점에서 홍범도 유해 봉환은 남달랐다. 그의 유해를 실은 한국군 특별수송기가 한국방공식별구역에 진입하자 공군 전투기 6대가 엄호 비행을 하였다. 많은 국민에게 남다른 감명을 주기에 충분했고 가슴 뭉클한 장면이었다. 이후 2022년 11월 프랑스 콜롱브 시립묘지에 묻혀 있던 홍재하, 2023년 4월 미국 뉴욕에서 이한호, 그해 11월 정두옥 등의 유해가 돌아와 고국에 묻혔다. 점차 유해 봉환 지역이 넓어지고, 횟수도 증가하고 있다.

한편, 순국하신 곳에 묻혀서 묘소 소재가 파악되지만, 모셔 오지 못하는 독립운동가도 있다. 대표적인 분들은 러시아의 이위종(상트페테르부르크 우즈벤스크 묘지), 중국 만주의 나철·김교헌·서일(허룽현 청호대), 고향 롱

카자흐스탄 크즐오르다의 홍범도 묘소

홍범도 유해 안장식 장면

대전현충원 홍범도 묘소

징에 묻힌 윤동주·송몽규(룽징 동쪽 외곽의 '영국더기' 동산) 등이다. 이는 현지 한인 동포들의 정신적 구심점이 되거나, 그분들의 이름을 딴 거리가 만들어져 숭고한 뜻을 기리는 경우로서, 현지 보존 및 단장을 희망하면 그에 필요한 경비를 정부가 지원하고 있다.

마지막으로, 유해를 찾지 못한 분들도 있다. 가장 안타까운 것은 "내가 죽은 뒤에 나의 뼈를 하얼빈 공원 곁에 묻어 두었다가 우리 국권이 회복되거든 고국으로 옮겨 반장해 다오."라고 유언을 남긴 안중근의 유해를 지금까지도 찾지 못한 일이다. 그가 순국한 지 120주년이 다 되어 가고 국권이 회복된 지도 70여 년이 지났는데 말이다. 그렇다고 유해 봉환 노력에 소홀했던 것은 아니다. 해방 직후인 1946년에 이봉창 등의 유해를 모시고 와 효창공원에 안장할 당시, 훗날 안중근의 유해를 봉환했을 때 안장할 가묘까지 마련해 두었지만 실행되지 못하였다.

해방 직후 중국 국민당의 장제스는 우리 독립운동가들의 유해 발굴에 호의적이었다. 그러나 중국 내 국공내전에서 국민당이 패배한 이후 중화인민공화국이 성립되었고, 6·25전쟁, 미소 간 냉전 등으로 인해 한국과 중국 간에 원만한 교류가 어려워지면서 유해 봉환마저 막히고 말았다. 이런 가운데 1970년대에 중국과 우호 관계를 유지하던 북한의 주도로 안중근 유해 발굴이 처음 진행되었고, 1986년 북한이 안중근의 조카 안우생(안공근 아들) 등 대규모 유해 발굴단을 꾸려 다시금 조사했지만 허사였다. 그 뒤 2006년 남북 공동조사단이 안중근 유해 매장지로 유력한 둥산포·위안바오산·뤼순감옥 박물관 부지 등을 조사하였고, 2008년에 두 번째로 남북이 함께 발굴 사업을 진행하였다. 이번에는 예전 뤼순감옥 소장의 딸 이마이 후사코(今井房子, 당시 8세)가 제보한 사진 한 장을 토대로 감옥 뒤쪽 일대 약 3,000미터 정도를 정밀 탐사했지만,

중국 랴오닝성 다롄의 안중근 의사 매장 추정지

루순감옥(현 루순감옥박물관)

❶둥산포(東山坡) 공동묘지
- 루순감옥 의무관과 현지 역사 연구가 등이 매장 추정지로 지목한 곳
- 중국, 2001년 1월 '전국중점문물보호단위'로 지정

❷위안바오산(元寶山)
- 루순감옥 소장의 딸이 안 의사 매장 추정지로 지목한 지역
- 한·중, 2008년 3~4월 공동 발굴
- 현재 아파트 건립돼 있음

❸고려인 묘지 추정지
- 루순감옥 박물관 주차장 경영자가 매장 추정지로 지목한 곳
- 중국, 2008년 10월 단독 발굴했으나 유해 미발견
- 현재 흙더미 쌓인 상태

〈자료: 국가보훈처〉

중국 랴오닝성 다롄의 안중근 의사 매장 추정지(국가보훈부)

끝내 유해를 찾지 못했다.

남북 관계가 다시 해빙 분위기로 돌아선 2018년 8월, 문재인 대통령이 북한과 공동으로 안중근 의사 유해 발굴을 추진하겠다는 의지를 밝혔지만, 중국의 협조 등 여러 여건이 충분치 못하여 실행에 옮기지는 못하였다.

이처럼 정부가 적극 나서서 다른 독립운동가들의 유해도 찾고 있지만 여의찮다. 유해 소재지를 찾지 못하거나 도시 개발로 유실된 경우가 적

뤼순감옥 구지

지 않기 때문이다. 중국 상하이에 묻혔던 오영선이나 안중근의 모친과
동생 안정근, 항저우의 공동묘지에 묻힌 김철, 충칭 화상산에 묻힌 송병
조·이달, 연해주의 최시형 등의 유해는 그 흔적조차 찾지 못하고 있다.
'사회주의자'로 낙인찍혀 1995년에야 서훈을 받은 이동휘도 그러한 경
우이다. 그는 1935년 1월 러시아 블라디보스토크 신한촌에서 순국한 뒤
러시아 프리모리예 지방 블라디보스토크 페르바야 레치카 공원묘지에
묻혔지만, 도시 개발로 공원묘지와 함께 흔적도 없이 사라지고 말았다.
1950년 6·25전쟁 당시 납북된 김규식·조소앙·유동열 등의 묘소 15위
는 다행히 북한에 남아 있다. 이런 분들의 경우에는 국립서울현충원 무
후선열제단에 위패가 모셔져 있다.

　독립운동가의 유해 봉환 사업은 단기간에 끝날 성질의 것이 아니다.
흔적을 찾을 수 없이 완전히 사라진 경우는 어쩔 수 없다고 할지라도 소

국립서울현충원 무후선열제단 입구

국립서울현충원 무후선열제단 내부

재 파악이 제대로 안 되었다면 끝까지 파헤쳐야 할 것이다. 독립운동가
와 그 가족들이 지금도 여전히 우리가 알지 못하는 세상 어딘가에 흩어
져 있을 것이기 때문이다.

특히 중국 동북 지방과 러시아 연해주 지역에서 치열한 항일 무장투
쟁을 벌이다 숨겨 간 독립군들의 유해도 찾아서 위령비라도 세워야 할
것이다. 또 하나 잊지 말아야 할 것은 유해를 봉환해 올지라도 그곳에 표
석이나 기념 시설 등을 설치해야 하며, 모셔 오지 못할 때는 유실되지 않
도록 지속적인 관심과 지원을 아끼지 말아야 한다. 이것이 바로 독립운

동의 완성이며, 독립운동가들이 꿈꾸었던 민족 해방과 근대적 국민국가 수립의 역사적 의미가 더욱 깊어질 것이다. 이러한 과정에서 우리 민족의 자존심과 정체성은 더욱 빛날 것이며, 미래 지향적 역사 인식과 가치관이 창조될 것이다.

북한에 묻혀 있는
남측 독립운동가의 유해를
모셔 와야 할 때

2006년 10월 1일, 한 장의 사진이 사람들의 가슴을 먹먹하게 만들었다. 70세를 훌쩍 넘긴 이가 어머니의 영정을 들고 방북하여, 56년 만에 아버지 무덤 앞에 큰절을 올리는 사진이었다. 2004년 9월 대한민국임시정부 기념사업회를 창립한 김자동 선생의 이야기이다. 이를 통해 남한의 독립운동가들이 북한에 묻히게 된 과정을 살피고, 이제는 그들의 유해를 남한으로 모시고 와야 하지 않을까 하는 생각을 나눠 보고자 한다.

2006년 평양 재북 인사의 묘역에 묻힌 선친 김의한의 묘를 찾은 김자동(출처: 통일뉴스)

북한의 현충원, 혁명열사릉과 애국열사릉

김자동의 아버지 김의한은 1919년 3·1운동이 일어나자, 부친 김가진과 함께 중국 상하이로 망명하여 해방될 때까지 대한민국 임시정부, 한국독립당, 한국광복군 등에서 활약하였다. 김자동의 어머니는 '한국의 잔 다르크', '임시정부의 안살림꾼', '여성 독립투사', '임시정부의 맏며느리' 등의 수식어가 따라붙는 정정화이다. 이들 부부에게는 무슨 사연이 있었기에 각기 남과 북에 묘소가 있어 죽어서도 합장하지 못하게 되었는가?

북한에도 우리의 현충원과 같은 현충 시설이 있다. 하나는 혁명열사릉이고 다른 하나는 애국열사릉이다. 둘 다 평양에 있지만, 묻혀 있는 분들이 언제 그리고 어떤 활동을 했는지에 따라 안장 장소가 구분된다. 혁명열사릉은 김일성의 발기로 북한의 조선로동당 창건 30돌을 맞는 1975년 10월에 대성산 주작봉 마루에 조성되었다. 이곳에는 김일성과

대성산 주작봉 혁명열사릉 입구 조형물

함께 항일 빨치산 활동을 했거나 그와 직·간접적으로 연계를 맺었던 200여 명의 항일 혁명 열사들이 안장되어 있다.

애국열사릉은 1986년 9월 신미리에 자리 잡았다. 당시 각지에 흩어져 있던 열사 190위를 그곳에 모셨는데, 항일 투쟁을 비롯하여 북한 정

혁명열사릉 흉상들

신미리 애국열사릉 전경

중국 랴오닝성 신빈현 왕청문에 있는 양세봉 흉상　　애국열사릉에 있는 양세봉 묘소

권 수립과 그 이후 사회주의 건설, 통일사업, 당·국가·군대, 과학·교육·
보건·문학예술·출판 보도 등 여러 부문에 공로가 있는 이들의 유해가
안치되어 있다. 그런데 이는 혁명열사릉보다는 격이 떨어진다. 혁명열
사릉에는 해당 인물의 비문 위에 동상이 세워져 있지만 애국열사릉에는
비문 위에 사진이 새겨져 있는 것도 그러한 이유다.

애국열사릉에 안장된 독립운동가

　두 개의 열사릉 가운데 독립운동가가 묻혀 있는 곳은 애국열사릉
이다. 화강암 기단 위에 150cm 정도 높이로 세워진 비석의 전면 상단에

는 사진을 새기고, 하단에는 검은 글씨로 고인의 이름과 생전의 약력, 생몰 연월일을 순서대로 새겨놓았다. 이름 뒤의 호칭은 동지, 선생으로 구분하였다. 몰년 뒤에는 대부분 '서거'라고 표기하였는데 간혹 '희생', '전사' 등도 있다. '희생'은 남한에서 활동하다 죽은 경우이고, '전사'는 빨치산 활동을 하다가 죽은 경우이다. 따라서 전자는 가묘인 경우가 많다.

독립운동가의 경우에는 약력에 '반일 애국지사', '애국지사', '항일 혁명렬사' 등으로 표기되어 있다. 그중 '반일 애국지사'는 만주에서 항일 무장투쟁을 전개하고 김일성과 간접적으로 관련이 있는 인사들이다. 이들 가운데 만주에서 독립군으로 활동했던 김보안(이명 김준택, 평남 순천·1995)·장철호(평북 의주·1990)·강제하(평북 창성·1995) 등은 국가보훈부로부터 독립장을 받았다[( ) 안은 출신지, 포상 연도].

조선의용군을 이끌며 혁혁한 전공을 일군 양세봉(평북 철산·1962, 독립장)의 무덤도 이곳에 있는데 약력에 '독립군 사령'으로 표기되어 있다. 양세봉이 북한에서 남다른 대우를 받는 것은 김일성과의 인연 때문이다. 양세봉은 김일성의 아버지 김형직과 의형제를 맺었고, 말년에는 김일성의 동북항일연군과 항일 합작을 논의했던 것으로 알려져 있다. 이러한 인연으로 김일성은 1960년 중국의 협조를 얻어 양세봉의 묘소를 평양 인근으로 이장한 후, 1986년 9월 평양의 애국열사릉으로 옮겼다. 남한에서는 허묘이지만, 1974년에 양세봉의 묘소를 서울 현충원에 조성하였다. 독립운동가 중에서 남북 모두에 묘소가 있는 것은 양세봉이 유일하다.

'애국지사'는 6·25전쟁 당시 납북된 인사들로 윤기섭(대통령장·1989), 조완구(대통령장·1989), 오하영(대통령장·1989), 유동열(대통령장·1989), 김규식(대통령장·1989), 최동오(독립장·1990) 등이 있다. 당시 납북된 엄항섭(독

서울현충원의 양세봉 허묘

조소앙과 북한 애국열사릉 묘소

김규식과 북한 애국열사릉 묘소

홍명희와 북한 애국열사릉 묘소

립장·1989)과 조소앙(대한민국장·1989)은 각기 재북평화통일촉진협의회 상무위원, 최고위원으로 표기되어 있다. 이들의 호칭은 최동오(동지)를 제외하고는 '선생'으로 되어 있다.

이 외에 일제강점기에 독립운동을 전개한 박문규·백남운·이극로·이영·허헌·홍명희 등도 모셔져 있는데, 이들은 월북하였다 하여 우리 정부로부터는 독립운동가로 인정받지 못하고 있다. 이들은 북한에서 '동지' 칭호를 받았다. 마지막으로 '항일 혁명렬사'는 김일성이 1932년 4월 25일 노동자·농민·청년 학생을 주축으로 창건했다는 조선인민혁명군에서 활동한 인물들이다. 이들은 '동지'라는 칭호를 부여받았다.

독립운동가들에 대한 최소한의 예의

그런데 납북된 독립운동가 중에는 애국열사릉에 안장되지 못한 인사도 있다. 그 가운데 한 분이 앞서 언급한 김의한이다. 그는 평양시 룡성구역 특설 묘역에 있는 '재북 인사의 묘'에 안장되어 있다. 그곳에는 남한에 있을 당시 정계·실업계·사회계·학계 등에서 명망이 높았던 62명이 묻혀 있는데, 전쟁 시기에 납북 또는 자진 월북한 사람들이다.

'재북 인사의 묘'에 묻힌 인사 대부분은 1956년 7월에 결성된 재북평화통일촉진협의회에서 활동하였다. 독립운동가로는 김의한을 비롯하여 안재홍(대통령장·1989), 원세훈(독립장·1989), 박열(대통령장·1989), 정인보(독립장·1990), 명제세(독립장·1990), 김상덕(독립장·1990), 장현식(애국장·1990), 장연송(건국포장·2006) 등이 있다.

이들은 납북되었다고 하여 1989·1990년에야 뒤늦게 우리 정부로부터 건국훈장에 추서되었다. 다만, 독립운동가이자 제헌국회에서 부의장까지 지낸 김약수는 월북하였다는 이유로 건국훈장을 받지 못하고 있다. 더욱 안타까운 것은 조선의용대를 창설한 김원봉과 김두봉 등은 연안파로 분류되어 1958년 북에서 숙청되었는데, 그들의 유해는 어디에 있는지조차 확인되지 않는다.

북한과 협상하여 70여 년 전 납북된 독립운동가들의 유해만이라도 남한에 있는 가족들의 품으로 모셔 와야 한다. 이것이 당장 해결하기는 어려운 문제라면, 최소한 애국열사릉에 모셔져 있는 독립운동가의 현황을 꼼꼼히 살펴서 이들의 생몰년이라도 바로잡아야 할 것이다. 이들 중에는 백과사전이나 독립운동 관련 책자에 생몰년이 다르게 기록되어 있거나 미상으로 처리된 경우도 적지 않기 때문이다. 남북이 38선으로 분단된 지 80년이 다 되어 가는 시점에 이들을 모셔 오는 것은 정부가 남한 내 유족들에게 갖춰야 할 최소한의 예의일 것이다.

'항일 문학'은 독립운동이며
'항일 문학가'는 독립운동가이다

"펜은 칼보다 강하다." 이는 모르는 이가 없을 정도로 많이 회자하는 말 가운데 하나다.

이 말은 영국의 작가 에드워드 불워 리턴(Edward Bulwer Lytton)이 1839년에 발표한 역사 희극 〈리슐리외 또는 모략(Richelieu; Or the Conspiracy)〉에서 처음 등장했다. 희곡 속 리슐리외는 프랑스 국왕 루이 13세(1601~1643) 때 재상으로 활동한 실존 인물이다. 리슐리외는 적을 상대로 무기를 휘두를 수 없게 되자, 침착한 목소리로 하인에게 "펜은 칼보다 강하네. 칼을 치우게. 국가는 칼 없이도 구할 수 있다네."라는 대사를 읊었다고 한다.

일제의 엄혹했던 식민지 시기에 한국의 작가들 역시 시·소설·동요·비평 등을 통해 민족의식을 일깨우거나 식민 통치를 비판하며 저항 의지를 표출했다. 그들의 저항 의식은 직접 독립운동에 뛰어든 이들에 못지않았다. 그들의 작품이 한국 문학사에서 '항일 문학'이라는 유형으로 분류되는 것만으로도 그 가치를 인정받은 것과 마찬가지이다.

민족의식 고취에 큰 영향을 끼친 대표적 항일 문학가들

'항일 문학' 하면 가장 먼저 한용운(1879~1944) · 조명희(1894~1938) · 이상화(1901~1943) · 심훈(1901~1936) · 이육사(1904~1944) · 윤동주(1917~1945) 등을 떠올릴 것이다. 이들은 모두 독립운동가로 건국훈장을 받았지만, 해방을 맞지 못하고 세상을 떠났다. 독립운동가이자 문학가였던 이들의 작품은 당대 민족의식을 고취하는 데 커다란 영향을 끼쳤다.

한용운은 〈님의 침묵〉·〈님〉·〈당신을 보았습니다〉 등의 시를 통해 국권 회복에 대한 열망과 저항 의지를 표출했다. 1928년 소련으로 망명한 조명희는 〈짓밟힌 고려〉를 발표하여 일제에 대한 분노와 적개심을 강렬히 표현하였다. 〈빼앗긴 들에도 봄은 오는가〉의 시인 이상화는 대구 3·1운동을 주도하였고, 〈금강송가〉·〈역천〉·〈이별〉 등의 저항시를 쏟아냈다. 하지만 그는 평생의 소원이었던 빼앗긴 들의 봄날은 보지 못했다.

〈짓밟힌 고려〉

일본 제국주의 무지한 발이 고려의 땅을 짓밟은 지도 벌써 오래다.

그놈들은 군대와 경찰과 법률과 감옥으로 온 고려의 땅을 얽어 놓았다.

칭칭 얽어 놓았다 ─ 온 고려 대중의 입을, 눈을, 귀를, 손과 발을.

그리고 그놈들은 공장과 상점과 광산과 토지를 모조리 삼키며 노예와 노예의 떼를 몰아 채찍질 아래에 피와 살을 사정없이 긁어 먹는다.

보라! 농촌에는 땅을 잃고 밥을 잃은 무리가 북으로 북으로, 남으로 남으로, 나날이 쫓기어 가지 않는가?

뼈품을 팔아도 먹지 못하는 그 사회이다. 도시에는 집도, 밥도 없는 무리가 죽으러 가는 양의 떼같이 이리저리 몰리지 않는가?

그러나 채찍은 오히려 더 그네의 머리 위에 떨어진다—

순사에게 눈을 부라린 죄로, 지주에게 소작료를 감해 달란 죄로, 자본주에게 품값을 올려 달란 죄로.

그리고 또 일본 제국주의에 반항한 죄로, 프롤레타리아트를 위하여 싸워 가며 일한 죄로!

주림과 학대에 시달리어 빼빼 마른 그네의 몸뚱이 위에는 모진 채찍이 던지어진다.

어린 '복남'이는 저의 홀어머니가 진고개 일본 부르주아 놈에게 종노릇 하느라고, 한 도시 안, 가깝기 지척이건만 벌써 보름이나 만나지 못하여 보고 싶어서, 보고 싶어서 울다가 날땅에 쓰러지어 잠들었다.

젊은 '순이'는 산같이 믿던 저의 남편이 품팔이하러 일본에 간 뒤에 4년이나 소식이 없다고, 강고꾸베야에서 죽었는가 보다고, 감독하는 일본 놈에게 총살당하였나 보다고, 지금 일본 관리 놈 집의 밥솥에 불을 지펴 주며 한숨 끝에 눈물짓는다.

아니다. 이것은 아직도 둘째다—

기운 씩씩하고 일 잘하던 인쇄 직공 공산당원 '성룡'의 늙은 어머니는 어느 날 아침결에 경찰서 문턱에서 매 맞아 죽어 나오는 아들의 시체를 부둥켜안고 쓰러졌다—그는 지금 꿈에도 자기 아들의 이름을 부르며 운다.

아니다, 또 있다—

십 년이나 두고 보지 못하던 자기 아들이 정치범 미결감 삼 년 동안에 옷 한 벌, 밥 한 그릇 들이지 못하고 마지막으로 얼굴이나 한번 보겠다고 천리 밖에서 달려와 공판정으로 기어들다가 무지한 간수 놈의 발길에 차여 땅에 자빠져 굴러 하늘을 치어다 보며 탄식하는 흰머리의 노인도 있다.

이거뿐이냐? 아니다.

온 고려 프롤레타리아 동무 — 몇천의 동무는 그놈들의 악독한 주먹에 죽고 병들고 쇠사슬에 매여 감옥으로 갔다.

그놈들은 이와 같이 우리의 형과 아우를, 아니 온 고려 프롤레타리아트를 박해하려 든다.

고려의 프롤레타리아트! 그들에게는 오직 주림과 죽음이 있을 뿐이다, 주림과 죽음!

그러나 우리는 낙심치 않는다. 우리의 힘을 믿기 때문에 —

우리의 뼈만 남은 주먹에는 원수를 쳐 꺼꾸러뜨리려는 거룩한 싸움의 힘이 숨어 있음을 믿기 때문에.

옳도다, 다만 이 싸움이 있을 뿐이다 —

칼을 칼로 잡고 피를 피로 씻으려는 싸움이 — 힘세인 프롤레타리아트의 새 기대를 높이 세우려는 거룩한 싸움이!

그리고 우리는 또 믿는다 —

주림의 골짜기, 죽음의 산을 넘어 그러나 굳건한 걸음으로 걸어 나가는 온 세계 프롤레타리아트의 상하고 피 묻힌 몇억만의 손과 손들이.

저 — 동쪽 하늘에서 붉은 피로 물들인 태양을 떠받치어 올릴 것을 거룩한 프롤레타리아트의 새날이 올 것을 굳게 믿고 나아간다! [1928.10]

심훈의 대표작인 〈그날이 오면〉은 1930년 3월 1일, 3·1운동 기념일에 썼지만, 일제의 검열로 세상의 빛을 보지 못하였다가 그의 사후인

1949년에야 유고집으로 공식 발표되었다. 영국 옥스퍼드대학교의 C. M. 바우라(C. M. Bowra) 교수는 심훈의 〈그날이 오면〉을 세계 저항시의 본보기라고 극찬하기도 했다.

〈그날이 오면〉

그날이 오면 그날이 오며는
삼각산이 일어나 더덩실 춤이라도 추고
한강물이 뒤집혀 용솟음칠 그날이,
이 목숨이 끊기기 전에 와 주기만 할량이면,
나는 밤하늘에 날으는 까마귀와 같이
종로의 인경을 머리로 들이받아 울리오리다.
두개골은 깨어져 산산조각이 나도
기뻐서 죽사오매 오히려 무슨 한이 남으오리까.

그날이 와서 오오 그날이 와서
육조 앞 넓은 길을 울며 뛰며 뒹굴어도
그래도 넘치는 기쁨에 가슴이 미어질 듯하거든
드는 칼로 이 몸의 가죽이라도 벗겨서
커다란 북을 만들어 둘쳐메고는
여러분의 행렬에 앞장을 서오리다.
우렁찬 그 소리를 한 번이라도 듣기만 하면
그 자리에 거꾸러져도 눈을 감겠소이다.

이육사는 '조선은행 대구지점 폭탄 사건'(1927)과 '대구격문 사건'(1930) 등으로 3년여의 옥고를 치렀는데, 〈광야〉·〈꽃〉·〈절정〉 등을 통해 민족혼을 고취하는가 하면 독립에 대한 염원과 자신의 굳은 저항 의지를 담아냈다. 국문학자이자 시조 시인이었던 이병기(1891~1968)·이희승(1896~1989) 등은 '조선어학회 사건'으로 옥고를 치렀다. 〈성북동 비둘기〉의 시인 김광섭(1904~1977)은 중동중학교 교사로 근무하면서 학생들에게 민족의식을 고취하다가 1941년 2월 체포되어 2년 형을 선고받고 서대문형무소에 투옥되었을 때, 〈벌〉이란 작품을 통해 당당한 저항 의지를 드러냈다. 윤동주는 지식인으로서 식민지를 살아가야만 했던 자신에 대한 성찰과 양심의 고뇌를 〈서시〉·〈십자가〉·〈또 다른 고향〉 등의 시에 담아냈다.

중국에서 일제 식민 통치의 실상을 폭로한 신문·잡지들

1919년 3·1운동 이후 중국으로 망명하여 활동했던 독립운동가들은 《진단(震壇)》(1920), 《천고(天鼓)》(1921), 《광명(光明)》(1921) 등의 신문·잡지를 중국어로 창간했다. 이후 신문·잡지는 해방 때까지 계속 늘어나 200여 종이 넘었다. 중국이 서양 열강의 침략으로 반식민지가 된 상황에서 한국의 독립운동계는 중국 지식인들과의 연대와 도움이 필요했기 때문이다.

독립운동가들은 중국어 신문과 잡지를 통해 일제의 식민 통치를 폭로하고 국내 독립운동의 상황을 전하는가 하면 수많은 항일 문학 작품을 실었다. 특히 작가 미상의 〈조선의용대〉라는 시는 무력 항쟁을 통해 일제를 몰아내겠다는 항일 의지를 담아 중국인들로부터 공감대를 얻어 냈다. 조선의용대원 이두산이 쓴 〈방가(放歌)〉는 항일 문학의 역작이라 는 평가를 받았다. 그는 문필에 뛰어나 독립운동 단체의 기관지를 운영 하였을 뿐만 아니라, 독립운동계에서 널리 불린 〈선봉대가〉, 〈광복군행 진곡〉 등을 작사·작곡하였다. 또한 1939년에 활동했던 한국청년전지 공작대가 중국 내에서의 선전 활동을 위해 만든 〈아리랑〉, 〈한국 용사〉, 〈국경의 밤〉 등의 항일 극 대본 역시 큰 반향을 일으켰다.

〈방가(放歌)〉

히말라야 최고봉의 흰 눈을 밟으며,

나는 붓끝처럼 서고,

지금 나의 목을 열고,

사람들에게 내 가장 소리가 높은 노래를 들려,

진(실), 용(감), 행(동)

(…)

살리기 위하여 투쟁하는 사람들의 마음을 비칠 때,

폭풍과 천둥이 되어

미친 악당들의 폐장을 꿰뚫을 때

하나하나가 다 짖어지고 있다!

일제에 의해 압수·폐기된 항일 문학 작품들

일제는 통감부 시기에 공포한 '신문지법'(1907.7.)과 '출판법'(1909.2.)을 식민 통치 이후에도 적용하여 식민지 조선에서 생산한 신문·잡지·출판·음반·연극·영화 등 전 분야에 걸쳐 탄압·통제하였다. 일제는 이를 근거로 한민족의 독립운동은 물론, 일제의 식민 통치 비판·내선 융화 저해·민족 상황 비판 등과 관련한 모든 것을 절대 불허하였다.

1920년대 이후 매년 불허가로 차압·삭제 등을 당한 건수는 평균 1,500건에 달할 정도였다. 1928년부터 1941년까지 판매 금지된 책은 2,820여 종에 달했다. 당시 국내에서 발행된 금서는 188종으로, 대부분 치안유지법 위반·풍속 사건·출판법 위반 등의 이유에서였다. 특히 민족주의를 고취하는 내용이라든가 사회주의를 선전하는 것은 거의 예외 없이 삭제되었고 발행이 금지되었다. 심지어 '현재 조선의 사회제도를 저주하여 조선인의 비애를 강조'한 것 또한 그 대상에 포함되었다.

《빈처》나《운수 좋은 날》등의 단편소설로 잘 알려진 현진건(1900~1943)의 단편집《조선의 얼굴》은 1940년 일제에 의해 '치안'상의 이유로 압수 처분을 받았다. 변영로(1898~1961)는 1924년 첫 시집《조선의 마음》을 발표하였는데, 조선총독부는 그 내용이 불온하다 하여 시집을 발행과 동시에 압수·폐기 처분하였다. 그는 1940년대에 절망감 속에서도 선비적 절개와 지조를 지키며 여러 작품을 남겼는데, 이는 광복 이후에야 발표되었다.

일제의 이러한 조치는《어린이》(1923.3. 창간),《학생》(1929.3. 창간) 등 청소년 잡지도 예외는 아니었다.《학생》은 창간한 지 불과 18개월 만에 식민지 지배 정책에 맞서고 민족 독립운동을 조장한다고 하여 강제로 폐

《토끼와 원숭이》 만화책 표지

간되었다. 이러한 잡지에 발표된 동시·동요 등은 일제의 날이 선 검열을 피하고자 비유적·상징적 또는 우회적으로 일제에 항거하는 내용을 담았다. 그 대표적인 작가로 강소천·이일래·주요섭·심훈 등을 꼽을 수 있다. 이들은 여러 작품을 통해 청소년들에게 민족혼을 불어넣거나 힘찬 기상을 북돋워 주었다. 동화 작가 마해송(1905~1966)은 창작동화 〈토끼와 원숭이〉를 《어린이》(1931년 7월 호)에 연재하였다. 이는 조선을 침략한 일제와 주변국 간의 문제를 동물 나라로 의인화하여 묘사하였다가 글이 삭제되거나 원고를 압수당하였다. 그는 광복 이후 이 작품을 완성하였다. 그 뒤 김용환이 이를 만화로 그려 1946년 5월 1일 조선아동문화협회 이름으로 책자로 발행하였다.

저항 의지를 다지며 절필하고 은둔하다

1930년대 말부터는 치욕의 친일 문학, 특히 일제가 민족말살정책을 펼치던 시기에 '총후(銃後: 전쟁터가 아닌 후방을 뜻함) 문단'이 세상을 온통 까맣게 물들였다. 이러한 친일 문학은 한국인 작가가 일제의 강요로 혹은 자발적으로 일제의 침략 전쟁, 황민화 정책 등을 고무·찬양하는 내용으로 쓴 글을 말한다. 대표적인 친일 문학 작가로는 최남선·이광수·주요한·채만식·김동인·서정주·박영희·노천명·백철·유치진 등을 꼽을 수 있다. 이들의 친일 행적은 세상 사람들로부터 역사적·사회적 비판을 받고 있다.

이와 달리, 1940년대 일제의 식민 통치가 극에 달하여 한인들이 내선 일체·동조동본(同祖同本)·정신대 징발·신사 참배·일본어 강제 사용·창씨개명·공물 헌납 강요·학병 강제 모집 등으로 시달릴 때 다른 길을 걸은 작가들이 있었다. 이들은 붓을 내려놓거나, 낙향하여 술과 독서로 울분을 풀거나, 언젠가 올 광복을 고대하며 '피로 쓴 글'을 서랍 속에 쌓아 두기도 했다. 이를 두고 '소극적 저항'이라고 하지만, 그들 나름의 무저항 운동이나 다름없었다.

오상순(1894~1963)·홍사용(1900~1947) 등은 낙향 혹은 유랑하며 지조를 지켰다. 〈모란이 피기까지는〉의 시인 김영랑(1903~1950)은 〈독(毒)을 품고〉라는 저항시를 쓰고는 고향 강진에 파묻혀 지냈고, 김동리(1913~1995)는 경상도에서 독서로 소일하였으며, 조지훈(1920~1968)·박두진(1916~1998)·박목월(1915~1978) 등은 《청록집(靑鹿集)》에 실을 시 창작에만 전념하였다. 주요섭(1902~1972) 역시 1944년 중국 베이징에서 추방되어 고향인 평양에 칩거하면서 절필하였다. 그는 광복 후 첫 단편소설 〈입을 열어 말하라〉를 발표하여 일제 말기의 강요당한 침묵을 깨뜨렸다.

김일엽(1896~1971)은 나혜석·김명순 등과 함께 여성 해방론과 자유 연애론을 주장하고, 여성의 의식 계몽을 주장하는 글을 쓰고 강연을 하다가 1933년 출가한 이후 20여 년간 절필하였다. 〈파초〉로 널리 알려진 김동명(1900~1968)은 식민지 지식인으로서 더는 민족 언어로 시를 쓸 수 없는 한계에 부딪히자, 1942년 〈술 노래〉와 〈광인〉을 끝으로 절필하였다.

정지용의 시집 《백록담》 표지

소설가 황순원 역시 1940년 〈늪〉을 발표한 이후 절필하였다. 그의 대표적 작품 중 하나인 〈독 짓는 늙은이〉는 1942~1945년에 썼지만, 집 안 다락방에 감춰 두었다가 1950년에야 발표하였다. 시인 정지용(1902~1950)은 1941년 두 번째이자 마지막 시집 《백록담》(문장사)을 출간하고는 1942년 절필했다.

일제강점기에 적지 않은 시인과 소설가들이 글로써 일제의 식민 통치에 맞서며 민족의식을 고취하고 저항 의지를 다졌다. 이러한 힘을 알고 있던 일제는 이들의 시나 소설을 검열하였고 압수·폐기까지 하였다. 일제 말 조선어 폐지·창씨개명 등 민족말살정책에 호응한 문학가들이 친일의 길을 걸을 때, 민족주의 작가들은 일제의 탄압 속에서 절필하거나 은둔하였다.

그런데 앞서 언급한 작가 중에 독립유공자로 포상을 받은 이는 한용운·이육사·조명희·윤동주·김광섭·이병기·이희승·김영랑·주요섭·이상화 등뿐이다. 이들마저도 '항일 문학' 작가로서의 공훈을 인정받았다기보다는 3·1운동, 의열 활동, 조선어학회 사건 등과 연관되어 있었기 때문이었다. 항일 문학 작가들의 행동을 '소극적 저항'이라고 규정하기도 하지만, 그들이 실지 독립운동에 뛰어들어 옥고를 치른 것은 아니라 할지라도 그 자체로 넓은 범위에서 '독립운동'으로 봐야 할 것이다. 그들에게는 펜이 칼이나 마찬가지였기 때문이다.

외국인 한국독립운동가,
누구를 얼마나 알고 있는가?

 2020년 2월, 두 명의 외국인 한국독립운동가가 사람들의 주목을 받았다. 하나는 외국인 한국 독립유공자 중 마지막 생존자였던 중국인 쑤징허(蘇景和, 1918~2020)가 향년 102세로 별세했다는 소식이었고, 다른 하나는 '이달의 독립운동가'였던 미국인 조지 섀넌 맥큔(George Shannon McCune, 1873~1941)이었다. 쑤징허는 1940년대에 중국 난징 내 일본군의 동향을 수집하고, 한국광복군 모병·입대 청년 호송 등 다양한 비밀 임무를 수행한 공을 인정받아 1996년에 애족장이 추서되었다. 맥큔의 한국 이름은 윤산온(尹山溫)으로, 1905년 9월 선교사로 한국에 건너와 3·1운동 지원, 신사 참배 거부 운동 등 한국독립운동에 적극적으로 참여한 바를 인정받아 1963년 독립장이 추서되었다.

 이렇듯 한국 정부로부터 독립유공자 서훈을 받은 외국인들이 적잖은데, 많은 국민이 이들을 잘 모른다. 그리하여 한국 독립유공자로 서훈을 받은 외국인의 현황을 살피고, 이들을 대내외에 알리며 기릴 몇 가지 방안을 모색하고자 한다.

외국인 한국독립운동가의 현황

2024년 7월 현재 외국인 독립유공자는 모두 76명이다. 나라별로는 중국 34명, 미국 22명, 영국 6명, 캐나다 6명, 호주 3명, 아일랜드·일본 각 2명, 프랑스 1명 순이다. 건국훈장 훈격별로는 대한민국장 5명, 대통령장 11명, 독립장 35명, 애국장 4명, 애족장 14명, 건국포장 7명 등이다.

처음 외국인을 독립유공자로 포상한 것은 1950년 삼일절을 맞아 주미한국대사관에서 우리나라의 독립과 자유를 위해 희생적으로 봉사한 미국인 10명, 영국인 2명 등 12명에게 대한민국 최고 훈장인 '태극훈장'을 수여한 것이었다. 당시 1949년 4월에 공포된 '건국공로훈장령'이 시행되고 있었지만, 외국인의 경우에는 이에 따르지 않았다.

대상자는 호머 베잘렐 헐버트(Homer Bezaleel Hulbert, 1863~1949), 어니스트 토머스 베델(Ernest Thomas Bethell, 1872~1909), 존 W. 스태거즈(John W. Staggers, 1878~1957), 허버트 아돌푸스 밀러(Herbert Adolphus Miller, 1875~1951), 호러스 뉴턴 알렌(Horace Newton Allen, 1858~1932), 일라이 밀러 모우리(Eli Miller Mowry, 1880~1970), 프레더릭 브라운 해리스(Frederick Brown Harris, 1883~1970), 모리스 윌리엄(Maurice William, ?~?), 폴 프레드릭 더글러스(Paul Fredrick Douglass, 1904~1988), 프레드 A. 돌프(Fred A. Dolph, 1871~1926), 제이 제롬 윌리엄스(Jay Jerome Williams, ?~?), 찰스 에드워드 러셀(Charles Edward Russell, 1860~1941) 등이었다.

영국인 베델과 해리스를 제외하고는 모두 미국인이다. 가장 높은 서훈을 받은 인물은 대통령장을 받은 베델이고, 나머지는 독립장을 받았다. 이 중 한국에 선교사로 왔다가 한국을 침략한 일제의 부당성을 호소하고 미국 의회에 일제 식민 통치의 잔학성을 폭로한 헐버트, 영국 신

헐버트　　　　　　베델　　　　　　밀러

알렌　·　　　　　　해리스　　　　　　윌리엄

문기자로 한국에 건너와 《대한매일신보》를 창간하고 일제 규탄 기사를
게재했던 베델, 주한 미국 공사로서 한말 독립운동을 지원한 알렌, 3·
1운동으로 옥고를 치른 모우리 등을 제외하고는 대개 이승만이 미국에
서 활동할 당시 도움을 주었거나 임시정부 승인을 위해 애쓴 분들이다.

　이후부터는 '태극훈장' 대신 '건국공로훈장'이 수여되었다. 캐나다 의
료 선교사로 한국에서 활동하고 귀국 후 임시정부 승인에 힘썼던 올리
버 R. 에이비슨(Oliver R. Avison, 1860~1956)이 1952년 4월 외국인으로서는
처음으로 건국공로훈장을 받았다. 이어 1953년 11월 대만의 장제스(蔣介
石, 1887~1975) 총통이 그 뒤를 이었다. 당시 이 훈장을 받은 국내 인사는
이승만 대통령과 이시영 부통령 단 둘뿐일 정도로 극소수였다.

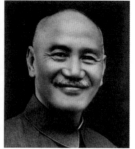

에이비슨   장제스

잠시 주춤하던 외국인 서훈은 10년이 지난 1963년 박정희 정권이 들어선 뒤에 재개되었다. 먼저 중국 단둥의 '이륭양행(怡隆洋行)'에 임시정부 교통국 사무소를 설치하여 독립운동을 지원한 조지 루이스 쇼(George Lewis Shaw, 1880~1943, 독립장)와 앞서 언급한 맥큔이 공훈을 인정받았다. 1966년에 서훈을 받은 인물은 쑹메이링(宋美齡, 1897~2003, 대한민국장), 천궈푸(陳果夫, 1892~1951, 대한민국장), 천청(陳誠, 1898~1965, 대통령장) 등 모두 중국인이었다.

1968년에는 23명의 외국인이 서훈을 받았다. 쑨원(孫文, 1866~1925), 천치메이(陳其美, 1876~1916) 등은 대한민국장을, 뤼텐민(呂天民, 1881~1940), 후한민(胡漢民, 1879~1936), 린썬(林森, 1868~1943), 쑹자오런(宋敎仁, 1882~1913), 탕지야오(唐繼堯, 1883~1927), 황싱(黃興, 1874~1916) 등은 대통령장을, 나머지 천리푸(陳立夫, 1900~2001), 황쥐에(黃覺, 1883~1956), 장지(張繼, 1882~1947), 류융야오(劉詠堯, 1907~1998), 모더후이(莫德惠, 1883~1968), 주칭란(朱慶瀾, 1874~1941), 장췬(張群, 1889~1990), 궈타이치(郭泰棋, 1890~1952), 마수리(馬樹禮, 1909~2006), 다이리(戴笠, 1897~1946) 등은 독립장을 받았다. 이들은 모두 중국인으로 1910년대 초 신규식과 함께 동제사(同濟社)를

쇼　　　　　맥큔　　　　　쑹메이링

쑨원　　　　　린썬　　　　　천리푸

조직하고 활동하였거나 국민당 출신으로 임시정부를 지원하고 광복군 창설 및 운영에 적극 도움을 준 인물들이다.

　이 외에 로버트 그리어슨(Robert Grierson, 1868~1965), 프랭크 윌리엄 스코필드(Frank William Schofield, 1889~1970), 아치볼드 해리슨 바커(Archibald Harrison Barker, ?~1927), 조지 애쉬모어 피치(George Ashmore Fitch, 1883~1979), 스탠리 해빌랜드 마틴(Stanley Haviland Martin, 1870~1941) 등은 대부분은 3·1운동과 관련한 인사들이고 독립장을 받았다.

　이후 외국인 독립유공자 서훈은 부정기적으로 이뤄졌다. 숫자도 크게 줄었다. 1969년에는 천주교 난징교구 총주교로서 한국독립운동을 후원하였던 위빈(于斌, 1901~1978, 대통령장), 1970년에는 중국 국민정부 입법원장으로 임시정부 승인을 촉구하고 한중문화협회를 창립한 쑨커(孫科, 1891~1973, 대통령장), 1977년에는 광복군 창설과 물자를 원조한 쉐웨(薛岳, 1896~1998, 독립장)·주자화(朱家驊, 1893~1963, 대통령장), 1980년에는 한중문화협회 간부였던 쓰투더(司徒德, 1907~1970, 독립장)·왕주이(汪竹一, 1905~?, 독립장), 1996년에는 쑤징허와 1932년 윤봉길 의거 후 김구의 피난을 도왔던 추푸청(褚補成, 1873~1948, 독립장)이 독립유공자가 되었다.

1999년에는 제주도에서 도민들의 항일 의식 고취에 힘썼던 영국 출신의 어거스틴 스위니(Augustin Sweeny, 1909~1980, 애족장), 아일랜드인 패트릭 도슨(Patrick Dawson, 1905~1989, 애국장)과 토마스 다니엘 라이언(Thomas Daniel Ryan, 1907~1971, 애족장) 등 천주교 신부들과 광복군을 지원하였던 후쭝난(胡宗南, 1896~1962, 애족장) 등이 독립유공자로 선정되었다. 2004년에는 한국인 독립운동가를 변호하였던 일본인 후세 다쓰지(布施辰治, 1879~1953, 애족장), 2010년에는 군산에서 3·1운동을 주도하였던 윌리엄 A. 린튼(William A. Linton 1891~1960, 애족장), 2014년에는 영국 신문기자로 취재한 내용을 책으로 발간하여 일제의 침략상을 세계에 알린 프레더릭 A. 매켄지(Frederick A. Mackenzie, 1869~1931, 독립장) 등이 공훈을 인정받았다.

2015년에는 광복 70주년을 맞아 10명의 외국인이 독립유공자로 선정되었다. 을사늑약의 부당함을 알린 영국인 기자 더글러스 스토리(Douglas Story, 1872~1921, 애족장), 1919년 이후 외교 무대에서 한국의 독립운동을 적극 지원하거나 한국친우회를 조직해 활동한 플로이드 윌리엄스 톰킨스(Floyd Williams Tomkins, 1850~1932, 애국장), 스티븐 A. 베크(Stephen A. Beck, 1866~?, 애족장), 해리 찰스 화이팅(Harry Charles Whiting, 1865~1945, 애족장), 찰스 스폴딩 토머스(Charles Spalding Thomas, 1849~1934, 건국포장), 미네르바 루이즈 구타펠(Minerva Louise Guthapfel, 1873~1942, 건국포장), 셀던 파머 스펜

두쥔후이

리수전

가네코 후미코

서(Selden Palmer Spencer, 1862~1925, 애족장), 루이 마랭(Louis Marin, 1871~1960, 애국장) 등과 임시정부 승인을 돕고 한미협회 회장을 역임한 제임스 헨리 로버츠 크롬웰(James Henry Roberts Cromwell, 1896~1990, 건국포장) 등이다.

2016년부터 2018년까지는 독립운동가의 부인들 가운데 외국인으로서 남편을 도왔거나 직접적으로 독립운동을 지원한 인사들이 서훈을 받았다. 독립운동가 김성숙의 부인이자 충칭에서 임시정부 외무부 부원으로 활동하였던 두쥔후이(杜君慧, 1904~1981, 애족장), 한국국민당·한국독립당 당원으로 활동하고 한국혁명여성동맹 창립에 참여했던 조성환의 부인 리수전(李淑珍, 1900~?, 애족장), 2018년 일본에서 박열과 함께 무정부주의 활동을 펼쳤던 가네코 후미코(金子文子, 1903~1926, 애국장)가 연이어 독립유공자가 되었다.

2019년 이후로는 숫자도 줄어들고 서훈 등급도 낮아졌다. 2020년에는 1943년 광복군 인면전구공작대(印緬戰區工作隊)와 영국군 간의 연락 업무를 담당했던 캐나다 출신의 롤런드 클린턴 베이컨(Roland. Clinton Bacon, 1904~1945, 애족장)과 한국국민당에 가입하고 청년공작대와 전지공작대에서 활동한 허쉰치(何尙祺, 1921~?, 건국포장)가 서훈을 받았다.

호킹   데이비스   멘지스

2022년에는 1919년 부산의 일신여학교 교사로 학생들의 3·1운동을 도왔던 호주 출신 데이지 호킹(Daisy Hocking, 1888~1971, 건국포장)과 마거릿 샌더먼 데이비스(Margaret Sandeman Davies, 1887~1963, 애족장), 이사벨라 멘지스(Isabella Menzies, 1856~1935, 건국포장) 등이 서훈을 받았다. 2023년에는 프랭크 얼 크랜스턴 윌리엄스(Frank Earl Cranston Williams, 1883~1962, 건국포장)가 서훈을 받았다. 그는 1908년 7월 충남 공주에서 미국 감리교 선교사로 사립 영명학교를 설립하고 30여 년간 교장으로서 한인 교육에 노력하였고, 1943년 9월에는 인도 델리에서 한국광복군 인면전구공작대원의 영어 학습을 지원하였다.

세계인이 도왔던 한국의 독립운동을 기억하는 법

앞서 언급한 외국인 한국독립운동가들 가운데 우리 국민에게 잘 알려진 인물은 그리 많지 않다. 외국인 독립유공자에 관심을 기울이지 않은 결과다. 이에 대해 몇 가지 제안하고자 한다.

첫째, 이들을 기리는 다양한 추모 행사를 개최했으면 한다. 1995년 8월에 해방 후 처음으로 외국인 독립유공자 합동 추모식이 열렸지만, 일회성에 그쳤다. 이들을 기리는 추모 시설이 거의 없기 때문이다. 외국인 독립유공자 가운데 국내에 묘지가 있는 인물은 양화진 외국인 묘지에 묻힌 베델, 헐버트와 국립묘지에 있는 스코필드 3명뿐이다. 국립묘지에 위패만이라도 봉안하고 합동 추모 시설을 마련할 필요가 있다.

둘째, 1992년부터 국가보훈부가 시행하고 있는 '이달의 독립운동가' 12명 중에 외국인을 최소 1명이라도 포함했으면 한다. 2013년 7월에야 처음으로 헐버트가 선정되었고, 이후로도 이달의 독립운동가로 선정된 외국인은 베델(2014.8.), 쇼(2015.4.), 스코필드(2016.3.), 피치(2018.1.), 맥큔(2020.2.) 등 다섯 명에 불과하다.

셋째, 외국인 독립운동가의 독립운동 지원 활동을 알리는 단행본 편찬이나 논문 작성에 적극적인 재정 지원이 이뤄져야 한다. 이들과 관련한 논저는 몇몇 인물에만 집중되어 있다. 대한민국장을 받은 5명 가운데 쑨원·장제스 정도의 관련 저술이 있지만, 그것도 역서이다.

넷째, 중국인 사회주의자로서 한국의 독립운동을 지원했거나 1930~1940년대에 한중연합군 및 조선의용대와 함께 활동했던 중국군의 발굴도 적극적으로 이뤄져야 한다. 지금까지 독립유공자로 선정된 중국인은 대개 국민당 출신들이다.

한국의 독립운동은 한반도를 넘어 전 세계에서 전개되었고, 해당국의 도움 없이는 불가능했다. 우리의 독립을 돕기 위해 기꺼이 헌신적 봉사를 아끼지 않은 외국인을 잊어서는 안 된다. 한국의 독립운동이 제국주의에 맞섰던 세계 평화운동이었음을 보여 주는 좋은 본보기이기 때문이다.

중국에서 독립운동가 남편과 함께했던
부인들을 위한 서사

　2024년 7월 현재까지 독립유공자 포상을 받은 여성 독립운동가는 내국인(652명)·외국인(9명)을 모두 포함해 661명이다. 이들 중에는 대한민국 임시정부에서 활동했던 남편을 따라 중국으로 망명하여 독립운동가들을 뒷바라지하거나, 직접 독립운동에 뛰어든 부인들이 적지 않다. 또한 국외에서 남편과 생사고락을 같이했던 부인들도 있었다. 그런데 그들 중에는 자료가 미비하여 독립유공자 포상을 받지 못한 이들도 있다. 낯설고 물선 타국에서 힘겨운 삶을 이어 가야만 했던 부인들을 기억했으면 하는 마음에 그들의 이야기를 풀어 보고자 한다.

　학생운동, 3·1운동, 국내 항일 계열 여성 독립유공자

　독립유공자 포상이 이뤄진 1962년 첫해에 유관순·김마리아·남자현·이애라·안경신 등 5명이 처음으로 여성 독립유공자로 선정되었고, 이

한국혁명여성동맹 창립 기념 촬영 (1940.6.)
1열: 이헌경·정정화·이국영·김효숙·방순희·김정숙·김병인·유미영
2열: 손일민 부인·조용제·오영선·송정헌·정정산·오건해·최동오 부인·김수현·노영재
3열: 윤용자·이상만 선생 며느리·이숙진·최소정·오광심·연미당·최형록·이순승

후 2024년 7월 현재까지 독립유공자 포상을 받은 여성 독립운동가는 661명이다. 전체 독립유공자 18,018명 중 3.67% 정도이다. 여성 독립유공자 가운데 학생운동, 3·1운동, 국내 항일 분야에서 활동했던 이들은 모두 484명으로, 여성 독립유공자 중 73.3%를 차지할 정도로 압도적이다.

이들은 대개 청장년층이었고 근대 교육을 받은 여성들이었다. 2019년부터 학생운동의 경우, 서훈 기준이 완화하여 수형·옥고 3개월 이상으로 규정됐던 것에 퇴학이 포함되면서 여성 독립유공자가 증가하였다.

3·1운동은 주로 여학생 신분으로 이에 동참하였다가 체포되어 옥고를 치른 경우이며, 국내 항일은 소작운동, 청년운동, 노동운동, 대한민국애국부인회·근우회·비밀결사 등에서 활동한 경우이다.

대한민국 임시정부 계열 여성 독립유공자

대한민국 임시정부(이하 임시정부) 계열 여성 독립유공자는 50명이 확인된다. 이는 한국광복군을 포함한 숫자이다. 그중 고수선·김순도는 국내에서 독립운동을 전개하다가 중국으로 망명한 뒤 임시정부에서 활동한 경우이고, 곽낙원·이헌경·조마리아는 각각 독립운동가 김구·민필호·안중근의 모친이다. 김윤경과 지경희 등은 상하이 등지에서 생활하다가 임시정부에서 활동한 경우이고, 안미생(안정근의 딸)·엄기선(엄항섭의 딸)·조계림(조소앙의 딸) 등은 임시정부 요인들의 딸이며 조용제는 조소앙의 여동생이다. 이들을 제외한 34명의 여성 독립유공자는 부부 독립운동가인데 중국 여성인 두쥔후이와 리수전도 있다.

어려운 상황에서 탄생한 34쌍의 부부 독립운동가

임시정부가 활동했던 기간을 지역별로 살펴보면, 상하이 시절(1919.4.~1932.4.)이 가장 긴 13년, 충칭 시기(1940.9.~1945.8.)가 5년, 그 사이(1932.4.~1940.9.) 8년 5개월 동안은 일제의 추적과 중일전쟁으로 인하여 항저우·전장·난징·창사·광저우·류저우·치장 등을 옮겨 다닐 때다.

이러한 시기에 따라 임시정부에 참여했던 인사들의 성향이 달랐다. 우선 1910년 8월 국권 피탈(경술국치) 전후로 상하이에 망명한 인사들 가운데 1919년 4월 임시정부 설립에 적극적으로 동참한 부류가 있었다. 1919년 3·1운동 이후에는 국내뿐만 아니라 만주·연해주·미주 등지에서 활동하던 인사들이 상하이로 건너와 임시정부에 참여하였다. 1920년대에는 임시정부가 '전쟁의 해'를 선포했던 만큼 이를 지지한 연해주와 만주의 독립군이 그 산하 군사단체로 변모하였고, 이들이 주축이 되어 봉오동전투와 청산리전투에서 승리하기도 하였다.

하지만 1920년대 독립운동 노선을 둘러싼 내부 분열로 임시정부 요인들이 뿔뿔이 흩어졌고, 남아 있던 요인들은 재정적 문제로 극심한 어려움을 겪어야 했다. 1930년대에는 김구의 한인애국단이 추진한 윤봉길 의거를 계기로 중국 국민당 정부로부터 지원을 받는 전환점이 되었지만, 임시정부 요인과 가족들은 일제의 포위망을 피해서, 중일전쟁 이후에는 일제의 공습을 피해서 떠돌아다녀야 했다. 비로소 1940년 9월에 임시정부가 충칭에 뿌리를 내리면서 김구 등의 요인들이 적극 나서 광복군을 창설하고 여러 단체를 조직하면서 활발한 활동을 재개하였다.

중국에서 남편을 뒷바라지한 부인들을 기억하며

이러한 상황에서 34쌍의 부부 독립운동가들이 탄생했고, 이를 유형별로 나누면 다음과 같다. ① 기혼 남성 독립운동가가 홀로 망명한 뒤에 몇 년이 지나 부인이나 가족들이 그곳으로 찾아와 같이 생활한 경우, ② 청장년 중에 임시정부를 찾아온 뒤에 활동하면서 현지에서 결혼하여 부부 독립운동가 된 경우, ③ 부인과 이혼·사별하거나 상하이 등지에서 혼자 생활을 영위하다가 현지에서 부인을 얻어 생활한 경우, ④ 1930~1940년 대 자녀들이 성장하여 광복군 혹은 임시정부에서 활동하면서 집안끼리 혼인하여 부부 독립운동가가 된 경우이다.

이 외에도 임시정부 등에서 독립운동을 전개하던 남편을 뒷바라지하고 자녀를 키운 부인들도 있었다. 그들에 관한 자료가 부족하여 별다른 주목을 받지 못하고 있고 독립유공자로 선정되지도 못했다. 낯선 타국에서 힘겨운 삶을 살았던 7명의 부인들을 되돌아보고 그들도 기억했으면 하는 마음에 짤막한 서사를 남기고자 한다(남편들 이름의 가나다순).

- 김구와 최준례

김구와 최준례는 1904년에 혼인하였다. 김구가 1919년 4월경 상하이로 망명한 뒤, 최준례는 1920년 8월 만 2세가 된 큰아들 김인을 데리고 상하이로 건너왔다. 그 뒤 1922년 9월 둘째 아들 김신을 낳았다. 남편은 아이들 얼굴 한번 들여다볼 틈이 없었고, 양육은 오로지 부인의 몫이었다. 그러던 중 최준례는 1922년 상하이로 떠나오신 시어머니에게 산후조리를 받아 원기를 회복해 가던 중 낙상 사고를 당하였고, 끝내 자리에서 일어나지 못한 채 1924년 1월 생을 마감하였다.

- 김규식과 조은애

김규식과 조은애는 1906년 5월에 혼인하였다. 1907년 장남 김진필이 출생했으나 6개월 만에 병으로 사망하였고, 1910년에 차남 김진동이 태어났다. 김규식은 '105인 사건'으로 국내 활동이 여의치 않자, 부인과 함께 1913년 상하이로 망명하였다. 그해 12월 김규식은 박달학원을 설립하고 한인들에게 영어를 가르쳤으며, 이듬해 제1차 세계대전이 발발하자 몽골 울란바토르에 군관학교를 설립하고자 하였으나, 자금을 마련하지 못해 성과를 거두지 못했다. 이 무렵 1917년 여름 조은애가 폐병으로 사망하였다. 훗날 아들 김진동은 한국광복군과 대한민국 임시정부 부주석 비서관을 지냈다.

- 박찬익과 심탄실

박찬익과 심탄실은 1902년에 혼인하였다. 박찬익은 1910년 국권 피탈 직후 혼자 북간도 룽징으로 망명하여 간민교육회·중관단을 조직하였고, 1919년에는 조소앙 등과 함께 〈대한독립선언서〉를 발표하기도 하였다. 이때 심탄실은 시모 박봉서와 자식들(4남 2녀)과 함께 룽징으로 건너가 남편의 활동을 도왔다. 이후 상하이에 임시정부가 조직되자 박찬익 홀로 그곳으로 떠나면서 부부는 떨어져 생활하게 되었다. 한편 셋째 아들 박영준은 임시정부 간부와 광복군 제3지대 구대장을 지냈다.

- 신규식과 조정완

신규식은 한양 조씨 가문의 조정완과 1896년에 혼인하였다. 신규식은 1911년 11월 홀로 중국 상하이로 망명하였는데, 당시 큰딸 신창희(이명 신명호)는 여섯 살이었고 조정완은 아들 신상호를 임신 중이었다. 1919년 9월 상하이에서 통합 임시정부가 출범한 후 신규식이 법무 총장으로 임명되었을 때 부인 조정완은 자식들을 데리고 상하이로 망명하였다. 1920년 5월 신창희는 신규식의 휘하에서 일하던 민필호와 결혼하였다. 둘 사이에 태어난 아들 민영수는 광복군으로 활동하였고, 딸 민영주 역시 광복군에서 활동하다가 1945년 학병 출신의 김준엽을 만나 결혼하였다. 신규식은 1922년 9월 분열된 임시정부의 통합을 호소하며 단식한 끝에 순국하였고, 1929년에는 열일곱 살이었던 장남 신상호마저 요절하고 말았다. 이후 조정완은 홀로 귀국하였고, 일제의 강압과 생활고로 비참하게 살다가 1945년 생을 마감하였다.

─ 이시영과 반남 박씨

이시영은 김홍집의 딸 경주 김씨와 결혼했지만, 1895년 아들 이규창을 남겨 놓고 사별하였다. 그 뒤 이시영은 박승문의 딸 반남 박씨와 재혼하여 이규열·이규웅 두 아들을 낳았다. 이시영과 부인은 1911년 초 6형제와 가족들과 함께 서간도 류허현 삼원포로 망명하여 신흥강습소를 설립·운영하다가 1914년 베이징으로 옮겨 갔다. 이때 이규창은 신흥강습소 제1기생으로 졸업한 뒤 신흥학교 교사를 지냈지만, 반남 박씨는 1916년 그곳에서 사망하였다.

─ 조완구와 홍정식

조완구와 홍정식은 1895년에 혼인하였다. 조완구는 1915년 가을 북간도로 망명하였고, 이듬해 부인 홍정식은 시모와 3남매를 이끌고 그곳을 찾았다. 하지만 그해 여름 큰아들이 비적에 의해 살해당하고 말았다. 그 뒤 조완구는 블라디보스토크로 건너갔다가 1919년 상하이로 가서 임시정부에 참여하였다. 그사이 룽징에 있던 모친이 돌아가시자, 홍정식은 두 딸을 데리고 귀국하여 친정 조카 홍명희에게 기탁하였다. 그 뒤 홍정식은 1945년 2월 광복을 불과 몇 개월 남겨 놓고 꿈에 그리던 남편을 보지 못한 채 세상을 떠났다.

- 차리석과 강리성

차리석과 강리성은 1899년에 혼인하였다. 차리석은 1919년 상하이로 망명하였고, 홀로 지내던 부인 강리성은 1922년 두 딸과 함께 상하이로 갔다. 강리성은 밥집을 하며 생계를 이었고, 이봉창·윤봉길 의사에게 비밀결사 장소를 제공하기도 하였다. 강리성은 홍커우 공원 의거 이후 임시정부를 따라 유랑하다가 중일전쟁 발발 후, 1940년경 둘째 딸 차영희만 데리고 평양으로 돌아와 광복을 맞이할 때까지 일제의 감시 속에서 힘들게 살아가야 했다.

하와이 '사진 신부'
여성 독립운동가를 기리며

근래 독립운동계에서는 여성 독립운동가들을 주목하고 있다. 일제강점기에 여성들은 전근대적인 사회의 틀에서 벗어나지 못해 충분한 근대교육을 받지 못하였고, 사회활동이나 독립적인 경제생활은 엄두도 내지 못하였다. 그런 만큼 여성 독립운동가는 남성보다 그 수가 매우 적다. 이러한 제한적인 상황에서도 여성들은 3·1운동과 학생운동에 적극 참여하였고, 남편과 뜻을 같이하여 대한민국 임시정부나 광복군에서 독립운동을 전개하였다. 이 외에도 미주에서 활동한 여성 독립운동가들이 적지 않는데, 그중에는 '사진 신부(picture bride)'들의 독립운동이 있었다.

123년 전, 하와이로 간 첫 한인 이민자들

정부로부터 미주 지역 독립유공자로 선정된 여성은 2024년 7월 현재 55명이다. 1995년에 박원신(건국훈장 애족장)과 강혜원(건국훈장 애국장)이

미국 태평양 횡단 기선 갤릭호(인천이민사박물관)

처음 포상받은 이후 1997년 2명, 1998년 1명, 2002년 2명, 2008년 1명
등으로 가뭄에 콩 나듯이 하다가, 2014년부터는 매년 이어졌고 적게는
2명, 많게는 11명(2022년)에 달하였다. 전체 55명 중 23명은 1902년 12월
이후 하와이로 이민을 간 노동자들이거나 그 자제들, 미국 유학생, 국내
혹은 상하이에서 독립운동을 펼치다 망명한 이들이다. 이들을 제외한
나머지 32명은 '사진 신부'로 보이며, 그 비율은 58.2%로 절반을 훨씬 넘
는다. '사진 신부' 여성 독립운동가들을 언급하기 전에 하와이 이민 과정
을 간략히 살펴보고자 한다.

　지금으로부터 123년 전인 1902년 12월 22일 오후 2시, 하와이로 가는
첫 한인 이민자 121명이 겐카이마루(玄海丸) 일본 선박을 이용하여 인천
항을 출발하였다. 이 배는 목포와 부산을 거쳐 이틀 후인 12월 24일 일
본 나가사키항에 정박했다. 신체검사를 통과한 한인 101명(남성 55명, 여성
21명, 아동 25명)만이 12월 29일 미국 상선 갤릭(Gaelic)호로 옮겨 타 이듬해

인 1903년 1월 13일 이른 오전 하와이 호놀룰루에 도착했다. 이들이 한인 최초의 공식 이민자로 기록되었다.

이후 1905년 8월 8일 몽골리아호가 호놀룰루에 도착한 것을 끝으로 모두 65편의 여객선이 오갔고, 그 인원은 7,400여 명에 달했다. 이들은 하와이 사탕수수 농장의 노동자로 고용되었다. 하와이 이민이 중단된 것은 을사늑약 이후 한국을 반식민지로 만들었던 일제가 한인 노동력을 통제하려는 이유도 있었고, 미국 내 한인 증가로 인한 일본인 세력의 위축을 우려한 측면도 있었다.

하와이 이민자 7,400여 명 가운데 성인 남성은 6,300여 명, 여성은 640여 명, 아동은 550여 명이었다. 남편을 따라온 기혼 여성이 420여 명인 반면에 남성 기혼자는 2,800여 명이나 되었다. 남성 대부분은 가족을 고향에 두고 왔거나 미혼자들이었다. 미혼자들은 남녀 모두 20~30대로서 79.98%를 차지할 정도로 많았다. 여성 미혼자들은 대개 부모나 친척을 따라온 경우이다. 그 결과 여러 가지 사회문제가 발생하였다. 독신 남성이 과반이 넘었기에 도박과 폭행 사건이 빈번하였고, 무엇보다도 결혼 적령기 남성들 문제도 컸다. 당시 남녀 비율이 10대 1로 매우 불균형했기 때문이다. 독신 한인 남성들이 하와이 현지에서 타국인과 결혼하는 것은 사실상 거의 불가능하였다. 이러한 문제를 해결할 방안으로 모색된 것이 '사진 신부'였다.

주체적으로 자신의 삶을 선택한 '사진 신부'들

'사진 신부'가 탄생한 과정부터 살펴보자. 한인 이민이 이뤄지기 전인

19세기 중엽부터 중국인 노동자들이 미 대륙으로 들어오기 시작했는데, 이와 함께 중국인 성매매 여성의 숫자도 늘어났다. 그로부터 30여 년이 지난 1882년 미국 연방법 최초로 '중국인 차별법(Chinese Exclusion Law)'이 제정된 이후 중국인 노동자 유입이 중단되었다. 빈자리는 일본인 노동자가 메꿨다. 그런데 이들이 노동 이민이 아닌 미국 내에 정착하려고 하면서 문제가 발생하였다. 일본인 노동자들은 부당한 노동 여건을 파업으로 해결하려 하였고, 농장주들은 이 때문에 골머리를 앓았다. 또한 미국 본토로 건너간 일본인들이 노동시장을 잠식하여 백인 노동자들의 반일 여론도 크게 일었다. 결국 미 정부는 일본인 대신 한인 노동자로 대체하는 한편, 1907년 3월에는 '행정명령'으로 일본인의 이민을 제한하였다.

이후 1908년 일본은 미국과의 협상을 통해 인도적 차원의 가족 입국만큼은 허용한다는 단서 조항을 얻어 냈다. 이때 일본 독신 남성을 위해 고안한 것이 '사진 신부'였다. 사진으로만 '맞선'을 본 뒤 마음에 들면 혼인신고를 하고 하와이로 입국하는 형식이었다. 1910년 8월 한국이 일제의 식민지로 전락한 뒤 한인 여성도 같은 방법으로 미국으로 건너갔다.

한인 여성 '사진 신부'는 1910년 11월부터 '일본인 배척법'에 의해 중단된 1924년 10월까지 모두 1,056명이 미국으로 이주해 갔다. 이들은 대개 10대 중반에서 20대 초반 여성으로, 수동적으로 결혼을 위해 미국으로 건너갔지만, 적극적이고 진취적인 성향을 내보이기도 했다. 그들은 일제의 식민지를 벗어나 새로운 기회를 얻으려는 의지도 강했고, 도미(渡美)하여 학업을 이어 가려는 욕구도 컸다.

'사진 신부'는 중매인을 통해 하와이의 신랑감과 사진 및 서신을 교환하는 것만으로 결혼 여부를 결정해야 했기에 무모한 도전이기도 하였다. 더욱이 남자들은 조금이라도 나은 처를 얻고자 나이를 속이거나

호놀룰루에 도착한 '사진 신부'들. 신랑을 만나기 위해 각 농장으로 흩어지기 전에 촬영한 사진(1913년경)
(한국이민사박물관)

사진을 조작하는 일이 다반사였기에 막상 하와이로 건너온 '사진 신부'
들은 막다른 현실에 망연자실하기도 하였다. 신부와 신랑의 나이 차가
많은 경우도 적지 않았고, 신랑의 경제적 여건도 열악하였으며, 남편에
게 구타와 학대를 당한 여성들도 있었다. 특히, 신부들과 달리 신랑들은
무학력자인 경우가 많아 문제가 되자, 현지 발행 신문인《신한민보》는
한인 남성들에게 자신의 여건 및 자격과 맞는 여성과 결혼할 것을 충고
하기도 하였다.

이렇듯 여러 병폐가 있었지만, '사진 신부'와 더불어 고국에 두고 왔
던 부인들과 자녀들이 하와이로 건너가면서 여성들의 숫자가 늘어나 심
한 불균형을 보였던 남녀 비율이 점차 개선되었다. 가정을 일군 여성들
은 고달픈 여건 속에서도 자녀들을 낳고 그들을 교육하는가 하면 농장

노동자로 일하며 안정된 삶을 살기 위해 노력하였다. 더욱이 이들은 국내에서 일제의 식민지인으로 살았던 경험이 있었기에 배일 의식이 강했고, 조국의 현실을 안타깝게 여겨 독립을 위해 여성단체의 일원으로 적극 활동하였다.

이국땅에서도 조국의 독립을 꿈꾼 '사진 신부' 여성 독립운동가들

'사진 신부' 여성 독립운동가 32명은 (가나다순으로) 강메불·곽명숙·김공도·김덕세·김도연·김복순·김석은·김성례·김영도·김자혜·김차순·문또라·박경애·박금우·박보광·박신애·박인숙·박정경·박정금·박혜경·승정한·심영신·이묘옥·이선희·이영옥·이정송·이제현·이함나·이희경·전수산·천연희·황혜수 등이다.

이들은 각기 하와이로 건너온 시기가 달라 나이를 판가름하기 어렵지만, 1915년을 기준으로 환산하면 평균 25.3세(생년 미상 8명 제외)였다. 나이대가 10대 중반부터 40대 초중반에 걸쳐 있는 것을 보면, 과부들도 있었던 것으로 보인다. 이들은 전체 '사진 신부' 1,056명 가운데 극히 일부이지만, 고단하고 힘든 삶 속에서도 여성단체를 조직하여 서로 격려하고 상호부조를 하는 한편, 빼앗긴 조국 독립을 위해 독립금과 의연금을 모아 대한민국 임시정부 등 독립운동 단체에 보내 힘을 보탰다. 또한 이들은 식민지 조국의 각종 재난에도 구제금을 보냈으며, 태평양전쟁 중에는 미국에서 발행된 전시공채를 구입하거나, 전쟁으로 희생된 한인들을 위한 구제 활동까지 벌였다.

그 가운데 강메불[임정수]·김도연[윤응호]·김석은[김홍균]·김성례

하와이 '사진 신부', 가운데가 김차순(하와이주립대학교 한국학센터)

하와이 '사진 신부', 가운데가 천연희(1915년) (한국학중앙연구원 장서각)

[이암] · 김자혜[김은해] · 박정경[박충섭] · 승정한[승용환] · 이정송[안원규] · 이제현[양주은] · 이함나[민의식] · 이희경[권도인] · 한덕세[김형순] 등 12쌍은 부부 독립운동가이다([ ]은 남편 이름). 그런데 통상 부부 독립운동가라면 여성은 남편보다 서훈을 늦게 받거나 훈격이 낮은 데 비하여, 김자혜 · 이함나 · 강메불 · 김성례 등은 남편보다 먼저 서훈을 받거나 같이 받았다. 나머지 20여 명은 독자적으로 활동하였다. 그들이 얼마만큼 주도적으로 독립운동을 전개했는지 가늠할 수 있다.

　그런데 '사진 신부' 여성 독립운동가를 비롯하여 미주 지역에서 활동했던 여성 독립운동가분들에 대해 소홀했던 점이 있다. 공훈록이나 신문 등에는 이들의 이름이 서양식으로 남편 성을 따라 기록된 예도 있고 그렇지 않은 경우도 있다. 이는 단지 제도에 따른 것이라고 하지만, 본래 그들의 성으로 바꿔야 한다. 여성 독립운동가 중에서 남편의 이름이 확

심영신은 1916년 '사진 신부'로 하와이로 건너가 30년 뒤 대가족을 이루었다. 가운데가 심영신·조문칠 부부 (1949년) (이덕희 소장)

인된 38명 가운데, 본래 자신의 성으로 기록된 것은 강혜원[김성권]·공백순[배의환]·김낙희[백일규]·김노디[손○○]·김대순[양희용]·김도연[윤응호]·김정성[차정석]·박금우[정시준]·박영숙[한시대]·심영신[조문칠]·이혜련[안창호]·이희경[권도인]·임배세[김경]·전수산[이동빈]·차보석[황사선]·차인재[임치호]·천연희 등 17명 정도이다([ ]은 남편 이름). 이들의 경우 '이명'에 남편 성을 딴 이름이 들어가 있지만, 나머지 21명은 '이명'란에 본인의 이름이 표기되어 있다. 아울러 확인되지 않은 분들의 경우도 남편을 찾아서 비워 둔 '이명'란을 채워야 할 것이다. 이는 우리가 해야 할 최소한의 예우가 아닌가 한다.

만주 독립군 승리 뒤에 가려진
일제의 대학살 만행

지금으로부터 100여 년 전인 1920년 6월, 북간도 봉오동에서 독립군이 일본 정규군과 맞붙어 최초로 승리를 거뒀다. 이는 목숨을 내던진 독립군들의 굳센 각오뿐만 아니라 재만 독립군을 음으로 양으로 도왔던 수많은 한인이 있었기에 가능했다. 그런데 그해 10월 안타깝게도 전투에서 패배한 일본군의 복수로 3,600여 명의 재만 한인이 대학살을 당했다. 그들이 없었다면 승리에 빛났던 봉오동·청산리 전투는 없었을 것이기에 일본군의 만행을 기억해야 하며 한인들의 희생에 애도를 표하고자 한다.

만주의 독립군들

전투에서의 승패는 지휘관에 의해 결정되는 것이지만, 병사들의 희생과 그들을 도운 민간인의 공 또한 적지 않다. 만주에 수많은 독립군이 조직될 수 있었던 것은 1860년대 이후 그곳으로 이주하여 삶의 터전을 일

봉오동 전투와 청산리 대첩(국사편찬위원회 참조)

군 한인들이 있었기에 가능했다. 1910년 8월 국권 피탈 이후 국내에서
의병운동과 계몽운동을 전개하였던 독립운동가들이 만주로 망명하면서
만주는 독립운동 기지로 변모하였다. 이들에 의해 만주에 수많은 민족
학교가 설립되어 민족정신이 고양되었고 3·1운동이 전개되었으며 이
후 독립군 부대가 조직된 것이다.

　상하이 대한민국 임시정부가 1920년을 독립전쟁 원년으로 선포한 것
도 영향을 미쳤다. 당시 임시정부는 "일제로부터 민족 해방과 조국 독립
을 달성하기 위해서는 적당한 시기에 독립전쟁을 전개하여 승리하는 것
이 가장 확실하고 바른길이며, 최후 승리를 얻기까지 지구(持久: 오랫동안
버티어 견딤)하기 위하여 독립전쟁을 준비하자."라고 호소하였다.

독립군은 압록강과 두만강을 건너 국내 진공 작전을 벌여 일제에 타격을 주었다. 이들은 일제의 식민 통치기관인 면사무소·경찰서·헌병 분견소·주재소를 습격하거나 친일파를 처단하였다. 상하이 임시정부가 발행한 《독립신문》 제88호(1920년 12월 25일)에 따르면, 1920년 3월부터 6월 초까지 독립군이 국내에 진입하여 유격전을 벌인 것이 32차례였고, 일제 군경들의 관서를 파괴한 것이 34개소에 달하였다고 한다. 특히 1920년 6월과 10월, 봉오동과 청산리에서 전개된 일본 정규군과의 전투는 독립군에게 첫 승리를 가져다준 쾌거 중의 쾌거였다.

일본군의 재만 한인 학살

이렇듯 독립군의 활동이 활발하게 전개되자, 일제는 장쭤린(張作霖)의 만주 군벌까지 끌어들여 독립군을 토벌하고자 하였지만 이렇다 할 성과를 거두지 못하였다. 이런 가운데 1920년 6월 봉오동 전투에서 대패한 일제는 대규모 정규군을 만주에 투입하여 만주 독립군을 소탕할 계획을 세웠다. 1920년 8월 일제는 이른바 '간도지역불령선인초토계획(間島地域不逞鮮人剿討計劃)'을 실행에 옮겼다. 간도의 한인들을 몰살시킨다는 계획이었다.

이를 위해 일제는 먼저 훈춘 사건을 조작하였다. 일제에 매수된 중국 마적들이 훈춘 주재 일본영사관을 불태우고 시부야 경부의 가족 등 일본인 부녀자 9명을 살해하였다. 이를 빌미로 일제는 2만여 명에 달하는 일본군을 만주로 진출시켰다. 그런데 일본군은 독립군 토벌 작전을 추진하던 중 도리어 청산리 전투에서 독립군을 상대로 두 번째 패배를 맞

1920년 일본군 19사단 보병 75연대가 간도에서 독립군과 양민을 학살한 장면(규암김약연기념사업회)

간도 대학살로 희생된 재만 한인들을 위한 합동 장례식 장면(독립기념관)

보았다. 그 뒤 일본군은 보복 차원에서 간도의 한인 가옥·학교·교회 등에 방화를 저지르고 약탈하였으며 3,700여 명의 한인을 잔혹하게 죽

간도 대학살 당시 희생된 장암동 한인들을 기리고자 세운 장암동참안유지(獐岩洞慘案遺址) 비석(길림성 연길현 동명용진 인화촌) 비문에는 "일본 침략군은 경신년 대참안을 벌일 때인 1920년 10월 말 이곳에서 무고한 청장년 36명을 이중 학살하여 천고에 용서받지 못할 죄행을 저질렀다."라고 적혀 있다.

였다. 그 결과 독립운동 기지가 처참하게 무너지고 말았다.

이러한 일본군의 잔악상은 간도뿐만 아니라 러시아 연해주에서도 자행되었다. 1917년 11월 러시아혁명 이후 러시아에서는 혁명 세력인 볼셰비키 적군과 반대파 백군 간의 내전이 벌어졌다. 당시 백군을 지원하던 일본군은 적군에 의해 큰 타격을 입었다. 이에 1920년 4월 일본군은 적군에 가담한 한인 독립운동가들을 색출한다며 무기를 압수하고 가택수색을 자행하며 무자비한 검거에 나섰다. 하지만 독립운동가들은 이미 탈출한 뒤였다. 그런데도 일본군은 연해주 신한촌에 살던 무고한 300여 명의 한인을 체포한 뒤 학교 교실에 가두고는 불태워 죽였다. 결국 신한촌은 초토화되고 말았다. 일본군의 만행은 이에 그치지 않았고, 우수리스크의 적지 않은 한인들도 희생되었다. 이때 연해주의 대표적인 독립운동가인 최재형도 일본군에게 사살되었다.

1920년 연해주 학살을 일으킨 연해주 주둔 일본군들(우수리스크 고려인문화센터)

이 두 사건을 흔히 '경신참변(혹은 간도참변)', '4월 참변'이라고 한다. 하지만 이는 옳지 않다. '참변'이란 사전적 의미로 '뜻밖에 당하는 끔찍하고 비참한 재앙이나 사고'를 일컫기 때문이다. 두 사건 모두 '뜻하지 않게 생긴 불행한 변고 또는 천재지변으로 인한 불행한 사고'가 아니다. 이는 명백히 일본군이 계획적으로 가혹하게 마구잡이식으로 한인들을 죽인 '학살'이다. 그러니 이는 '간도 학살', '연해주 학살'로 표현하는 것이 적절하다고 본다.

간도·연해주 한인들을 추모하며

이들의 희생을 기리고자 간도 학살 당시 가장 피해가 컸던 연길현 용지사 장암동 뒷산에 희생자들의 묘와 '장암동참안유지(獐岩洞慘案遺址)'라는 비석 하나가 덩그러니 세워져 있다. 연해주 우수리스크에는 러시아어로

우수리스크 '4월 참변' 추모탑

"1920년 4월 4일부터 5일간 악조건을 무릅쓰고 간섭군(연합군)에 의해 빨치산 240명이 희생되었다."라고 새겨진 추모탑이 있다. 이는 간도 학살과 연해주 학살로 희생된 이들을 기리는 비석과 추모탑이다. 하지만 장암동에서만 학살이 일어난 것이 아니기에, 또한 한인만을 기리는 추모탑이 아니기에 아쉬움은 남는다. 연해주에서 피해가 컸던 블라디보스토크에는 이렇다 할 추모비 하나 없다.

2020년 6월 봉오동 전투 승리 100주년을 맞아 기념우표 발행, 학술대회 개최, 다큐 방송 등 다양한 행사가 개최되었는가 하면, '호국보훈의 달'을 맞아 순국선열과 호국영령의 숭고한 희생정신을 기렸다. 하지만 어느 행사에서도 100년 전 이름 없이 숨겨 간 독립군을 기리거나 이들을 도왔다고 하여 학살된 간도나 연해주의 한인들을 기리는 추모 행사는 없었다.

100여 년 전 봉오동 전투와 청산리 전투의 승리에 빛을 더한 것은 바로 이들이며, 이들 또한 독립운동가이다. 이제 빛나는 승리를 위해 억울하게 희생된 이들의 영혼을 달래 줄 추모비나 기념비를 외교 문제로 중국 연변이나 러시아 연해주에 세울 수 없다면, 대한민국 어느 한 곳에 세워 그들을 기억하고 추모하는 공간 하나쯤은 마련해야 할 것이다.

'안중근' 영웅인가,
테러범인가

2022년 12월 영화 〈영웅〉이 개봉하였다. 이는 2009년 10월 26일 LG아트센터에서 안중근 의사 의거 100주년을 기념해 초연한 국내 창작 뮤지컬 〈영웅〉을 영화화한 것이다. 뮤지컬 〈영웅〉은 2022년 12월까지 9회 공연하였고, 2011년 8월 뉴욕과 2015년 2월 하얼빈 등 해외에서도 두 번이나 공연하였다. 〈영웅〉은 공연 때마다 매진 행진을 이어 갔고, 관객에게 찬사를 받으며 최우수 작품상 등을 수

〈안중근〉 영화 포스터

상하였다. 이러한 인기에 힘입어 영화 또한 많은 사람에게 감동을 선사했다. 그런데 일본 우익 성향의 온라인에서는 안중근을 '테러리스트',

'살인자'로 간주하며, '9·11테러'를 예찬한 영화라는 악평을 쏟아 냈다. 이렇듯 한일 간 안중근에 대한 평가가 극명하게 갈리고 있다. 한국 근현대 역사 속에서 안중근은 어떻게 인식되었는지 쫓아가 보고자 한다.

안중근, 줄곧 '영웅'으로 숭앙된 것은 아니었다

1909년 10월 26일, 안중근이 이토 히로부미를 처단했던 당시, 친일파들은 고종 황제에게 "일본으로 건너가 사죄해야 하고 주범과 공모자를 극형에 처해야 한다."라는 주장을 서슴지 않았다. 실제로 대한제국 황실과 정부는 일본에 조문단을 파견하였고, 일부는 '국민사죄단'을 보내기도 하였다. 당시 민중이 안중근의 거사를 일제의 만행에 대한 보복으로 여겨 크게 환영했던 것과는 대조적이었다.

이토가 총에 맞아 죽었다는 소식은 삽시간에 전 세계로 퍼져 나갔다. 일본 내에서는 한국의 대은인인 이토를 사살한 것은 은혜를 원수로 갚은 행위라고 하였고, 여러 신문에서는 이토의 죽음에 대해 '조난(遭難; 예상치 못한 재난을 만남)'·'춘사(椿事; 뜻밖에 생긴 불행한 일)'라고 하여 안타까움을 표시했으며, 안중근을 '흉도(凶徒)'·'흉한(兇漢)'·'흉행자(兇行者)' 등으로 보도했다. 일제는 안중근을 살인마로 몰아갔다. 안중근은 재판 과정 내내 "나는 대한민국의 군인으로 이토를 살해한 것이다."라고 강조했지만, 일제는 그를 '살인자'로 몰아가기 위해 증거를 조작하는 한편 그를 끊임없이 회유하였다.

더욱이 일제는 1909년 10월 거사를 치른 뒤 한 달도 안 돼 안중근의 용모를 담은 사진을 신문에 실어 유포하였다. 안중근이 쇠사슬로 묶여

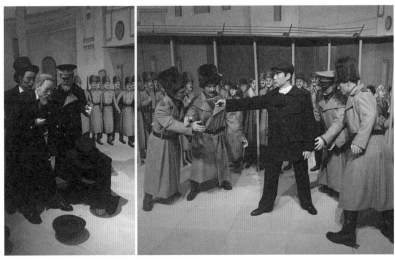

안중근 의사가 하얼빈역에서 이토 히로부미를 저격하는 모습(안중근의사기념관)

꿇어앉은 모습이라든가, 무명지가 잘린 왼손을 가슴에 대고 있는 사진 등이다. 그가 이토를 암살하였다는 것을 대대적으로 선전하려는 목적에 서였다. 이 사진들은 수사용 사진이었는데, 업자들이 사진을 엽서 소재로 활용하면서 민중의 관심이 높아졌고 오히려 그를 숭배하는 현상이 나타났다. 그의 풍모에 감명받은 사람들이 앞다퉈 엽서를 구매하자, 당황한 일본 당국은 이를 판매 금지하였다.

당시 천주교계는 살인이라는 종교적 죄악과 애국적 헌신이란 두 가지 사실에 직면하여 신자였던 안중근에 대해 "안중근을 순교자로 볼 수 없다."라며 '살인자'로 낙인찍었다. 이에 안중근은 평신도 자격이 박탈되었고, 그로부터 83년이 흐른 1993년에야 자격이 복권되었다.

안중근의 의거 직후 일본인의 가장 큰 관심은 '왜, 안중근이 이토를 죽였느냐'는 것이었다. 처음에는 '개인적인 원한'으로 신문에 보도되었지

신문 사진으로 실린 무정부주의자 고토쿠 슈스이가 만든 안중근 사진 엽서 견본. 그는 사진에 "삶을 버려 의를 취하고 자신을 죽여 인(仁)을 이루었네. 안중근 거사에 천지가 진동하네."라는 안중근을 찬양하는 한 시를 지어 적었다.

1910년 3월 안중근 사형 순국 후 제작된 일본 엽서. 일본어로 "이토 공(이토 히로부미)을 암살한 안중근" 이란 설명과 "한국인은 예부터 암살 맹약으로 무명지 를 절단하는 오랜 관습이 있는데 그 손을 촬영한 것" 이란 해설이 달려 있다.

만, 그것만으로는 충분히 설명될 수 없었다. 재판이 진행되면서 안중근
의 입을 통해 "이토를 처단한 이유는 쓰러져 가는 대한제국을 위해, 동
양 평화를 위해 그랬다."라는 사실이 밝혀지자, 일부 신문에는 개인적 원

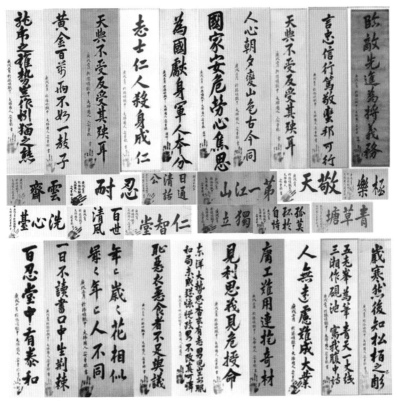

옥중에서 안중근이 쓴 유묵. 안중근은 사형 언도 이후 집행 때까지 40여 일간 200여 점의 휘호를 집중적으로 썼다고 한다.

한이 아닌 '대의(大義)'라는 표현이 등장하기도 하였다. 안중근이 1910년 2월 14일 사형선고를 받은 직후부터 3월 26일 순국할 때까지 뤼순감옥의 헌병이나 간수들이 그에게 200여 점의 휘호를 받아 간 것은 이와 무관하지 않다.

민족운동이 본격화된 이후부터 칭송되다

삼중당 서점에서 발행한 《하얼빈 역두의 총성》
표지

비록 안중근이 이토를 처단하였지만, 일제에 국권을 빼앗긴 한반도는 식민지로 전락하였다. 이후 민족운동이 본격화하는데, 이때 독립운동가들 사이에서 주목받은 인물이 안중근이었다. 국내뿐만 아니라 연해주·상하이·미주 등지에서 안중근 관련 전기가 쏟아졌으며, 그를 추도하는 행사가 열렸고, 유족의 국외 정착을 위한 모금 운동이 전개되기도 하였다. 또한 그를 기리는 〈안중근 의가(義歌)〉가 불렸고, 1916년 사립학교 한영서원 교사들이 만든 《애국창가집》에 안중근이 곽재우·이순신·최익현 등과 함께 실려 영웅의 모범으로 칭송되었다. 이 노래를 가르친 교사들은 일제에 체포되어 곤욕을 치르기도 하였다. 1928년에는 상하이로 망명한 한인 영화인들이 안중근에 관한 〈애국혼〉이라는 무성영화를 제작하여 상영하기도 하였다.

1931년 5월에는 출판사 삼중당 대표 서재수가 안중근 의거 50주년을 맞아 희곡 《하얼빈 역두의 총성》을 펴내 큰 관심을 끌었다. 이 책은 일본인 하세가와 카이타로(長谷川海太郎)가 《중앙공론(中央公論)》 1931년 4월호에 다니 조지(谷讓次)라는 필명으로 실은 〈안중근〉을 번역한 것이다.

해방 이후에는 안중근을 어떻게 기억하고 기념했을까?

해방 직후 안중근을 기념하는 첫 사업은 1945년 12월 11일 장충단에서 대한민국 임시정부 요인을 비롯하여 각계 인사들이 참석한 가운데 추진된 '안중근 동상 건립'이다. 일제강점기에 지어진 박문사(博文寺) 내 (현 장충동 신라호텔 자리)의 이토 히로부미 동상을 헐고 안중근 동상을 세우자는 것이었다. 이에 '안중근의사동상건립기성회'를 조직하였지만, 동상 건립은 광복 후 혼란 속에 차일피일 미뤄졌고, 동족상잔의 6·25전쟁이 일어나 관심 밖으로 밀려났다.

1953년 7월 휴전 이후에는 기금 문제와 설치 장소를 두고 난항을 거듭하다가, 비로소 1959년 5월 남산 기슭 왜성대 옛터(현 숭의학원)에 안중근 동상이 설치되었다. 이 동상은 1967년 4월 남산공원 내 사단법인 안중근의사숭모회가 터를 잡은 곳으로 이전되었다.

이와 함께 안중근 관련 책이 다수 출판되었고, 1946년 1월 수도극장에서 〈안중근 사기(安重根 史記)〉(김춘광 극작) 연극이 처음 상연되었으며, 그해 5월에는 이구영 감독이 이를 35mm 무성영화 〈의사 안중근〉으로 제작·상영하였다. 이를 광고하는 어구 중에서는 "이 영화를 통하여 우리 겨레는 무엇을 찾을 것인가?"라고 되물었다. 이 외에도 연극단체는 〈안중근의 최후〉, 〈윤봉

영화 〈고종황제와 의사 안중근〉 포스터 (1959년)

길 의사〉 등을 공연하였다. 1959년 4월에는 두 번째 안중근 관련 영화인 〈고종황제와 의사 안중근〉이 상영되어 큰 인기를 끌었다. 이후 1972년 2월 〈의사 안중근〉 영화가 상영되었고, 그해 10월에는 안중근 유묵이 보물로 지정되었다.

이 밖에 여러 방송국에서 특별기획으로 안중근 관련 프로그램을 제작·편성하기도 하였다. 특히 1998년 9월 SBS가 안중근 의거 70주년을 기념하여 북한에서 1979년에 제작한 〈안중근 이등박문을 쏘다〉라는 극영화를 방송하기도 하였다.

추도 열기도 뜨거웠다. 의거일인 10월 26일과 순국일인 3월 26일 기념식이 행해졌으며, 1946년 3월에 결성된 안중근선생기념사업협회가 이를 주관하였다. 그해 광복 후 첫 추도회가 서울운동장을 비롯하여 전국적으로 치러졌다. 추도 관련 기사에는 "대의(大義)는 영생한다.", "이등박문을 저격하여 세계에 백의민족의 기개와 울분 용맹과 담력을 보여주신 선생"이라는 글귀가 달렸다. 1947년 3월 명동성당에서는 한국천주교 전체의 입장은 아니었지만, 추도 미사가 열렸고 이후 간헐적으로 이어졌다.

일본은 안중근을 어떤 시각으로 바라봤을까?

패망 직후 일본 교과서에는 안중근 관련 내용이 없었는데, 그로부터 얼마 뒤 이토가 조선인에게 살해되었다고 기술하여, 이름을 밝히지는 않았지만 사실상 안중근을 '암살자'로 규정하였다. 또한 이를 계기로 일본이 한국을 합병했다는 식으로 역사를 왜곡하였다. 1910년 8월 '한일 병합조약'은 이토의 죽음과 상관없이 예정대로 진행됐음에도 말이다.

이는 1970년대까지 이어졌고 이후 더욱 확대되었다. 1980년대 초, 재일 한인 교포들이 남산 안중근의 사기념관에 들렀을 때 "안중근은 우리 민족을 박해한 이토를 저격한 애국지사"라고 설명하자, 한 교포가 "나쁜 사람 아닌가!"라고 소리쳤다는 우스갯소리도 그냥 나온 것이 아니었다. 1982년 일본 교과서 파동 이후에도 여전히 안중근을 거론하

2005년 발매된 일본 만화 시리즈 《혐한류》 표지. 누계 100만 부가 팔릴 정도로 인기가 높다.

지 않거나, '암살자'로 표기하였다. 역시 '이를 계기로' 일본이 한국을 '병합'하였다는 식으로 기술하였다. 의거 40여 년이 지났음에도 안중근에 대한 시각은 변함이 없었다. 1990년대 이후에는 일본 역사 교과서에서 '계기로'라는 용어가 사라지고 간혹 안중근을 '민족운동가'로 언급한 교과서도 등장했지만, '암살' 혹은 '사살'이라는 단어가 혼용되었다.

안중근과 관련한 일본 우익의 망언은 1990년대 중반 이후부터 강화되었다. 1982년 마쓰노 유키야스(松野幸泰) 일본 국토청 장관은 "한국 교과서에서는 이토를 '원흉'이라고 부르고 암살자인 안중근을 '영웅'시한다."라고 비난하는 정도였는데, 1995년 3월 종전50주년국민위원회 회장 오쿠노 세이스케(奧野誠亮)는 "이토를 암살한 안중근은 한국에서 독립투사로 신격화되고 있지만, 일본 측면에서 보면 살인자에 불과하다."라는 망언을 일삼았다. 더욱이 2000년대 일본 내 우익이 기세를 부리면서 이러

한 경향이 더 두드러졌다. 2005년 출판된 만화《혐한류》에서는 "한국을 이해했던 이토 히로부미를 멍청한 테러로 죽게 했다."라는 궤변을 늘어놓거나, 안중근을 "어리석은 테러리스트"라고 묘사해 반일 감정을 자극하였다.

일본 전 총리를 지낸 스가 요시히데(菅義偉)는 2014년 1월 중국 하얼빈에 '안중근의사기념관'이 개관했을 때, 안중근을 "일본의 초대 총리를 살해하여 사형판결을 받은 테러리스트"라고 말해 일본 우익 세력으로부터 찬사를 받기도 했다.

안중근과 이토 히로부미는 아주 상반된 삶을 살았다. 이토를 언급하지 않고 일본의 근대사를 설명할 수 없듯이, 안중근을 빼놓고 1900년대 후반의 한민족 민족운동을 언급하는 자체가 불가능하다. 그렇다면 안중근을 영웅시하기보다는 안중근이라는 개인을 통해 당시의 사회와 국제관계 속에서 반제국주의 운동을 부각하고, 아울러 그를 '동양 평화'를 위한 '인류 보편의 가치'를 구현한 인물로 재평가하면 어떨까 한다.

태극기는
어떻게
만들어졌을까?

한 국가의 국호·국기·국가·연호 등은 한 민족·국가·정부·국민의 모든 것을 상징하고, 그 시대성과 정치 내용·형태 등을 집약적으로 표현할 뿐 아니라 국민의 일상생활과 밀접한 관련이 있으며 대외적인 영향도 적지 않다. 대한제국 이후 일제강점기를 거쳐 광복을 맞아 민주주의 국가가 탄생하였지만, 제헌국회에서는 국호만을 결정하였을 뿐 국기·국가·연호 등은 명확히 하지 않았다. 그렇다면 국가의 상징성이 가장 큰 국기는 어떻게 만들어져 지금에 이르게 되었을까?

국기의 탄생 배경

우리나라에서 처음으로 국기의 의미를 알게 된 것은 1875년 운요호 사건 때였다. 당시 조선군 수비병 35명이 전사하였고 일본군은 2명의 경

조미수호통상조약 체결일(1882.5.22.) 당시 태극기(대한민국역사박물관)

상자만 발생했음에도 일본은 전권대사를 파견하여 책임을 추궁하였다. 일본은 "우리는 대일본 제국의 국기인 일장기를 달고 조선을 방문하였는데 귀국 수병들이 무차별 포격을 하였다."라며 트집을 잡았다. 이에 조선은 "우리는 일장기가 무엇이며 국기가 무엇인지도 모르고 우리나라 수병들에게 가르친 적도 없다."라고 항변하였다. 사실 일본은 메이지 유신 직후 부산 왜관을 통해 일장기 사본을 조선에 보내 준 바 있었으나, 조선 정부는 그 의미를 몰라 무시해 버렸다.

국기 문제는 조일 간 강화도 회담이 진행되는 와중에 다시 제기되었다. 일본은 조선에 속히 국기를 만들어 보내 줄 것을 요청하기도 했다. 이때 조선은 국기 사용에 대한 의미를 알게 되었지만, 국기가 국제 외교에서 필요하다는 것을 인식하는 정도에 그쳤다.

그 뒤 1880년 청의 외교관 황쭌셴(黃遵憲)이 조선의 국기로 '용이 그려진 깃발(龍旗, 용기)'을 제안하였다. 이는 청의 국기였던 '대청황룡기'를 본떠 만들도록 한 것이다. 하지만 외국과의 교류가 없었던 조선은 그 필요성을 느끼지 못하여 국기 도안 문제는 더 이상 논의하지 않았다.

그러다가 1882년 5월 조미조약 체결 당시 미국은 성조기를 걸었으나 조선은 마땅한 것이 없어 급히 '태극도형기'(흰 바탕에 청홍 태극 문양)를 만들어 사용하였다. 이의 바탕색은 백성의 옷, 홍색은 왕의 옷, 청색은 신

박영효와 영국 공사 해리 파크스 문서의 태극기(1882.11.)

하의 옷을 상징했다. 이에 청 외교관 마젠중(馬建忠)은 태극도형기와 일본 국기가 너무 닮아 멀리서 보면 식별이 어렵다며, 조선국은 대청황룡기를 사용하되 속국답게 용의 발톱 한 개를 줄이고 청운(靑雲)을 홍운(紅雲)으로 그려서 사용하도록 권하였다.

이를 담당했던 김홍집은 그의 제안을 정중히 사양하고 '태극 8괘도' 도안을 내놓았다. 이는 그 후 조선 국기의 근거가 되었다. 여기에 고종의 홍룡포를 하늘의 태양(太陽)에다 배치하고 신하의 관복인 파란색을 태음(太陰)으로 삼은 태극 문양을 추가하였다.

1882년 여름, 임오군란 이후 수신사 박영효가 일본 여객선 메이지마루(明治丸)를 타고 현해탄을 건너는 중에 영국인 선장의 조언을 받아 대각선에 있는 4괘만 남기고 나머지는 없앤 국기를 만들었다. 박영효는 이 국기를 일본에 도착한 뒤에 처음으로 숙소인 니시무라 여관에 내걸었다. 이때 각국의 외교관들이 박영효가 묵고 있는 숙소로 찾아와 조선 국기를 그려 갔다고 한다. 1883년 1월 고종은 이를 조선 국기라 공식 인정하고 전국에 알렸다. 그 뒤 대한제국이 성립한 이후에 '태극기'로 불리기 시작하였다.

태극기의 변천사

그러나 1910년 8월 국권 피탈로 인해 대한제국이 일제의 식민지로 전락하면서 더는 태극기를 사용할 수 없게 되었다. 하지만 나라 잃은 국민의 마음속에서는 단 하루도 태극기를 내린 적이 없었다. 이 때문에 1919년 3·1운동 당시 전국 각지에서 만세운동을 벌이면서, 제각기 모양은 다르지만 손에 손에 태극기를 들고 나섰다. 태극기는 35년 동안 일제의 압제를 당하였던 한국인들에게 나라를 되찾을 수 있다는 희망이었다. 독립운동가들은 언제나 태극기를 내걸고 독립을 염원하였으며, 태극기를 통해 독립된 나라를 꿈꾸었다.

3·1운동 당시 태극기를 제작했던 태극기 목판(독립기념관)

대한민국 임시의정원 태극기

마침내 1945년 8월 15일 광복

1948년 8월 15일 '대한민국 정부 수립 국민 축하식'

을 맞이하자 모든 국민이 한뜻으로 태극기를 그려서 들고나왔고, '대한
독립 만세'를 외쳤다. 비록 모양은 제각각이었지만 모두의 한마음을 담
은 태극기였다. 그해 12월 임시정부 요인들이 환국한 직후 내무부장 신
익희가 태극기의 양식과 만드는 법을 알렸지만, 역시 통일되지 못하여
행사마다 다른 모양의 태극기가 사용되곤 했다. 그러다가 1948년 7월
제헌국회에서 헌법을 제정하면서 국호를 '대한민국'으로 하자는 데는
일단 의견 일치를 보았으나, 헌법에 태극기를 국기로 정하는 내용을 포
함하자는 의견은 부결되었다. 그래서였는지 그해 8월 15일 '대한민국 정
부 수립 국민 축하식' 당시 두 개의 태극기가 다르게 내걸리는 불상사도
일어났다. 또 그때까지만 해도 태극기를 사용했던 북한이 그해 9월 인공

북한 발행 해방 1주년 기념우표(1946.8.15.)와 전조선제정당사회단체대표자연석회의 장면(1948.4.19.)

기로 바뀠다. 이때 《한성일보》 사설란에서는 "각양각색으로 혼동 난용
(亂用) 되고 있는 것은 자못 민족적으로 치욕스러운 일이다."라면서 "8괘
의 방위 등이 안정되지 못한 폐"가 있다며 정부의 시정을 촉구하였다.

이러한 혼란을 바로잡기 위해 1949년 1월, 해가 바뀐 뒤에야 국회 내
에 국기제정위원회가 구성되었다. 다만, 이는 국기를 바꾸자는 것이 아
니라 태극기의 색채와 위치를 통일하기 위함이었다. 이에 국기시정위원
회(國旗是正委員會)로 개칭되어 열린 회의에서 새로운 국기 제정은 통일
이후로 미루기로 하고 태극기의 표준을 세우기로 하였다. 몇 개월 동안
여러 의견을 논의한 끝에 당시의 국기를 그대로 사용하기로 하였다. 다
만 감(坎)과 리(離)의 위치를 서로 바꾸고 깃봉의 연꽃 봉우리를 금빛 무
궁화 봉오리로 변경하였다. 이를 토대로 1949년 10월에 비로소 정부가
현재 모습의 태극기를 정식 국기로 제정하였다.

태극기는 한말 왕조 체제에서 만들어졌지만, 독립운동 당시에도 국가
의 상징으로 존엄하게 여기고 숭앙하였다. 3·1운동 때나 해방 직후 '독

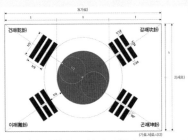

국기 그리는 법(1949.1.)

6·25전쟁 당시 경주 학도병 서명문 태극기

립 만세'를 외치면서 태극기를 들고나왔던 것도 그러한 이유에서였다. 이에 대한민국 정부가 수립되었어도 태극기가 우리나라의 국기로 자리매김하였고 지금에 이르고 있다. 이처럼 태극기에는 고난과 희망의 역사가 담겨 있다.

제2장

어제의 독립운동과
오늘의 회고

2023년, 100년 전 순국한 독립운동가를 기리며

1923년 독립운동계는 다사다난한 한 해를 보냈다. 그해 새해 벽두부터 대한민국 임시정부는 세력별·출신별·독립운동 노선별로 갈등이 최고조에 달하여 갈 길을 잃고 그 문제를 해결할 방안으로 국민대표회의를 개최하였다. 그쯤 신채호가 '조선혁명선언'을 발표하였다. 결국 대한민국 임시정부는 그해 6월 창조파·개조파·옹호파로 분열하였다. 같은 해 9월에는 일본 간토대지진 와중에 재일 한국인 6천여 명이 학살당하는 끔찍한 사건도 일어났다.

여기서 주목하고자 하는 것은 2023년 100년 전 숨겨간 독립운동가들이다. 그해 100년을 맞아 여러 독립운동 관련 행사가 개최되고 있지만, 순국 100년을 맞은 그들에 대해서는 이렇다 할 언급도 없다. 이를 안타깝게 여겨, 비록 그들의 활동을 자세히 언급할 수 없지만, 이름이라도 밝혀 그들의 '독립 정신'을 기리고자 한다. 이는 매해 순국 100주년을 맞는 독립운동가들을 기렸으면 하는 바람에서다.

만주 방면의 순국 독립운동가

1923년 한 해 동안 순국한 독립운동가는 159명으로 확인된다. 공훈전자사료관에 있는 독립유공자 공적정보를 토대로 조사한 바에 따르면, 가장 많은 운동계열은 만주 방면이 74명, 다음으로 3·1운동 43명, 국내항일 15명, 노령 방면 11명, 의병 9명, 의열 활동·미주 방면 각 2명, 일본 방면, 임시정부 각 1명 순이다. 운동계열별로 순국 독립운동가를 살펴보면 다음과 같다.

만주 방면의 순국 독립운동가들은 일일이 거론할 수 없을 정도로 많다. 대표적인 인물들 위주로 살펴보면 다음과 같다. 대종교 2대 교주 김교헌을 비롯하여 만주에서 친일파를 처단한 원해룡·최경호, 독립군을 지원한 김학응·김일서·정신보·강희경·김병호·나선도·오정준·최경민·남성일 등과 독립군 국내 진공 작전 시 일본군·중국군과 교전 중 전사하거나 급습에 피살된 독립군들이다. 독립군 가운데 통의부 소속의 계영기·정덕곡·김성복·이근택·김용희·김성옥·김상준 등은 1923년 10월 13일 한날 일본군과 중국군에게 몰살되었다. 그들 중에는 활동 중 붙잡혀 피살·익살되거나 국내 형무소에서 사형당한 이들도 있었다.

이들 독립군은 특성상 청장년층이 대부분이었기에 평균수명이 34.8세로 짧은데, 출생 연도가 확인되지 않은 경우도 39명으로 과반이 넘는다. 이들은 대개 미혼이거나 결혼한 지 얼마 되지 않았기에 후손 대부분이 확인되지 않고 있다. 특히 안타까운 것은 독립군끼리의 알력 다툼이나 의견 충돌로 1923년 8월과 10월 두 차례에 걸쳐 많은 이가 희생된 점이다. 이를 정리하면 〈표 1〉과 같다.

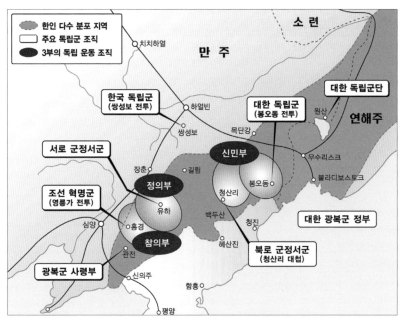

재만 독립군 활동 무대(국사편찬위원회 참조)

<표 1> 만주 방면의 순국 독립운동가

사인	소속 독립군 이름(당시 나이)
전사	**서로군정서** / 정봉주(?) · 김세환(?) · 김익봉(33) **북로군정서** / 이민화(26) · 이성규(?) **대한독립단** / 이성엽(?) · 이광호(28) **통의부** / 김병주(22) · 유세진(39) · 김정옥 · 김범주 · 윤창산 · 유연덕 · 김익선 · 이여춘 · 계영기 · 정덕곡 · 김성복 · 이근택 · 김용희 · 김성옥 · 김상준(이상 나이 미상) **참의부** / 한봉도(?) **의성단** / 김명제(?) · 신봉산(33)
습격 피살	**일본군에 피살** / 황하청(서로군정서, 30), 최봉주(적기단, 39) · 최준화(적기단, ?), 장부암(통의부, ?) **청진형무소 탈옥 시도** / 이정국(국민회, 37) · 최익룡(국민회, 28) · 신예균(국민회, ?), 신대용(의민단, 42), 김창환(독립군, ?) **중국군 급습** / 김창도(의군부, 41) **중국 토비 습격** / 맹기정(광정단, ?) · 석기만(광정단, 38)
총살	**독립군 지원** / 김학웅(?) · 김일서(?) · 정신보(?) · 강희경(?)

사인	소속 독립군 이름(당시 나이)
독립군 충돌 (1923.8.)	한봉조(?), 허승택(?), 조태빈(?), 김기원(?), 김상수(50), 장집중(39) * 모두 의군부 소속으로 통의부 부원에 의해 희생
독립군 충돌 (1923.10.)	윤창철(통의부, 31), 박원석(통의부, 30), 이만형(대한의군부, 25) * 통의부와 독립단군정서와의 의견 충돌로 희생
사형	김명권(군무도독부, 35), 김학섭(대한군정서, 36), 문창학(대한군정서, 42), 조창룡 (광복군총영, 25), 채경옥(군무도독부, 45), 최경호(밀정 처단, ?)
옥사	김상률(의군부, ?)
익사	**군자금 모집 후 귀대 중 압록강에서 익사** / 임봉어(통의부, ?)·박사범(통의부, ?) **일본군이 압록강에서 투살** / 유기풍(대한독립단, 20)·변승준(대한독립단, 33)·송 덕흥(대한독립단, 27) **밀고로 체포, 일본군이 압록강에서 투살** / 김병호·나선도·오정준(모두 독립군 지 원, 나이 미상)
병사	최전빈(통의부, 18), 원해룡(친일파 처단, 49)
동사	김세종(서로군정서, ?)
아사	정공범(독립군, 24)
순사	황희(대한군정서, 31), 김창의(통의부, 39)
기타	대종교 교주 김교헌(56), 만주 지역 군자금 모집 활동 최경민(?)·남성일(23)

1920년대 중반 참의부 대원들

3·1운동 관련 순국 독립운동가

3·1운동 관련 순국 독립운동가는 43명으로, 대부분 옥고를 치렀다. 최고령자는 72세 김재명이고, 최연소자는 24세 김용언, 여성은 임봉선·박두천 등 2명이다. 이들의 평균수명은 40.1세로, 1920년대 평균수명 48세보다 적다. 신문 과정에서 고문·탄압 혹은 옥고로 천명을 다하지 못한 것이다. 이 가운데 충남 정산장터의 만세운동에 참여한 이만용·양원서·정일택, 전북 임실면 둔남면에서 3·1운동을 주도한 이태우·이주의, 경남 김해군 장유면의 이강석·조용우, 경북 의성군 비안면의 박영화·배도근 등은 같은 해에 순국하였다. 이 역시 고문 후유증 탓에 그리된 것으로 생각된다. 이를 정리하면 〈표 2〉와 같다.

〈표 2〉 3·1운동 관련 순국 독립운동가

지역	(의거일)	이름(생몰년, 당시 나이)	형벌
서울	탑골공원(1919.3.1.)	이형영(1896~1923.2.5., 27세)	징역 10개월
	삼청동(1919.3.26.)	김재완(1877~1923.5.10., 47세)	징역 6개월
	종로 가회동(1919.3.1.)	최동호(1897~1923.5.21., 27세)	징역 2년
	보성사 공장장(1919.3.1.)	김홍규(1876~1923.9.1., 47세)	징역 1년
경기	이천군 이천읍(1919.3.)	김위동(?~1923.5.7.)	무기징역. 옥사
	연천군 백학면 두일장터(1919.3.21.)	이낙주(1896~1923.10.13., 27세)	징역 1년 6개월
충남	청양군 정산장터(1919.4.5.)	이만용(1888~1923.9.19., 35세)	태 70
		양원서(1861~1923.8.13., 62세)	태 90
		정일택(1890~1923.11.11., 34세)	태 90
	홍성군 홍성시장 (1919.4.2.)	고락서(1856~1923.12.9., 68세)	태 90
	공주군 정안면 광정리(1919.4.1.)	노규현(1858~1923.9.25., 66세)	징역 8개월, 집행 유예 2년
	당진군 정미면 천의장터(1919.4.4.)	고울봉(1894~1923.5.22., 30세)	징역 1년
	부여군 부여면 구교리(1919.3.2.)	최규석(1858~1923.6.24., 66세)	징역 7개월

지역(의거일)		이름(생몰년, 당시 나이)	형벌
충북	청주군 미원장터(1919.3.30.)	최봉원(1879~1923.8.31., 45세)	징역 6개월
전남	구례군 광의면 구례장터(1919.3.23.)	박경현(1859~1923.9.12., 65세)	징역 8개월
	광양군 광양장터(1919.3.27.)	정성련(?~1923.3.14.)	징역 8개월
	함평군 함평면 함평리(1919.3.19.)	김용언(1900~1923.8.13., 24세)	징역 6개월
	영암군 영암장터(1919.4.10.)	조희도(1892~1923.8.2., 32세)	태 90
전북	임실군 신덕면(1919.4.6.)	한정교(1892~1923.9.6., 32세)	징역 6개월
	임실군 둔남면 오수장터 (1919.3.23.)	이태우(1867~1923.7.19., 57세)	징역 8개월
		이주의(1876~1923.11.5., 47세)	징역 3년
	남원군 남원시장(1919.4.4.)	천연도(1890~1923.6.28., 34세)	징역 1년 6개월
경남	통영군 통영면(1919.3.14.)	강세재(1899~1923.6.6., 25세)	징역 6개월
	통영군 통영장터(1919.3.18.)	이성철(1879~1923.6.9., 45세)	태 90
	마산부(1919.3~4./1920.3.1.)	옥용환(1899~1923.5.30., 25세)	징역 4개월
	김해군 장유면 무계장터(1919.4.12.)	이강석(1879~1923.8.17., 45세),	징역 1년
		조용우(1887~1923.9.11., 37세)	징역 1년
	산청군 단성면 성내장터(1919.3.21.)	정태륜(1888~1923.6.29., 36세)	징역 2년
	부산 일신여교(1919.3.31.)	박두천(1897~1923.6.19, 28세)	징역 8개월
	거창군 거창장터(1919.3.22.)	어명철(1865~1923.10.6., 59세)	징역 1년
경북	영덕군 영해면 영해장터(1919.3.18.)	조영한(1894~1923.9.9, 30세)	징역 4년
	영덕군 창수면(1919.3.19.)	김대지(1897~1923.7.15., 27세)	징역 1년 6개월
	안동군 임동면 편항장터(1919.3.21.)	배태근(1871~1923.2.25., 53세)	옥사
	청도군 대성면 유천장터(1919.3.14.)	김보곤(1891~1923.7.24., 33세)	징역 1년
	청도군 운문면(19193.18.)	윤병림(1898~1923.11.18., 26세)	징역 8개월
	의성군 안평면 대사동(19193.15.)	김도식(1889~1923.12.24, 35세)	징역 2년 6개월
	의성군 비안면 쌍계동(1919.3.12.)	박영화(1859~1923.7.24., 65세)	징역 2년
		배도근(1866~1923.7.9., 38세)	징역 6개월
	대구 서문시장(1919.3.8.)	임봉선(1897~1923.2.10., 27세)	징역 1년
제주	제주 신좌면 함덕장터(19193.23.)	김연배(1896~1923.11.26., 28세)	징역 8개월
함북	부령군 청암면(1919.3.23.)	장채남(1895~1923.11.2., 29세)	징역 1년
기타	파리장서운동	김상무(1892~19213.3.14., 32세) 김재명(1852~1923.6.2., 72세)	

국내 항일 관련 및 노령 방면의 순국 독립운동가

국내 항일과 관련한 인물은 국내에서 단체를 만들어 활동하던 중 일제 경찰에 체포되어 재판받고 전사·사형·옥사·순국한 경우이다. 김도원(평북 선천·29세)은 평북 의주에서 결성된 무장단체 대한독립보합단 단원으로 군자금 모집 활동 중 체포되어 사형되었다. 서의배(황해 서흥·26세)와 조창선(황해 평산·27세)은 주비단(籌備團)에 가입한 뒤 군자금 모집 및 밀정 처단 활동을 전개하다 일제 경찰과 교전 중에 체포된 뒤 같은 날 사형 순국하였다.

양창을(평북 희천·천마대·24세)은 1920년 평북 의주에서 조직된 천마대(天摩隊)에 가입하여 군자금을 모집하였는데 일본군 교전 중 전사하였다.

정산 3·1만세운동기념탑. 정산 3·1운동은 1919년 4월 5일 정산 장날을 이용해 홍범섭 등의 주도로 시작되어 나흘 동안 전개되었는데, 권흥규 등 11명이 순국하고 200여 명이 태형을 당할 정도로 일제의 탄압이 극심하였다. 이에 이곳의 독립유공자만 200명이 넘는다.

이필발(경북 영양·34세)은 1921년 2월 경북 영덕에서 독립운동에 필요한 군자금을 모집하다 체포되어 2년 6개월 형을 선고받아 옥고를 치른 뒤 순국하였다. 이명균(경북 김천·61세)은 조선독립후원의용단 단원으로서 군자금 모집 활동을 펼치던 중 붙잡혀 가혹한 고문을 당하여 예심 중에 병보석되었으나 귀가 후 이내 순국하였다. 이승조(충남 논산·33세)는 간도에서 조직된 광복단 단원으로 국내에서 군자금을 모집하던 중 체포되어 징역 6개월 형을 선고받아 옥고를 치렀다. 또한 만주에서 국내로 들어와 활동하던 독립군을 지원한 안형관(평북 위원·나이 미상)·홍기진(평북 위원·나이 미상)·김창하(평북 창성·나이 미상)·나채홍(평북 자성·40세) 등은 활동이 발각되어 일제 경찰의 총격을 받고 1923년 5월 1일 강에 투신, 순국하였다.

이 외에 1923년에 순국한 독립운동가의 활동을 살펴보면 다음과 같다. 이승흡(평북 선천·나이 미상)은 평북 수청면사무소 방화로, 이강진(전북 임실·28세)은 조선독립대동단 활동으로, 권병주(충남 부여·38세)는 태을교 신도로서 국권회복운동을 전개하였다. 이들은 체포되어 옥고를 치렀고 그 후유증으로 순국하였다. 이석렬(전북 고창·40세)은 임시정부 연통제 고문, 독립선언문 인쇄·살포 등의 활동을 펼쳤다. 이중각(충북 청원·29세)은 잡지 발간이나 강연회 등을 통해 독립사상을 고취하다가 체포되어 옥고를 치렀고, 의열단 운동을 벌이다 붙잡혀 모진 고문으로 인한 정신장애로 자결하였다.

러시아 노령 방면의 순국 독립운동가로는 자유시 참변 당시 러시아 적군(赤軍)에 체포되어 이르쿠츠크 감옥에서 옥사한 채국성(33세)·이다물(32세)·김학(30세)·김표돌(28세)·김연준(28세)·김완욱(28세)·김제문(28세)·이와실리(27세)·손병렬(25세) 등이 있다. 이들의 후손은 확인되지

이르쿠츠크 감옥

않고 있다. 신우여(함북 경흥·42세)는 고려혁명군 연해주 총지부의 서부사령관으로 활동하였으나 소련군에 의해 무장해제를 당한 후 연추로 돌아갔으나 이내 순국하였다. 박종근(함남 이원·34세)은 연해주의 시베리아한인교육회에서 활동하다가 1923년 연해주 대표로 국민대표회의에 참석하였다.

의병 출신 및 의열 활동 관련 순국 독립운동가

의병 출신의 독립운동가 중에서 옥사·유배·옥고를 치른 인물들이 있다. 경남 일대에서 활동하다 붙잡혀 징역 10년 형을 선고받고 복역 중 옥사한 이상수(경남 사천·51세), 경술국치 이후 의병으로 참여하였다가 붙잡혀 2개월간 옥고를 치른 맹선섭(충북 보은·58세), 1908년 전북 무주 의진에서 활동하다 체포되어 징역 7년 형을 선고받고 옥고를 치른 유환기(전북 용담·48세), 강원도 영월·충북 영춘·경북 안동 등지에 활약하던 김상태, 의진에서 활동하다 붙잡혀 유배를 간 나성일(강원 영월·72세), 나인영 등의 을사오적 처단에 자금을 지원한 김규식, 의진에서 활동한 최익진(경북 칠곡·64세), 제천의 정운경, 의진에서 활약하다 붙잡혀 2년 8개월 동안 전남 여수의 서도에서 유배 생활을 한 장경춘(충북 음성·44세) 등이다.

이 외에 의병 활동을 펼친 인물로는 산남의진(山南義陣)에서 활약한 최석우(경북 영일·72세), 원용팔(元容八) 의진에서 참모종사(參謀從事)로 활동한 천낙구(경기 양평·65세), 전남 능주·화순 등지에서 활약한 양회일(梁會一) 의진의 중군장(中軍將)이었던 안기환(전남 화순·67세) 등이 있다. 이들은 의병 성격상 최연소자가 44세이고 평균 60세로 나이가 많은 편이다.

의열 활동 관련 독립운동가는 의열단 재호단장(在滬團長)으로 활동한 신흥문화학교 출신의 서상락(경북 달성·31세)과 종로경찰서에 폭탄을 투척한 후 자결한 김상옥(서울 동대문구·35세) 등이 있다.

미주·일본 방면 및 임시정부 관련 순국 독립운동가

미주 방면의 독립운동가는 대한인국민회 로스앤젤레스지방회에서 활동한 염세우(강원 김화·51세), 미국에 거주하면서 파리강화회의에 파견되었고 영국 런던에서 임시정부 외교원으로 활동한 황기환(평남 순천·38세) 등이 있다. 일본 방면에서는 오사카에서 조선인친목회를 조직하고 국내·

의거 후 2개월이 지나 호외로 김상옥 의거를 보도한《동아일보》기사(1923년 3월 15일 자)

상하이·러시아 베르흐네우진스크 등지에서 활동한 정태신(32세)이 유일하다. 마지막으로 김인전(충남 서천)은 임시정부 의정원 의원·재무예결위원·정무조사특별위원(군사)·전원위원장(全院委員長)·국무원 학무차장·의정원 의장 등을 맡아 활동하던 중 48세로 과로사하였다.

1923년 한 해 동안 159명은 국내외를 막론하고 다양한 방법으로 독립운동을 펼치다 순국하였다. 그들이 목숨을 아끼지 않았던 것은 오직 '독립'이라는 염원이 간절했기 때문이다. 100여 년이 지난 지금 그들이 그토록 원했던 '독립'한 대한민국에 살고 있는 우리는 그들의 '독립 정신'만큼은 잊지 말아야 할 것이다. 더불어 이름도 남기지 못하고 떠나간 수많은 독립운동가에 대해서도 고개 숙여 명복을 빈다.

100년의 기억과
미래의 100년

한국독립운동사에서 특별한 2019년

한국독립운동사에서 뜻깊지 않은 해는 없겠지만, 2019년은 그 어느 해보다 남달랐다. 1919년 한반도뿐 아니라 한인이 거주하는 미주·만주·연해주 등지에서 3·1운동이 일어났고, 이를 기회로 대한민국 임시정부가 수립된 지 100년이 되는 해였기 때문이다.

또한 2019년은 김원봉이 중국 길림에 의열단을 조직한 지 100년이 되는 해였으며, 안중근 의거와 이재명 의거는 110주년을, 광주학생운동은 90주년을 맞은 해였다. 이은찬·이인영 의병장 순국 110주년, 민족 대표 33인 중 한 분인 양한묵 선생이 떠난 지 100주년, 만주 독립군 이의준·이수홍·유택수 선생이 떠난 지 90주년, 백범 김구 선생 서거 70주년, 남궁억·문일평·신흥식·오영선 선생 등이 서거한 지 60주년이 되는 해이기도 했다. 그 어느 것 하나 중요하지 않은 일이 없다.

그중에서도 가장 의미 있는 사건을 꼽자면 단연 3·1운동과 대한민국 임시정부 수립일 것이다. 두 사건은 원인이자 결과로 얽혀 있어 나눌 수 없는 만큼 이를 중심으로 100년의 기억과 미래의 100년을 살펴본다.

대한민국 임시정부, 3·1운동을 계승하다

3·1운동 〈독립선언서〉는 "오등(吾等)은 자(玆)에 아조선(我朝鮮)의 독립국(獨立國)임과 조선인(朝鮮人)의 자주민(自主民)임을 선언(宣言)하노라."라는 구절로 시작한다. 〈독립선언서〉의 전문을 알지는 못하더라도 한 번쯤 들어봄 직한 구절이다. 우리나라가 일제로부터 독립했으며, 억압받던 한국인들은 자주민이 되었다는 사실을 대내외에 선언한다는 내용이다. 그 결과로 1919년 4월 11일 대한민국 임시정부가 탄생했다. 당시 제정, 공포한 〈대한민국 임시헌장〉 '선포문'에는 다음과 같은 내용이 실려 있다.

"민국 원년 3월 1일 아(我) 대한민족이 독립을 선언함으로브터 남과 여와 노(老)와 소(少)와 모든 계급과 모든 종파를 물론하고 일치코 단결하야 동양의 독일인 일본의 비인도적 폭행하에 극(極)히 공명하게 극히 인욕(忍辱)하게 아(我) 민족의 독립과 자유를 갈망하난 실사(實思)와 정의와 인도를 애호(愛好)하난 국민성을 표현한지라 금(今)에 세계의 동정이 흡연(翕然)히 아(我) 국민에 집중하엿도다. 차시(此時)를 당하야 본 정부가 전 국민의 위임을 수(受)하야 조직되엿나니 본 정부가 전 국민으로 더부러 전심(專心)코 육역(戮力)하야 임시헌법과 국제도덕의 명(命)하난 바를 준수하야 국토 광복과 방기확국(邦基確國)의 대사명을 과(果)하기를 자(玆)에 선서하노라.(밑줄 필자)"

3·1운동 독립선언서(1919.3.)

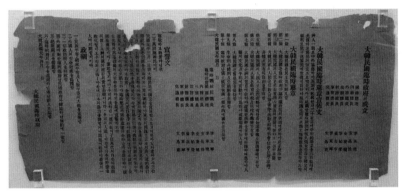

대한민국 임시헌장 선포문(1919.4.)

이에 따르면, 3·1운동 당시 대한민족이 독립하였음을 선언한 국민의
위임을 받아 임시정부가 조직되었고, 임시정부가 국민과 함께 임시헌법
과 국제도덕의 명을 준수하여 국토 광복과 나라의 토대를 확실히 세우
려 한다고 선서하였다.

또한, 1919년 9월 출범한 통합 대한민국 임시정부는 〈임시헌법 전문〉
에 다음과 같은 내용의 글을 담았다.

"아(我) 대한인민은 아국(我國)이 독립국임과 아민족(我民族)이 자유민임을 선언하였도다. 차(此)로써 세계만방에 고(告)하야 인류평등의 대의(大義)를 극명(克明)하였으며, 차(此)로써 자손만대에 고(誥)하야 민족자존의 정권을 영유(永有)케 하였도다. 반만년 역사의 권위를 장(仗)하야 이천만 민족의 성충(誠忠)을 합하야 민족의 항구여일한 자유 발전을 위하야 조직된 대한민국의 인민을 대표한 임시의정원은 민의(民意)를 체(體)하야 원년(一九一九) 4월 11일에 발포한 10개조의 임시헌장을 기본 삼아 본 임시헌법을 제정하야서 공리(公理)를 창명(唱明)하며 공익(公益)을 증진하며 국방 및 내치를 주비(籌備)하며 정부의 기초를 공고하는 보장이 되게 하노라(밑줄 필자)."

이는 몇 가지 부분에서 의미가 크다. 가장 먼저 독립을 선언한 주체가 달라졌다. 민족 대표 33인을 가리켰던 좁은 의미의 "오등(吾等)"이 5천여 년 동안 이 땅에 살아온 후손으로서의 "대한인민"으로 확대되었다. 민족 대표 33인은 3·1운동 당시 〈독립선언서〉와 〈독립통고서〉에 서명한 사람들이다. 이들은 3·1운동을 기획·조직함은 물론, 운동이 점화되는 데 기폭제 역할을 했다. 그러나 실제 운동을 이끈 것은 이 땅의 민중이었다. 10년 동안 일제의 폭압 정치를 몸소 느끼고 고통받아 온 민중은 진정한 독립을 갈망하였고, 이에 일제의 총탄 앞에서도 굴하지 않고 당당하게 '독립 만세'를 외칠 수 있었다. 그러므로 대한인민은 독립 선언의 주체라 할 만하다. 그래서 국호를 '대한민국'으로 바꾸고 '민주공화제'를 전면에 내세울 수 있었다.

무엇보다 눈여겨볼 것은 시제가 달라졌다는 점이다. 〈독립선언서〉에는 "선언한다"라는 현재형이 쓰였지만, 〈임시헌법 전문〉에는 "선언하였

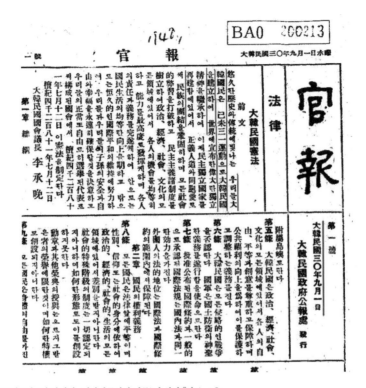

1948년 9월 1일 발행된 〈대한민국헌법 전문〉이 실린 『관보』 1호

도다"라는 과거형이 등장한다. 3·1운동에서 '독립'을 선언하였기 때문에 새로운 정부가 필요하며, 그것이 '대한민국 임시정부'라는 논리로 귀결되기 때문이다. 이러한 이유로 1948년 〈대한민국헌법 전문〉에는 다음과 같은 내용이 담겼다.

"우리들 대한국민은 기미 삼일운동으로 대한민국을 건립하여 세계에 선포한 위대한 독립정신을 계승하여 이제 민주 독립 국가를 재건함에… (후략)…."

그로부터 40여 년이 지난 1987년 10월에 공포된 지금의 헌법 전문에도 3·1운동과 대한민국 임시정부 수립에 관한 언급은 빠지지 않고 등장한다.

"우리 대한민국은 3·1운동으로 건립된 대한민국 임시정부의 법통과 …(중략)…을 계승하고 …"

대한민국의 미래 100년을 위하여

그런데도 2008년 이후 지난 10여 년간 대한민국은 '광복절'과 '건국절' 논쟁으로 시끄러웠다. 해방을 맞이한 1945년, 대한민국 정부가 수립된 1948년. 둘 사이에는 3년의 틈이 있지만 공교롭게도 일자가 8월 15일로 같아 생긴 일이다. 이는 이념 논쟁으로 비화하여 1919년 설립된 대한민국 임시정부를 어떻게 평가할 것인지를 두고 다툼이 일었다. 대한민국의 뿌리는 임시정부에 있음을 헌법에 명시한 것으로 한국사의 법통을 명확히 한 것이다.

2019년 3·1운동과 대한민국 임시정부 수립 100주년을 맞아 기념관을 만들자는 의견이 제기됐다. 그 결실로 2015년 11월 대한민국임시정부기념관 건립준비위원회가 발족하였지만, 그뿐이었다. 당시 박근혜 정부가 기념관 건립에 소극적인 태도로 일관하면서 때를 놓치고 말았다.

2017년 7월에 정권이 바뀌고서야 2018년 1월 대한민국임시정부기념관 건립위원회가 정식 출범했다. 그해 말 서대문형무소, 독립문 등 근현대 유적이 밀집한 부지에 '국립대한민국임시정부기념관'을 건립하는 계

대한민국임시정부기념관 전경

획이 승인됐다. 많은 독립운동가가 투옥됐던 서대문형무소 바로 옆에 독립운동 단체 중에서 맏형 격인 임시정부기념관이 들어서게 된 것은 매우 고무적인 일이었다. 다만, 여러 이유로 기념관은 2019년 대한민국 임시정부 수립 100주년을 맞춰 개관하지 못하였고, 3년이 지난 2022년 3월에야 문을 열었다.

한국독립운동을 이념의 잣대로 평가하여 벌어진 대표적인 사례이다. 더는 독립운동사가 소모적인 이념 논쟁에 휘말리지 않았으면 한다. 오히려 대한민국의 정체성을 바로 세워 3·1운동의 진정한 독립 정신을 계승하는 미래 100년을 내다봤으면 하는 간절한 바람 또한 가져 본다.

2019·2020년,
기념하고 기억했던
한국독립운동 관련
여러 행사의 명암

2019년 한국독립운동 100주년 기념행사의 명암

2019년은 3·1운동과 대한민국 임시정부 수립 100주년이 되는 해였다. 이를 맞아 정부 차원에서 '100주년 기념사업추진위원회'를 결성하여 여러 행사를 총괄 추진하였고, 지자체나 여러 기관에서도 기념행사나 특별전을 개최하여 국민에게 큰 감동을 선사하였다. 또 관련 독립운동 사적지에 기념물·조형물 등이 새롭게 조성되기도 하였다. 3·1운동은 일제 식민 통치 10년 만에 전 인민이 한마음으로 항거한 독립운동이었고, 대한민국 임시정부는 현재 대한민국 법통성의 시작이 되었다는 점 때문에 그러한 것이 아닌가 한다. 그러나 그 가운데 아쉬운 부분도 남았다.

100주년 기념사업추진위원회 로고

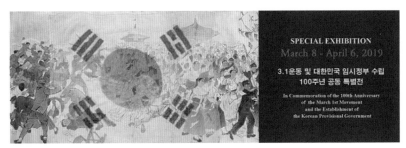

3·1운동 및 대한민국 임시정부 수립 100주년 기념 LA한국문화원·독립기념관 공동 특별전 포스터

동서양을 막론하고 '100년'은 한 시대를 마감하고 새로운 시대를 여는 주기로서 새로운 의미가 있다. 다만 한국독립운동 '100주년' 행사 중에서 잘된 것과 그렇지 못한 것이 있었다. 전자는 활성화해야 하고 후자는 채워 넣어야 한다. 앞으로 독립운동과 관련한 100주년 행사가 줄을 이을 것이기 때문이다. 2019년과 같이 정부가 적극 나설 정도로 규모가 큰 행사는 아닐지라도 말이다. 어쨌든 큰 행사를 치른 만큼 명암이 분명히 존재하기에 이에 대한 문제점을 짚어 보고 해결 방안을 찾아가는 일도 필요하다고 생각한다.

먼저 지적하고 싶은 것은 시민들의 적극적인 참여하에 기획부터 시행까지 이뤄진 사업이 그리 많지 않았다는 점이다. 100주년 기념사업의 목적이 모든 국민의 독립 정신을 일깨우고 기리는 데 있다는 측면에서 아쉬운 부분이다. 특히 지자체의 행사는 규모가 확대되었을 뿐, 새로운 부분이 적었다. 이를 지역 화합 차원으로 승화시켰으면 더 좋았으리라는 생각이 든다.

요즈음 건설된 신도시에는 고향이 다른 수많은 사람이 여러 이유로 같은 공간에서 생활하다 보니 소속감이나 지역공동체 의식이 부족하다. 그런 점에서 자랑스러운 지역 역사는 이를 하나로 묶어 주는 데 한몫

한다고 본다. 지역사를 어떻게 기리고 보존하고 자랑할 것인지를 고민하는 과정에서 지역공동체는 더 단단해질 것이다. 이에 자연스럽게 주민들의 자발적인 참여도 줄을 이을 것이다. 덧붙여 지적하자면, 지자체 행사가 비슷한 프로그램으로 진행된 문제점도 개선하여 차별화했으면 어땠을까 하는 아쉬움도 남는다.

두 번째로는 3·1운동과 대한민국 임시정부 수립에 가려 100주년을 맞이한 또 다른 독립운동이 소외된 점이다. 우선 3·1운동 이후 만주에서는 수많은 독립군이 조직되어 활동했지만, 이는 그다지 주목을 받지 못했다. 이외에도 2·8독립선언, 신흥무관학교 개교, 민족 대표 양한묵 순국, 강우규 의거, 안중근 의거 110주년 행사도 상대적으로 주목을 덜 받았다.

2020년 한국독립운동 100주년, 어떻게 기념하고 기억했는가

2020년을 맞아 100주년을 맞이한 한국독립운동 이야기를 통해 앞선 문제점의 해결 방안을 모색하고자 한다. 가장 먼저 봉오동 전투(1920.6.)와 청산리 전투(1920.10.)가 100주년을 맞았다. 100년 전 3·1운동 후 만주에서 조직된 50여 개의 독립군이 국내 진공 작전을 벌여 일제에 한민족이 여전히 살아 있음을 깨우쳐 주었으며, 임시정부가 선포한 '독립전쟁의 해'를 맞아 독립군이 정규 일본군과의 전투에서 승리를 쟁취한 일의 역사적 가치는 두말할 필요가 없다.

이를 기회로 봉오동·청산리 전투 100주년 기념사업회가 출범했다. 기념사업회가 여러 행사를 기획, 추진했지만, 예년처럼 홍범도와 김좌진 두 영웅에게만 초점이 맞춰져 행사나 기념사업이 진행되지 않았나 하는 아쉬움도 있다. 많은 사람이 홍범도와 김좌진은 알고 있지만, 봉오동 전투에서 봉오동을 일군 사람들은 잘 알지 못하고, 이름 모르게 숨겨간 독립군도 있으며, 여러 독립군 단체가 연합하여 승리한 전투이지만, 이런 사실을 알고 있는 사람도 드물다. 이런 부분에도 관심을 좀 두었으면 어땠을까 하는 아쉬움이다. 학술 행사도 의미가 있지만, 대국민 홍보나 오랫동안 그들을 기억할 수 있는 사업도 병행했었으면 하는 마음이 든다.

봉오동 전투 전승 100주년 기념우표

이보다 더 안타까운 것은 봉오동·청산리 전투에서 패배한 일본군이 보복 차원에서 1921년

청산리대첩 전승 100주년 기념식 홍보 이미지

4월까지 간도 지역 한인 마을을 방화·약탈하고 한인들을 학살한 사건에 대해서는 모르는 이가 많다는 점이다. 1920년 10월과 11월, 두 달 사이에만 일본군에 의해 3,700여 명이 학살당했고 150여 명이 검거되었으며 가옥 3,500여 채, 학교 60여 개소, 교회 20여 개소 및 양곡 6만여 석이 소각되었음에도 말이다. 이를 '간도 참변', '간도 대학살', '경신참변'이라

최재형

하는데, 독립운동을 직·간접적으로 지원하다 학살된 영혼들을 달래 줄 기념관은 아니더라도 기념탑 정도는 만들 수 있었지 않았을까 한다.

이 외에도 외교적으로 해결해야 할 문제가 있다. 중국과의 관계로 봉오동과 청산리 전적지에 접근조차 곤란한 상태이기 때문이다. 더욱이 중국에 세워진 예전 기념 시설도 방치되고 있다. 더욱 우려스런 점은 만주 지역 한국독립운동의 역사가 점차 지워지고 있다는 것이다. 중국과의 외교적 채널을 통해 개선해 나가야 할 부분이다.

그뿐 아니라 2020년에 '100년'을 기념하고 기억해야 했던 것들이 더 있는데 먼저 인물을 살펴보면 다음과 같다. 먼저 최재형은 연해주 우수리스크에서 활동하다가 1920년 일본군의 '4월 참변'에 총살로 희생당했다. 그를 기념하고자 '고 최재형 선생 순국 100주년 추모위원회'가 출범하교 다양한 행사가 개최되었다. 특히 그의 연해주 우수리스크 고택이 기념관으로 새 단장하였다. 유관순은 서대문형무소에서 옥사했고(1920.9.28.) 사이토 총독을 폭살하려던 강우규는 사형을 당하였다(1920.11.29.). 이 둘을 기념하는 각종 행사가 열려 그들을 추모했다. 이외에 잘 알려지지 않은 인물이지만, 의병장 채응언 의진에서 활동했던 안광조는 평양형무소에서 사형이 집행되어 순국했다(1920.7.28.). 군자금 모

15만 원 탈취사건 기념석(용정촌 동량리)

금·친일 관리 처단 등의 활동을 펼친 대한독립단 특파대장 이명서는 전
사 순국했다(1920.9.10.).《동아일보》장덕준 기자는 만주의 훈춘 사건 취
재 중 간도 용정에서 일본 경찰에게 피살되었다(일자 미상). 이들을 기리
는 데는 업적의 크고 작음이 기준이 되어서는 안 돼야 하겠지만, 잊혀진
독립운동가처럼 되고 말았다. 영화 〈좋은 놈, 나쁜 놈, 이상한 놈〉(2008)
의 모티브가 되었던 철혈광복단의 '15만 원 탈취 사건'(1920.1.14.)도 어느
덧 100년이 되었는데, 이에 소홀한 감도 적지 않다.

　100년이 된 단체·기관도 있었다. 대한체육회(옛 조선체육회, 1920.7.13.)·대
한정구협회(옛 조선정구협회)의 설립이 그러하다.《조선일보》(1920.3.5.)·《동
아일보》(1920.4.1.) 등도 1920년에 창간되어 일제강점기에 민족지 역할을
했다. 3·1운동의 실패에 따른 실망과 궁핍한 삶에 대한 불안 등 퇴폐적

인 상황 속에서 탄생한 《폐허》(1920.7.)와 민족의식 고취에 역점을 둔 대표적인 종합지 《개벽》(1920.6.)의 창간도 100년이 되었다.

어떤 사건이든 단체든 '100년'이 되었다는 것은 그 자체로 역사이다. 다만 기려야 할 것인지 반성해야 할 것인지는 우리의 판단이고 몫일 것이다. 더불어 2020년은 일제에 의해 식민지가 된 지 110년이 되었던 만큼, 누가 책임을 져야 하는지, 왜, 어떻게 그리되었는지에 대한 충분한 반성과 질책, 비판이 있어야 했다. 독립운동과 관련한 인물, 사건, 단체 등을 기억하고 기념하는 일련의 과정은 다시 돌아오는 100년 후의 중요한 역사가 될 것이다. 독립운동사는 이 나라가 존재하는 한 교훈이 되어야 하고 독립운동가들은 영원히 기려야 할 선한 존재들이기 때문이다.

앞서 살폈지만, 어느 해든지 감옥에서, 사형장에서, 전장에서 숨을 거둔 독립운동가의 순국 100주년을 맞이한 이들지 적지 않다. 이들 가운데는 대중에게 알려지지 않았거나 기념사업회가 없어서 누구에 의해서도 기려지지 못하는 분들도 있다. 2019년, 2020년 의미 있게 100주년을 치른 경험을 바탕으로 잊힌 독립운동가들을 어떻게 기념하고 기억할 것인지 고민해야 한다.

지금 우리가 독립된 나라에 살 수 있는 것은 그들의 숭고했던 100년 전 희생의 역사 덕분이며, 돌아올 100년 후 우리의 후손들이 살아갈 나라가 어떤 나라일지는 지금 우리의 몫이기 때문이다.

'신정'이란
말을 쓰면
안 되는 이유

    달력을 보면 1월 1일은 하나같이 '신정'이라 쓰여 있다.《한국민족문화대백과사전》에서는 '신정'을 "태양력에 따른 설날로 전통적인 세시풍속인 음력설을 대체하기 위하여 도입된 명절"이라 풀이하고 있다. 신정이 음력설을 대체하는 양력 명절이라는 것이다. 이러한 정의가 올바른지 생각해 볼 문제이다.

음력설의 기원

    우리가 양력을 공식적으로 사용하게 된 것은 음력 1895년 11월 17일을 1896년 1월 1일로 하면서부터이다. 이런 의미에서 연호를 '건양(建陽)'이라 하기도 했다. 그렇다면 이후 우리의 오랜 전통인 명절 설은 어떻게 되었을까?

    양력을 사용하기 전 우리는 으레 '음력 1월 1일'을 세수(歲首), 원단(元

旦), 원조(元朝), 원일(元日)이라 하여, 새 옷으로 갈아입고 조상님께 차례를 지냈으며 일가친척이나 웃어른들께 세배하였다. 이렇듯 국가에서 양력을 사용하기로 정했지만, 수천 년 내려온 우리 민족의 중요한 세시 풍속 설은 바꾸지는 못했다. 더욱이 당시 사람들은 일상생활에서 양력보다 음력을 사용하였다.

이처럼 양력과 음력 '1월 1일'을 모두 '세수', '원단'이라 하자, 이를 비판하는 움직임도 있었다.《독립신문》1899년 2월 15일 자에 "대한 신민들이 양력으로 이왕 과세들을 하고 또 음력으로 과세들을 하니 한 세계에 두 번 과세한다는 말은 과연 남이 붓그럽도다."라고 하여 이중과세(二重過歲)의 문제점을 지적하였다. 그렇다고 음력설을 폐지해야 한다는 목소리는 들려오지 않았다.

그런데 1906년 2월 통감부가 들어서면서 일제의 입김이 거세지고 일본처럼 양력설을 과세하려는 움직임이 나타났고, 양력과 음력으로 '세수'를 구분하였다. 일본은 메이지 유신 이후 음력보다는 양력 1월 1일을 '오쇼가츠(お正月)'라 하여 명절로 바꿨는데, 당시 일부 친일 인사들 가운데는 이를 따르려는 분위기도 있었다.

이후 두 날을 모두 기리기도 하고 한 날만 의미를 두기도 했다. 천도교에서 창간한《만세보》는 1907년 1월 2일부터 사흘간 휴간했다. 그해 2월 13일 '음력 세수'를 맞이하여 각 중앙 부처와 학교 및 점포는 국기를 게양하고 신년을 축하하였으며, 관리들은 경운궁 중화전에 나아가 고종에게 하례하였다. 이후 관청은 며칠간 휴무하였고 학교는 휴교하였다. 하지만 일제의 침탈이 강화된 1909년에 들어서면서 변화의 조짐이 나타났다.《대한매일신보》도 1월 2일부터 사흘간 휴간하였고 관공서의 음력설 휴가는 일절 금지되었다. 그렇다고 해도 1910년 음력설을 맞아 황

《조선일보》1926년 2월 14일 자, 음력설에 세배 다니는 아이들

족(皇族)들은 창덕궁의 순종 황제, 경운궁의 고종 황제를 찾아가 문안드렸고 서민들 역시 그날을 즐겼다.

　그런데 조선총독부는 1910년 8월 경술국치 이후 처음 맞는 1911년 새해 첫날을 '원조', '원단'이라 하고서는 음력설을 '구정(舊正)'이라 칭하며 폄훼하였다. 이때 '구정'이란 말이 처음 생겨났다. 식민지인이 된 한인들에게 음력설이 구시대적이고 뒤떨어진 것이라는 이미지를 심어 주고자 한 것이다. 그렇다고 구정이란 말이 일반적으로 회자한 것은 아니었다. 이후 음력설은 '음력세수(陰曆歲首)', '조선의 원단', '구력 정월', '구 원일', '구력 원일(元日)' 등으로 불렸다. 1920년대 이후 《동아일보》나 《조선일

自作精神과 陰曆新正

朝鮮文講習學會

斷烟同盟

《조선일보》 1923년 2월 22일 자, 자작 정신과 음력 신정

보》는 양력 1월 1일 신정과 구별하여 '음력 신정'이라 쓰기도 하였다.

일제는 1910년대까지만 해도 한국의 설을 통제하려 하지 않았다. 일제의 기관지 《매일신보》는 음력설에 설빔을 입은 아이들의 모습이나 당시 풍경 사진을 싣고 '음력 정월 초하룻날'이라 소개하였다. 이날 학교나 관공서는 며칠 동안 휴학·휴무하기도 하였다. 또한 사람들은 음력설에 조상에게 차례를 올리고 떡국을 즐겨 먹었으며 세배하러 다니는가 하면 전국적으로 널뛰기 및 척사(윷놀이) 대회 등이 개최되었다. 아주 오랫동안 내려온 풍속을, 비록 식민지로 전락됐다고 하여 하루아침에 바꿀 수는 없는 노릇이었다.

일제의 음력설 탄압

그런데 1920년대에 들어서 음력설은 '구습이고 미개민족에 한한 일'이라며 이를 폐지해야 한다는 목소리가 심심찮게 등장하였고, 세계 공통의 양력을 쓰자는 주장이 제기되었다. 1926년에는 '구력 정월을 폐지하자'는 주장도 제기되었다. 예전과 달리 음력 설날 관공서의 휴무는 폐지되었고 학생들 수업은 단축수업으로 대체되었다.

이러한 분위기 속에서도 한국인에게는 음력설이 진짜 설이었다. 1925년 1월 2일 자《조선일보》에는 "서울 북촌의 신정은 자못 춘래불사춘(春來不似春)의 느낌이 있다. 양력을 공용한 지 이미 수십 년 되었지만, 양력의 관념은 아직도 뇌리에 없다"라는 기사가 실리기도 하였다. 여전히 음력설에 맞춰 신춘음악대회·신춘가극대회가 열리는가 하면, 극장에는 새로운 영화가 내걸렸고 축구대회까지 개최되었다. 이에 신정은 공생활(公生活)의 '설'이요, 구정은 사생활(私生活)의 '설'이라는 말까지 나돌았다.

하지만 1930년대에 들어서면서 상황은 달라졌다. 친일 단체들은 '중요한 민족적 또는 민속적 기념일을 모두 태양력으로 환산·개정하여 단일 신년의 지킴을 철저히 기할 것'이라는 운동을 전개하기 시작했다. 신생활 차원에서 단일 신년을 내세우며 신력을 채용하고 구력을 폐지하자는 목소리가 점점 커져갔다. 심지어 '의식이 저열한 대다수 민중은 오직 통치적 위력 앞에서만 궤좌(跪坐: 무릎을 꿇음)'한다며 일제에 강압적인 탄압을 요구하거나, 조선민력(朝鮮民曆)을 폐지하고 음력 사용을 금지해야 한다는 주장까지 제기되었다.

일제는 1937년 7월 중일전쟁을 일으켜 군국주의를 확장해 나가면서

《매일신보》 1933년 1월 21일 자, 영동면자영회(永同面自營會)에서 허례 폐지를 결의하고 세배 전폐를 결의한 기사 내용

본격적으로 음력설을 탄압하였다. 1938년 1월 조선총독부는 지방 군수에게 통첩하여 지방 5만여 단체를 총동원해 차례 및 세배 등을 양력 1월 1일에 실행토록 엄중히 단속하도록 했다. 그동안 음력설에 행하던 취인(取引: 거래) 결제도 신정에 하도록 강제하였다. 더욱이 그동안 관행처럼 행해졌던 학교나 관청의 조퇴를 엄금하였을 뿐만 아니라 음력설에 맞춰 인력을 동원하여 부역시켰다.

1940년 전북 임실군 둔남면에서는 면직원을 총출동시켜 설 떡을 하지 못하도록 단속하기도 하였다. 더욱이 일제가 태평양전쟁으로 군국주의 전쟁을 확대해 가는 가운데 1942년 2월에 조선총독부 차원에서 조직된 친일 단체 국민총력조선연맹은 음력설을 폐지하기까지 하였다.

해방 이후 음력설의 변화

1948년 8월 대한민국 정부가 수립된 뒤에도 일제강점기의 양력설 기조는 유지되었다. 정부는 1월 1일부터 1월 3일까지를 휴일로 정하였다. 1985년에 이르러서야 '구정'을 '민속의 날'로 바꿔 하루 공휴일로 지정했다. 다소 늦었지만, 국민 정서에 맞게끔 설을 제자리로 돌려놨다는 의미가 컸다. 그런데도 정부는 여전히 이중과세를 지적하며 부정적인 입장을 견지했다.

그 뒤 1989년 1월에 하루만 쉬던 음력설을 사흘 연휴로 개정하면서 명칭이 '설날'로 바뀌었고, 1999년부터 1월 1일은 하루만 쉬도록 했다. 이는 오늘날까지도 이어져 오고 있다.

우리가 수천 년 동안 이어 온 음력설의 풍습을 지킬 수 있었던 것은 엄혹했던 일제강점기에도 '우리 설'을 고집스럽고 꿋꿋하게 지켜냈기 때문이다.

이렇듯 음력설의 역사적 의미를 되새기면서 다시금 달력의 첫날에 '신정'이라 쓰여 있는 것을 보니 못내 아쉬운 마음이 든다. 엄혹했던 일제강점기에도 우리의 음력설을 지켜냈는데, 일제의 '신정'이란 말을 아직도 청산하지 못했으니 말이다. 2025년 양력 첫날에는 '세수', '원단' 등 우리의 용어로 바뀌었으면 하고 바래본다.

삼일절 기념 역사와
3·1정신의 시대정신

삼일절은 1949년 10월 '국경일에 관한 법률'에 따라 국경일로 정해졌다. 그런데 삼일절은 제헌절·광복절·개천절·한글날 등 여느 국경일과는 의미가 다르다. 3·1운동은 '민족적 재생 운동'이자 '민족 부흥의 출발점'이라는 역사적 의미를 지녀, 35년간 일제의 식민 통치하에서 전개된 수많은 독립운동 중에서 유일하게 국경일로 기리고 있기 때문이다. 100여 년 동안 이어져 온 삼일절의 의미를 살펴보고, 앞으로 우리가 펼쳐가야 할 시대적 사명도 생각해 보자.

3·1운동의 역사적 이해와 정신 구현

1920년 이후 일제강점기에도 3월이 되면 국내외 각지에서는 주어진 상황에 따라 크고 작은 3·1운동 기념식이 치러지거나 기념 시위가 전개되었다. 일본에서는 유학생이나 한인들이 시위 형태의 기념행사를 여는

중국 상하이에서 개최된 임시정부 제1회 삼일절 기념식(1920.3.1.)

　삼월 일일 오전 육시경부터 상해 시내의 한인 주가에는 부활한 태극 국기가 날기 시작하엿다. 바로 밤새기를 기다리기가 어려웟던 것 갓다. 명덕리 보강리 급로비로 일대에는 여긔져긔 태극기가 날닌다. 혹 개인으로 한인의 이층을 빌어 잇는 이들도 다 국기를 달아 이날을 경축하엿다. 아마 법계[프랑스조계지] 일대만 하여도 사오십은 된 것이니 상해 시내에 이러케 대한의 국기가 날닌 것은 금차가 처음이다.

　이날에 비로소 세계 각 국인이 모혀 사는 상해 한복판에서 우리는 대한인이다 하는 표를 보엿다. 매일요와 경절에 영법미[영국·프랑스·미국]의 국기가 호호에 날닐 때에 우리는 얼마나 그를 부러워하엿던고. 동포들은 아해들까지도 수일 전부터 이 신성한 국경일의 준비를 하야 작일에 지하야 아조 명절 기분이 되엿섯다. 날은 흐럿스나 중춘 일기에 그러치 아니도 심신이 자못 상쾌하거늘 문전가두에 빗나는 태극기가 경풍에 편편함을 볼 때에 대한인의 감격이야 얼마나 하엿스랴.

　아직 촌척도 회복치 못한 고강, 차금 옥중에 게신 형제와 자매 모다 생각하면 가슴이 터질듯 하지마는 천만대에 기념할 우리 민족의 부활일인 오늘 하로를 무한히 깃부게 축하하자, 놀자.

-《독립신문》1920년 3월 1일 자

1946년 서울운동장에서 우익 주도로 열린 삼일절 기념식(국가기록원)

가 하면, 상하이 대한민국 임시정부는 '대한이 부활한 성일(聖日)'이라며 기념일로 정하여 그날을 축하하였다. 임시정부는 중일전쟁 이후 일본군에게 쫓기는 상황에서도 선상(船上)에서 삼일절 기념식을 개최하였다. 더러는 이념을 달리하면서 경쟁 관계에 있던 독립운동 단체일지라도 삼일절만큼은 그 의미를 함께 되새기며 행사를 치르기도 하였다.

하지만 해방 이후 처음 맞는 1946년 3월 1일 삼일절은 그러질 못했다. 좌익은 남산에서, 우익은 서울운동장에서 각기 기념식을 치렀다. 중립적인 태도를 보인 단체는 창경원(현 창경궁)이나 덕수궁에서 각기 삼일절 기념식을 진행하였다. 이는 1945년 12월 모스크바삼상회의 결정에 따라 국민 여론이 찬탁과 반탁으로 갈려 서로 반목하며 이념 대립을 극복하지 못한 결과였다. 급기야 1947년에는 좌우익 간의 유혈 사태로까지 번졌다. 이는 3·1운동을 어떻게 기념할 것인지를 두고 각기 이해가 달

대한민국헌법

[시행 1988.2.25.] [헌법 제10호, 1987.10.29., 전부개정]

유구한 역사와 전통에 빛나는 우리 대한국민은 3·1운동으로 건립된 대한
민국임시정부의 법통과 불의에 항거한 4·19민주이념을 계승하고, 조국
의 민주개혁과 평화적 통일의 사명에 입각하여 정의·인도와 동포애로써
민족의 단결을 공고히 하고, 모든 사회적 폐습과 불의를 타파하며, 자율
과 조화를 바탕으로 자유민주적 기본질서를 더욱 확고히 하여 정치·경제·
사회·문화의 모든 영역에 있어서 각인의 기회를 균등히 하고, 능력을 최
고도로 발휘하게 하며, 자유와 권리에 따르는 책임과 의무를 완수하게 하
여, 안으로는 국민생활의 균등한 향상을 기하고 밖으로는 항구적인 세계
평화와 인류공영에 이바지함으로써 우리들과 우리들의 자손의 안전과
자유와 행복을 영원히 확보할 것을 다짐하면서 1948년 7월 12일에 제
정되고 8차에 걸쳐 개정된 헌법을 이제 국회의 의결을 거쳐 국민투표에
의하여 개정한다.

대한민국헌법 제9차 개헌 헌법 전문(1987.10.29.)

랐기 때문이다. 사회주의 세력은 비폭력적인 3·1운동의 한계점을 지적
하며 실천적인 기념 투쟁 방식을 띠었지만, 민족주의 세력은 행사 자체
에 더 의미를 두었다. 이는 역사의 정통성을 서로 차지하려는 갈등에서
비롯한 것이기도 하였다.

그렇다면, 1948년 8월 대한민국 정부 수립 이후에는 어떻게 삼일절
을 기리고 3·1정신을 구현하고자 하였을까? 먼저 정부가 수립된 뒤 몇
차례 헌법이 개정되었지만, 3·1운동은 빠짐없이 전문에 담겼다. 제헌
헌법(1948.7.)에는 "대한민국은 기미 삼일운동으로 대한민국을 건립하
였다."라고 명시하였다. 5차 개헌(1962.12.)에서는 "대한국민은 3·1운동
의 숭고한 독립 정신을 계승한다."라는 문구로 바뀌었다. 그 뒤 한동안

변함이 없다가, 1987년 6월 항쟁 이후 9차 개헌(1987.10.)에서 "대한국민은 3·1운동으로 건립된 대한민국 임시정부의 법통을 잇는다."라고 고쳐 역사의 정통성을 강조하였다. 자구는 조금씩 바뀌었지만, 대한민국 정부가 3·1운동의 정신을 잇는다는 기본 정신만은 같았다. 하지만 삼일절 행사는 각 정권에 따라 방식이나 규모가 달랐고 표방하는 3·1정신 또한 차이점을 드러냈다.

삼일절 기념행사의 변천사

1949년 첫 삼일절 행사는 '기미독립선언기념일'로 명명되어, 서울운동장에 11만여 명의 군중을 동원한 가운데 기념대회가 치러졌다. 당시 정부는 삼일절을 계기로 "3·1정신으로 '남북 통일'을 완수하자."라며 전 민족의 총궐기를 주문하였다. 1950년 삼일절에는 '반공 통일'이 강조되었고, 한국전쟁 중에는 '반공 북진 통일'이 제창되었다.

하지만 1959~1960년에는 정치 파동 때문에 정부 차원의 기념행사는 열리지 못하였다. 1962년 박정희가 군사 쿠데타를 일으킨 뒤 첫 삼일절에는 독립유공자를 처음으로 포상하였지만, 기념식은 축소되었고 3·1정신은 '조국 근대화', '평화 통일'로 귀결되었다. 전두환 정부는 정권을 정당화하기 위해 삼일절에 '국민 화합'과 '민족 통일'을 강조하였다.

1987년 6월 항쟁 이후에는 권위주의적인 행사에서 벗어나려는 움직임이 일었다. 노태우·김영삼 정권은 이전처럼 '민족 통일'을 강조하면서도 '자유 민주주의'를 부각하였다. 또 3·1정신을 정치·경제 부패와의 전쟁, 노사 갈등과 경기 침체 극복 등 현실의 정치·경제적 과제와 결합하였다.

김대중 정부가 들어선 1998년 이후에는 진보 정권과 보수 정권이 표방한 삼일절 메시지가 극명하게 갈렸다. 진보 정권하에서는 남북 화해와 한반도 평화, 과거사 청산에 방점이 찍혔지만, 보수 정권하에서는 대북 제재와 실용적 한일 관계 노선 및 나라 사랑 등에 초점이 맞춰졌다.

그런데 보수 정권에서는 3·1정신이 한 발 후퇴했을 뿐 아니라 3·1운동이 정치적 수단으로 이용되기도 했다. 2008년 8월 이명박 정부가 들어선 뒤 광복절·건국절 논쟁이 불거졌을 때, 보수 단체인 '대한민국 3·1회'는 대한민국 건국 60주년 기념행사에 남동순 의사를 참석시켰다. 유관순 열사의 친구이자 3·1운동에 함께 참여했던 남동순 의사를 앞세워 자신들의 정당성을 내보이려는 의도였다.

2014~2015년 박근혜 정부 때는 "올바른 역사 교과서를 만들겠다."라며, 국정 역사 교과서로 회귀하려는 의도에서 기존 검정 역사 교과서에 유관순 관련 내용이 빠졌다며 문제 삼기도 하였다. 이는 3·1운동의 절대 가치를 정권 유지 차원에서 훼손한 대표적인 사례이다.

3·1운동은 식민 통치 10년을 경험한 민중들이 일제 치하에 당당하게 맞선 거국적인 운동이었고, 우리 민족을 하나로 결속시켰다는 데 큰 의미가 있다. 이에 삼일절에는 진보와 보수 이념을 떠나 하나같이 남북 분단의 현실 앞에서 통일을 말해 왔고, 제국주의의 강압적인 식민 통치를 비판하며 미래 발전적인 관계를 추구하였다.

이제 105년 전 남녀노소, 계층과 신분을 넘어 모두 하나의 목소리로 외쳤던 그날의 만세를 다시 되새기면서, 3·1정신을 남북 화해와 통일을 넘어 세계 평화로 승화시켜 나가야 할 것이다.

삼일절을 맞아 그려 보는
서대문형무소역사관의 내일

1908년 10월 문을 연 서대문형무소는 1987년 11월 폐쇄될 때까지 80년간 감옥으로 운용되었다. 이후 형무소는 과거의 역사를 교훈으로 삼고 독립운동가와 민주화운동가의 신념을 기리기 위해 1998년 11월 서대문형무소역사관으로 탈바꿈했다. 그런 만큼 서대문형무소역사관은 그 존재만으로도 가치가 충분하지만, 삼일절을 맞아 그 과거와 현재를 되짚어 보고 나아갈 방향을 제시하고자 한다.

항일의 현장, 서대문형무소의 어제와 오늘

서대문형무소는 1908년 경성감옥, 1912년 서대문감옥, 1923년 서대문형무소, 1945년 서울형무소, 1961년 서울교도소, 1967년 서울구치소로 이름이 여러 차례 바뀌었다. 1987년 11월 서울구치소가 경기도 의왕시로 이전하면서 역사성과 보존 가치를 고려하여 보안과 청사, 제

1945년 해방 직후 서대문형무소 전경

9~12옥사, 공작사, 한센병사, 사형장 등만 남겨 두고 나머지 시설은 모두 철거하였다. 바로 다음 해인 1988년 2월 국가 사적으로 지정(제324호)되었고, 그로부터 10년이 지난 1998년 11월 지금의 역사관으로 새롭게 문을 열었다.

서대문형무소는 일제강점기 당시 동양 최대 감옥이라는 불명예스러운 타이틀에 걸맞게 94,000여 명을 수용하였다. 한 연구에 따르면, 남아 있는 4,800여 명의 서대문형무소 수형기록카드를 분석한 결과 87.73%가 소위 사상범으로 분류되어 치안유지법, 보안법, 소요, 출판법 위반 등

안창호 수형기록카드(서대문형무소역사관)

의 혐의로 수감되었다고 한다. 이들 대부분은 독립운동을 전개하다 일제 경찰에 붙잡힌 뒤 재판을 받고 투옥된 인사들이었다. 수형기록카드가 남아 있지 않은 독립운동가를 제외하고도 4,200여 명에 달했다는 자체만으로도 엄청나다. 이들의 형량은 1~4년 사이가 52.65%로 가장 많았는데, 10년 이상의 장기수와 사형수도 적지 않았다.

서대문형무소의 사형수만 별도로 보면, 1908년부터 1945년까지 관보를 통해 확인한 숫자는 모두 493명이었다. 이 수치는 전국 형무소 가운데 이곳에서 가장 많은 사형 집행이 이루어졌음을 말해 준다. 그중에는 의병, 의열 투쟁, 무장 항쟁 등의 활동을 펼치다 순국한 독립운동가도 포함되어 있다. 이들 가운데 독립유공자로 서훈을 받은 인물이 92명(18.7%)인데, 서훈을 받지 못한 독립운동가들까지 합하면 130여 명에 달한다는 연구 논문도 있다.

3·1운동에 국한하면 1919~1920년에 서대문형무소에 수감된 인원만 1,013명이나 되었다고 한다. 이들은 학생, 종교인, 교사 등 지식층은 물론이고 상인, 자영업자, 노동자 등 직업이 70여 종에 이를 정도로 다양하였고 연령대도 고른 분포를 보였다. 이를 통해 3·1운동이 전 계층이 참여한 민족운동이었음을 거듭 확인할 수 있다. 3·1운동 수감자들은 일제

로부터 정치사상범 취급을 당하여 99% 이상이 6개월 이상의 형량을 받아 옥고를 치렀다. 이에 해마다 삼일절, 광복절이 돌아오면 떠오르는 곳이 서대문형무소역사관이 되었고, 2023년 3월에 개관한 국립대한민국임시정부기념관이 역사관 인근에 건립된 것도 이와 무관하지 않다.

한국 근현대사의 산교육장, 서대문형무소역사관

일제에 맞선 투쟁의 역사가 고스란히 남아 있는 서대문형무소는 국가가 지정한 항일·독립운동 등록문화유산 가운데 유일하게 역사관으로 재탄생하였다. 이후 서대문형무소역사관은 한국 근현대사의 산교육장으로 활용되고 있으며, 외국인과 국외에 거주하는 독립운동가 후손들이 한국을 방문할 때 꼭 들르는 장소로 자리 잡았다. 또한 정치인들의 발길도 꾸준히 이어지고 있는데, 특히 2019년 문재인 대통령 취임 후 첫 삼일절 경축식이 이곳에서 열리기도 하였다.

무엇보다 이곳은 일본 정치인들이 과거에 대한 반성과 사죄의 의미로 찾는 장소이기도 하다. 2001년 10월 15일 고이즈미 준이치로 총리가 방문하였고, 2015년 8월 광복 70주년을 앞두고 하토야마 전 총리가 역사관 내 추모비 앞에 무릎 꿇고 사죄하였다. 2017년 8월에는 일본 공명당중·참의원들이 추모비를 찾아 헌화하고, "독립운동가의 고통에 공감하고, 역사를 직시하겠다."라는 말을 남겼다.

한편, 2019년 7월에는 서대문형무소역사관에서 일본의 수출규제 조치에 따른 규탄대회를 열고 일본 제품 불매 운동을 벌였다. 서대문형무소역사관에서는 실내뿐만 아니라 야외 전시장을 활용하여 다양한 행사나 특

서대문형무소역사관 내 순국선열 추모비에 헌화하고 무릎 꿇어 사죄하는 하토야마 전 일본 총리(서대문구청)

별 전시를 열고 있다. 또한 4개 국어 도슨트 서비스, 근현대사 및 독립운동사 강좌, 청소년 대상 강좌 및 체험학습 등 다양한 프로그램을 운영하여 관람객을 맞는다. 이러한 노력으로 개관한 이래 관람객 수가 내·외국인을 합하여 한 해 평균 70만 명을 웃돌았는데, 삼일절과 임시정부 수립 100주년을 맞은 2019년에만 100만 명을 넘어섰다. 2021년 문화체육관광부와 한국관광공사가 선정한 '한국 관광 100선'에 포함된 것도 이와 무관하지 않다. 관람객 수가 서대문형무소역사관의 위상을 가늠케 한다.

그런데 아쉬운 부분도 있다. 1945년 8월 광복 이래로 민주화를 위해 헌신한 수많은 사람이 서대문형무소에 갇혔고 사형당한 이들도 적지 않다. 그런데도 독립운동에만 치우친 면이 없지 않아 절반의 역사만 보존하고 있다는 비판의 목소리도 있다. 그렇다고 민주화운동에 관련된 전시나 행사가 전연 없는 것은 아니다. 2020년부터 2023년까지 매년 이곳에서 5·18민주화운동 서울기념식이 치러졌고, 장준하 선생 탄생 100주년(2018.8.), 부마민주항쟁 40주년(2019.7.) 등의 행사가 개최되는가 하면, 2009년부터 매년 8월에는 서대문 독립·민주 축제가 열리고 있다.

독립재단으로 격상해야 할 역사관

서대문형무소역사관이 발전적으로 나아가려면 독립운동과 민주화운동을 같이 기리는 역사의 장소로 거듭나야 한다. 이를 위해서는 몇 가지를 고려해야 한다.

첫째, 지금의 소규모 조직으로는 박물관의 순수 기능인 전시와 연구를 병행하기 힘들기에 이를 확충하는 것이 우선이다. 둘째, 무엇보다 많은 관람객을 수용하고 민주화운동까지 전시를 확대하려면 과거 서대문형무소를 복원해야 한다. 현재 서대문형무소역사관의 대지 면적은 28,11m²로 본래 면적의 3분의 1에 불과하다. 복원하려는 시도가 없었던 것은 아니다. 원형 복원의 명분인 최초 도면이 없다는 이유로 부근 주민들이 경제적 이익 보호와 개발 논리를 내세웠다. 그러던 차에 2009년 1월 국가기록원에서 서대문형무소의 1936년대 도면이 우연히 발견되어 시설 복원 주장이 탄력을 받았다. 2009년 1월 말 문화재위원회가 서대문구청의 종합복원계획을 조건부로 가결하였고, 서대문구청은 전체 3단계 복원정비안을 다듬었다. 그러나 복원 비용 마련을 두고 뾰족한 대안이 없어 차일피일 미뤄졌고, 2021년 이후에서야 구치감과 부속 창고 등의 복원이 선별적으로 추진되고 있다.

셋째, 이러한 문제를 해결하기 위해 서대문형무소역사관은 독립재단

2019년 제10회 서대문 독립 · 민주 축제 포스터(서대문구)

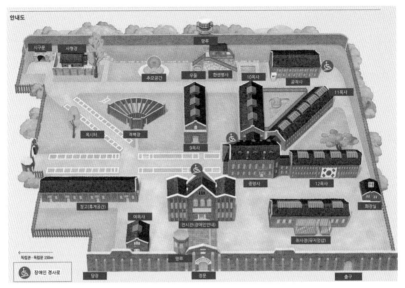

2024년도 서대문형무소역사관 안내도(서대문형무소역사관)

으로 격상되어야 한다. 현재 역사관은 서대문구 도시관리공단에서 운영하고 있는데, 역사적 가치나 위상에 걸맞지 않을뿐더러 막대한 재정을 충당하는 것도 한계가 있다.

서대문형무소역사관을 세계적인 문화유산으로 등재하고 독립운동뿐만 아니라 민주화운동까지 아우르기에 손색없는 박물관으로 거듭나도록 하려면 통 큰 결단이 필요하다.

4·19혁명일에
독립운동가를 생각하다

1987년 10월에 개정된 제6공화국 〈대한민국헌법 전문〉은 "유구한 역사와 전통에 빛나는 우리 대한국민은 3·1운동으로 건립된 대한민국 임시정부의 법통과 불의에 항거한 4·19민주 이념을 계승하고…"라고 시작한다. 대한민국 국민이라면 독립운동과 민주화운동의 정신을 계승해야 한다는 것을 헌법에 명시한 것이다.

이에 우리나라 민주화운동의 첫 신호탄을 쏘아 올린 1960년 4월, 독립운동의 숭고한 정신으로 민주화운동을 이어 나갔던 인물들을 통해 헌법의 가치를 되새기고자 한다.

해방 후 독립운동가의 삶

해방 후 독립운동가들은 다양한 형태의 삶을 살았다. 대부분은 평범한 삶을 이어 갔는데, 몇몇은 종교인·교육가·여성운동가 등으로 활동

1960년 4월 19일 경무대로 향하는 고등학생 시위대

하였고, 어떤 이들은 이승만과 박정희의 독재 정권에 협력하였으나 이에 항거한 이들도 있었다.

특히 1960년 4월 19일 해방을 맞이한 지 불과 15년 만에 한국 역사상 처음으로 독재 정권에 항거하는 민주화운동이 일어났다. 일제의 가혹한 식민 통치에 맞서 불태웠던 민족정신이 한국의 민주주의 정신으로 되살아난 것이다. 그 중심에는 독립운동가 김창숙·최천택·김성숙·함석헌·양일동·조아라·장준하·계훈제 등이 있었다. 이들의 민주화운동 활약상이 제대로 알려지지 않은 부분이 있어 그들의 독립운동과 민주화운동을 간략하게나마 조명하고자 한다.

4·19혁명과 독립운동가

김창숙(1879~1962)은 경북 성주 출신으로 3·1운동 당시 유림이 작성한 독립청원서 파리장서를 파리강화회의에 제출하였고, 그 뒤 중국으로 망명하여 서로군정서 군사선전위원장을 거쳐 대한민국 임시정부 의정원 부의장으로 선출되었다. 이후 그는 중국 상하이 공공조계지 내 영국인 병원에서 일본 영사관원에게 붙잡혀 본국으로 압송되었고 14년 형을 선고받았다. 이후 대전형무소에서 복역하던 중에 옥중 투쟁과 일본 경찰의 고문으로 두 다리가 마비되어 하반신 불구가 된 채로 형 집행이 정지되어 출옥하였다. 이에 '김우(金愚) 벽옹(躄翁)'이란 별명을 얻었다. '어리석은 앉은뱅이 늙은이'란 뜻이다. 그렇지만 그는 창씨개명에 반대하는 등 항일의 자세를 조금도 굽히지 않았다. 해방 후 그는 성균관대학을 설립하였고, 김구와 함께 단독정부 수립에 반대하였다. 이승만 정권 때는 독재와 부패를 막기 위한 투쟁을 벌이다가 40일간 부산형무소에 갇혀 폭행당하기도 했다.

최천택(1896~1961)은 부산 출신으로 1920년대에 의열단을 지원하고 부산지역 청년회 활동을 주도하였다. 신간회 부산 지회장으로 활동하면서 수십 차례 구금되어 옥고를 치렀다. 해방 후에는 경남지역 반탁운동을 이끄는가 하면, 4·19혁명 이후에는 진보적인 혁신동지총연맹 최고위원으로 활동하였다. 그는 1961년 5월 쿠데타를 일으킨 박정희 정권하에서 수개월간 부산 육군형무소에 구금되기도 하였다. 이후 후유증으로 1961년 11월에 생을 마감하였다.

김성숙(1898~1969)은 평북 철산 출신의 대처승으로 3·1운동에 참여한 뒤 중국 베이징으로 유학을 가 의열단에 가담하는 등 중국 각지를 돌며 항일 투쟁을 전개하였다. 해방 후에 환국한 그는 좌우합작운동을 전개하였고 이승만 정권에 항거하다가 갖은 탄압을 받았다. 그는 이승만을 '독부(獨夫)'라고 불렀는데, 이는 '독재자보다 더 포악하고 구제받을 수 없는 가련한 인물'이란 뜻이다. 6·25전쟁 중에 김성숙의 세 아들이 중국에서 그를 찾아왔지만, 이승만은 부자 상봉을 허락하지 않았을 뿐 아니라 아들들을 중국으로 추방해 버렸다. 그는 1960년 4·19혁명이 일어나자 '참다운 민주혁명'을 내걸고 사회대중당을 창당하여 활동하였지만, 1961년 5·16군사정변 후 이른바 '통일사회당 사건'으로 10개월간 옥고를 치르기도 하였다.

함석헌(1901~1989)은 평북 용천 출신으로 3·1운동 당시 전단을 배포하고 만세 시위에 참여하였다. 1927년 《성서조선(聖書朝鮮)》을 발간하거나 〈성서로 본 조선 역사〉 등을 기고하여 민족의식을 고취하였고, 1942년 3월 〈조와(弔蛙: 개구리의 죽음을 슬퍼함)〉라는 글을 발표하여 1년 가까이 옥고를 치렀다. 해방 이후 그는 1945년 11월 '신의주학생의거' 배후 인물로 지목되어 소련군에게 고문을 당하였다. 1947년 단신으로 월남하여 종교 활동에 전념하면서 《사상계》 주필로서 사회를 비평하는 글을 발표하거나 이승만 독재 정권을 통렬히 비판하여 투옥되었다. 5·16군사정변 직후부터는 박정희 정권에 정면으로 도전하여 1965년 한일협정 반대, 1969년 3선 개헌 반대 투쟁 등을 주도하였고, 명동 사건(1976), YWCA 위장결혼식 사건(1979)에 연루되어 재판에 회부되는 등 탄압을 받았다. 1980년 7월에는 전두환에 의해 그가 창간한 《씨알의 소리》가 강제 폐간되기도 하였다.

양일동(1912~1980)은 전북 옥구 출신으로 1930년 광주학생운동이 서울로 확산하자 중동학교 학생으로 시위에 참여하였다가 퇴학당한 후 중국 베이징으로 건너가 무정부주의자가 되었다. 이후 일본으로 옮겨 가 반파쇼·반제·반실업(反失業) 등의 활동을 펼쳤고, 조선동흥노동동맹의 기관지인《뉴우스》발행인으로 항일의식을 고취하다가 2년 8개월간 투옥되기도 하였다. 해방 후에는 야당 국회의원으로 활동하면서 이승만 정권에 항거하였으며, 박정희 정권 시기인 1967년에는 '정치정화법'· '반공법' 등의 위반으로 투옥되었고, 1973년 '김대중 납치 사건' 때는 곤욕을 치르기도 하였다.

조아라(1912~2003)는 전남 광주 출신으로 1931년 이일학교 교사로 재직하던 중 광주학생운동에 참여한 백인청년단 사건에 연루되어 1년간 옥고를 치렀다. 1936년에는 수피아여학교가 신사 참배·창씨개명을 거부해 폐교될 때 동창회장이라는 이유로 다시금 1개월간 투옥되기도 했다. 그는 해방 후에 조선건국준비위원회 광주부인회를 출범시키고 오랫동안 광주 YWCA를 이끌었다. 박정희 정권하에서는 1967년 10월에 3선 개헌 반대 투쟁을 벌였으며, 1980년 광주민주화운동 때는 수습 대책위원으로 활동하다 계엄군에 끌려가 생애 세 번째로 옥고를 치렀다. 그는 '민주화운동의 대모', '광주의 어머니'로 불린다.

장준하(1918~1975)는 평북 의주 출신으로 1944년 학병으로 일본군에 징집되어 중국 쑤저우에 배속되었는데, 그해 7월 부대에서 탈출해 7개월여 동안 6천 리를 걸어 충칭의 대한민국 임시정부를 찾았고 한국광복군으로 활동하였다. 특히 1945년 8월 국내 진공 작전인 '독수리 작전'에 투입되었으나 갑작스러운 일본의 항복으로 중단되고 말았다. 해방 후 환국하여 1953년 4월《사상계》를 창간해 이승만 정권에 저항하는가 하면, 박정희 정권 당시에는 독재 정권에 맞서 민주화운동을 전개하여 10여 차례 투옥되기도 하였다. 끝내 그는 1975년 8월 17일 경기도 포천군의 약사봉을 등산하다가 의문의 사고로 사망하였다.

계훈제(1921~1999)는 평북 선천 출신으로 경성제국대학 재학 중에 학병 징집을 거부한 후 강제 징용되어 노역하다가 비밀리에 '민족해방협동당'에 입당하여 독립운동을 펼쳤다. 이후로 그는 평생 자유와 평등을 실천하며 살았다. 해방 후에는 반탁운동과 남북협상을 지지하는가 하면, 4·19혁명 후에는 교원노조운동에 참여하였고, 5·16군사정변 후 군사독재와 한일회담을 반대하는 투쟁과 자유언론 투쟁을 전개하였으며, 제5공화국 시절 내내 민주화 투쟁을 이끌었다.

이분들의 삶은 오롯이 독립운동에서 민주화운동으로 이어졌다. 이제는 통일운동이 그 뒤를 이어야 한다. 2021년 생을 마감한 백기완 선생을 기리며 묵묵히 활동하는 통일운동가들을 응원한다. 이는 역사적 사명이다. 역사는 정의를 실천하는 이들에 의해 만들어지기 때문이다.

한국 민족운동이었던
'어린이날'

요즘은 '어린이날' 하면 으레 '5월 5일', '공휴일', '선물', '놀이동산' 등을 떠올린다. 1970년대 이전에 태어난 사람들은 창경원(현 창경궁), 장충체육관, 효창운동장 등의 추억이 있을 것이다. 그런데 어린이날이 일제강점기에 시작되었고 민족운동 차원에서 행사가 치러졌음을 아는 이는 드물다.

일제강점기 소년운동으로 전개된 어린이날

어린이날은 3·1운동 이후 1921년 경남 진주 등지에서 어린이들에게 민족정신을 일깨워 주기 위한 소년회가 조직되면서 비롯되었다. 이어 설립된 천도교소년회가 1922년 5월 1일을 '어린이날'로 정하고 첫 행사를 열었다. 이를 주도한 인물은 인간 평등을 꿈꾸며 새로운 세상을 열고자 했던 동학 3대 교주 손병희의 사위 방정환이었다. 당시에는 '어린이'

《어린이》 잡지 창간호(1923.3.20.)

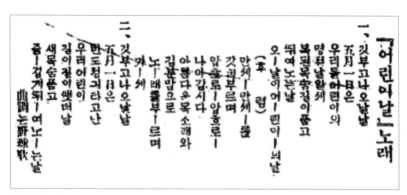

어린이날 노래(1925)

를 부모의 소유쯤으로 여겼다. 방정환은 이를 깨우치고자, "10년 후 조선을 여(慮; 생각)하라."라며 어린이들이 앞으로 이 나라를 구할 인재들이라는 취지에서 '어린이날'을 만들었다. 이는 당시 사회에 큰 반향을 일으켰다.

이후 1923년에 40여 단체가 합심하여 조직한 '조선소년운동협회'가 공식적으로 '어린이날' 행사를 주관하였다. 서울뿐만 아니라 전국적으로 행사가 개최되었고, 몇 군데에서는 기행렬(깃발을 들고 행진)을 벌였다. 이로써 어린이날 행사가 소년운동의 하나가 되었다. 1924년부터는 포스터가 제작되었고 행사가 더 풍성해졌으며 지방의 개최 횟수도 늘어났다.

그런데 '5월 1일' 행사가 메이데이와 겹치면서 일제 경찰이 어린이날 행사를 불허 혹은 중지하곤 했다. 그런 가운데서도 1925년에는 조선여자청년회·여자기독교청년회·조선여자교육협회가 어린이날 행사에 동참하면서 7천 개의 고무풍선이 하늘을 메우는 등 더욱 활기를 띠었다. 이때 처음으로 당시 유행하였던 〈야구가(野球歌)〉 곡조에 노랫말을 입힌

〈어린이날 노래〉가 제창되었다. 첫 구절이 "기쁘구나, 오늘날 5월 1일은 우리들 어린이의 명절날일세"라고 시작하는데, 오늘날 불리는 〈어린이날 노래〉와 사뭇 달랐다.

1926년 무산소년운동을 표방한 '오월회'가 별도의 '어린이날' 행사를 추진하면서 주관 단체가 양분되고 말았다. 비록 순종이 승하하는 바람에 집회가 금지되어 두 단체의 대립은 격화되지 않았지만, 변화의 바람이 일기 시작하였다. '오월회'는 '우리는 항상 조선 어린이인 것을 잊지 맙시다' 등의 표어를 내걸었고, "어른 대접과 똑같이 어린이를 대접합시다. 그래야 우리는 살아나게 됩니다."라며 다른 주장을 펼쳤다.

끝내 1927년에는 두 단체가 별개로 어린이날 행사를 진행하였다. 어린이 5천여 명이 참여한 가운데 축하 비행이 있었고 라디오 프로그램도 특별 편성되었다. 5월 3일에는 우천으로 연기된 기행렬이 처음으로 이루어졌다. 어린이들은 악대의 뒤를 따라 〈어린이날 노래〉를 부르며 서울 시내를 행진하였다. 이날 '어린이날' 행사가 메이데이와 섞일 것을 염려한 일본 기마 경관대가 기행렬을 따랐고 정복·사복 경찰들이 감시하였다.

두 단체는 사회적인 비판과 더불어 신간회의 창설과 맞물려 1927년 10월 '조선소년연합회'로 통합되었다. 아울러 행사 날짜는 메이데이를 피해 5월 첫 번째 일요일로 변경하고 "현실에 주의하여 장래를 준비하고자" 한다며 운동 방향의 대전환을 통해 소년운동의 민중화를 꾀하였다. 얼마 뒤 조선소년연합회는 조선소년총연맹으로 바뀌었고 〈어린이날 노래〉도 몇 구절 수정하였다. 이를 기회로 소년운동을 직간접적으로 돕는 잡지가 생겨났고 동화집·동요집 등이 쏟아져 나왔다.

조선소년총연맹이 주관한 어린이날 포스터
(1928.5.6.)

1928년 5월 6일 조선소년총연맹이 주관한 첫 어린이날 행사 때는 예년과 달리 각 가정에는 '복등(福燈)'이, 길거리에는 '축등(祝燈)'이 내걸렸다. 이날 비가 오는 와중에도 2천여 명이 참가한 가운데 수송공립보통학교 운동장에서 기념식이 치러졌다. 식후에 어린이들은 행사장을 출발하여 안국동을 지나 종로로 기행렬에 나섰으나, 결국 어린이날 행사는 비 때문에 중단되었다. 단성사는 이를 활동사진으로 남겼다. 그런데 불쑥 종로경찰서 고등계 형사들이 나타나더니 '새 조선을 건설하자'라는 깃발을 압수하여 분위기를 싸하게 만들었다. 이는 일제가 이를 경계하기 시작했음을 의미한다.

일제의 방해

일제는 '어린이날' 행사가 소년운동 차원에서 전개되자 이를 방해하기 위해 1928년 5월 5일을 '아동애호일'로 정하여 맞불을 놓았다. 일본은 이날을 단옷날이라고 하여 남자아이를 위한 어린이날(코도모노히)로 기리는데, 식민지 조선에도 이를 시행한 것이다. 일제는 친일 단체를 동원하여 대대적인 행사를 벌이는가 하면 무료 건강상담소 설치, 창경원 무료 개방 등을 통해 어린이들의 참여를 유도하였다. 그런데도 1920년대 후반 소년단체가 500여 개에 달할 정도로 영향력이 커지자, 일제는 위기감을 느끼고 소년운동 통제에 나섰다. 1929년 어린이날 행사는 3·1운동 10주년을 맞이한 해였고 '아동애호일'과 겹쳤다. 일본 경찰은 '어린이날' 행사와 관련한 10만 장의 선전지를 압수하고 행사 당일 식사·축사·답사도 중지시켰으며, 지방에서는 관련자들을 감금·구속까지 하였다.

일제의 탄압에도 불구하고 1930년 어린이날 준비위원회는 당일 새벽에 나팔을 불어 어린이날임을 알리는가 하면 '행복은 어린이부터', '잘살려면 어린이를 위하라' 등의 표어주(標語柱)를 설치하였고 사진 촬영 반값, 무료 건강진단 병원 확대 등 준비를 더욱 철저히 하였다. 이에 사상 최대 규모인 1만 2천여 명의 어린이들이 모였다. 이때 제대로 된 기행렬이 펼쳐져 행사장이었던 수송보통학교를 출발하여 청진동→종로→안국동4가→공평동→남대문통→황금정→조선은행→남대문통→태평통→경성부청을 거쳐 광화문통 광장에 모인 뒤 해산하였다.

1931년부터는 '전조선어린이날중앙연합준비회'가 어린이날 행사를 주관하면서 사회주의 성향이 강하게 내포되어 실천 운

전조선어린이날중앙연합준비회가 제작한 어린이날 포스터(1932)

동 차원에서 행사가 치러졌다. 이날 '조선의 희망 어린이의 경절(慶節)'이란 깃발이 휘날렸고, 학대 방지·입학난에 따른 의무교육 실시·조혼 폐지·문맹 퇴치 등의 결의문이 채택되었다. 어린이날 창설 10주년을 맞은 1932년에는 '희망을 살리자! 내일을 살리자!! 잘살려면 어린이를 위하라!!'라는 표어가 내걸려 눈길을 끌었다. 당시는 옥외집회는 종교적인 것을 제외하고는 어린이날 행사가 유일하였기에 이를 최대한 이용한 것이다.

일제의 탄압

1933년 일제의 회유책과 탄압에 소년운동 단체가 82% 줄었지만, 미주·중국·일본 등지의 한인들은 어린이날 선전물을 청구하였고, 행사를 지원하는 민간 단체가 늘어났으며 아동보호 차원의 사회입법 필요성을 제기하기도 하였다. 예전에는 소년운동 차원에서 어린이날 행사가 개최되었는데, 이제는 어린이날을 통해 소년운동을 불러일으키려는 방향으로 전환되었다. 그럴수록 일제의 탄압은 거세져 1934년에 잡지《어린이》를 폐간하였고, 5월 2일부터 8일까지를 '아동애호주간'으로 정하여 어린이날 행사를 원천 차단하였다. 이런 상황에서도 1937년 5월 2일에 열린 어린이날 행사에서 어린이들은 일본 국가 합창을 거부하는 등 소극적인 저항을 펼쳤다. 이후 일제는 어린이날을 없애 버렸다.

중일전쟁 이후 전시체제기에 접어들자, 일제는 '아동애호주간'을 국민총력조선연맹에 관리토록 하고 조선신궁에서 아동건강애호제를 거행하거나 이에 참배한 6세 미만의 아동에게 어기수(몸에 지니는 부적)를 배부하

일제강점기 14~18세 소년병(1945)

1946년 해방 후 첫 어린이날 행렬(국가기록원)

였다. 더욱이 1943년 4월 일제는 '건아(健兒)는 건병(健兵)의 초석, 어린이
는 홍아(興亞)의 꽃'이라며 만 14세 미만 어린이를 대상으로 육군학교 소
년병을 모집하였다. 이들 중 몇몇은 '가미카제 특공대'가 되었다. 일제는

1948년 5월 《어린이》 잡지 복간호(현담문고)

'아동 애호'라는 그럴듯한 포장으로 조선의 아동을 전쟁의 방패막이로 삼은 것이다.

광복 이듬해인 1946년 5월 5일 광복 후 첫 어린이날 행사장에는 〈어린이날 노래〉가 울려 퍼졌다. 이어 "우리는 왜족에게 짓밟혀 말하는 벙어리요, 집 없는 사람이었습니다. 그러나 이제는 우리 집과 우리글을 찾기로 맹세합니다."라는 선서문이 낭독되었다. 1948년 5월에는 잡지 《어린이》가 다시 발행되었다. 이후 어린이날은 국가적 행사가 되었고, 1975년 법정공휴일로 지정되어 오늘에 이르고 있다.

6·25전쟁 또 하나의 아픔,
조선의용군 참전

1945년 8월, 일제의 식민 통치하에서 꿈에도 그리던 광복을 35년 만에 맞이하였다. 그런데 외세의 억압에서 벗어난 지 얼마 안 되어 이번에는 우리 민족끼리의 다툼이 벌어졌다. 해방 직후 한반도는 이내 38선에 가로막혀 남북으로 나뉘었고, 얼마 뒤 각기 다른 정부가 세워졌나 싶었는데, 2년도 채 안 되어 민족상잔의 전쟁이 일어났다. 후삼국이 통일하던 시기에 벌어진 민족 간 다툼 이후 천여 년만의 일이었다.

일본군에 항전하던 조선의용군

1950년 6·25전쟁으로 말미암아 우리는 많은 것을 잃었다. 광복 이후 몇 안 되었던 산업 기반이 무너졌고, 많은 사람이 희생됐으며, 적지 않은 고아와 미망인이 생겨났다. 어떤 이는 일제강점기에 일본군으로 끌려갔다가 6·25전쟁이 터지자 인민군으로 입대했고, 그 뒤 미군에 포로가 되었다

조선의용대 창설 당시 기념사진(1938)

가 종전 후 국군이 되기도 했다. 참으로 얄궂은 운명이 아닐 수 없다.

그런데 이보다 더 큰 아픔은 1938년 10월 일본군과 일전을 치르기 위해 결성한 조선의용대 대원 일부가 6·25전쟁 당시 북한군으로 참전하여 동족을 향해 총부리를 겨눈 것이다.

조선의용대는 1938년 10월 의열단을 이끌었던 김원봉이 창설한 독립군 부대였다. 처음에는 200여 명에 불과하였는데, 1940년 초에는 300명을 넘어서기도 했다. 그 뒤 조선의용대는 중일전쟁이 확전하면서 많은 활동을 펼쳤는데, 이후 두 갈래의 노선으로 나뉘었다. 대다수는 1941년 6월 중국공산당이 활동하던 화베이 팔로군 지역으로 북상했고, 80여 명의 잔여 대원들만이 김원봉을 따라 충칭 임시정부의 한국광복군에 편입하였다. 화베이행을 택한 대원들은 장제스가 이끄는 국민당군의 후방 지원 역할보다는 일본군과 직접 싸우고자 만주로 향한 것이다. 김두봉·

허베이성 한단시 진기로예 열사능원 입구

한빈·윤세주·박효삼 등이 대표적인 인물들이다.

북상한 조선의용대는 중국공산당 팔로군 산하에 합류하였고, 지대장 박효삼의 지휘로 타이항산(太行山, 태행산) 일대에서 일본군과 여러 차례 교전하였다. 이때 김원봉의 절친이자 동지였던 윤세주가 타이항산 전투에서 희생되어 지금 중국의 허베이성 한단시 진기로예(晉冀魯豫) 열사능원에 안장되어 있다. 그는 일본군에 포위된 팔로군의 탈출로를 확보하기 위해 일본군과 일전을 치르다 전사하였다. 오늘날에도 조선의용대가 활동하였던 화베이 일대에는 조선의용대의 여러 유적이 남아 있으며 조선의용군열사기념관이 이를 기리고 있다.

그 뒤 조선의용대는 1942년 7월 김두봉이 이끄는 조선독립동맹과 연합하여 조선의용군으로 개편하였다. 조선의용군은 중국공산당과 공동전선을 결성하여 항일전에 참가하고, 무장 부대를 확충하여 대중을 조

1944년 타이항산 지구에서 "중국·한국 양 민족이 연합하여 일본 강도를 타도하자!"라는 구호를 쓰고 있는 조선의용군 대원

직하였다. 이 외에 동방 피압박 민족해방운동 및 일본의 반전운동을 펼치기도 하였다.

얼마 뒤 조선독립동맹이 중국공산당의 근거지인 옌안(延安, 연안)으로 이동하자, 1944년 초 팔로군과 함께 타이항산 곳곳에서 일본군과 항전하던 조선의용군도 그 뒤를 따랐다. 이때 많은 한인 청년이 모여들어 1945년 5월 조선의용군 총수는 850여 명에 달했다.

1945년 8월 15일 일제가 패망한 뒤 한 달쯤 지나 팔로군으로 편성된 동북 정진군이 만주로 이동할 때 조선의용군도 이들과 함께 옌안을 떠났다. 그들 중 일부는 북한으로 들어가 소련군에 의해 무장해제의 수모를 당하기도 했다. 북한으로 들어간 조선독립동맹은 김두봉·한빈 등을 중심으로 조선신민당으로 개편해 활동하였다. 이들은 북한 내에서 옌안파를 형성하였다.

1945년 9월 초 중국 옌안 뤄자핑 출발에 앞서 기념 촬영하는 조선독립동맹·조선의용군 대원과 가족들

동족을 상대로 6·25전쟁에 참전한 조선의용군 대원들

한편, 만주에 머무른 조선의용군은 그곳에서 동포들을 모병해 부대를 증강하고 1946년부터 시작된 중국의 제2차 국공내전에 참가하였다. 국민당의 장제스와 공산당의 마오쩌둥이 화평교섭회담을 갖기도 하였지만, 두 세력은 결국 치열한 내전을 벌이게 되었다. 1947년 말부터는 민중의 지지를 얻지 못한 국민당이 공산당에 밀리게 되었고 이를 기회로 중공군은 총반격을 개시하였다.

이때 조선의용군 제1지대는 동북인민해방군 보병 제166사단으로, 제3지대는 인민해방군 제4야전군 보병 제164사단으로, 제5지대는 동북한일연군 교도려와 합쳐지며 인민해방군 중남군구 독립 제15사단이 되었다. 이들의 주 임무는 만주 주둔 국민당 군대를 소탕하는 것이었는데,

이를 통해 적지 않은 공적과 전투 경험을 쌓았다. 또한 이들은 농번기에 김매기나 밭갈이를 돕거나 가을에는 추수를 돕기도 하였다.

1948년 11월 중국공산당은 국민당군이 주둔하고 있던 선양(瀋陽, 심양)을 함락한 뒤 만주의 주력 부대를 이끌고 산하이관(山海關)을 넘어 관내로 이동하였다. 이때 남침 야욕을 가졌던 김일성은 마오쩌둥에게 조선인 부대의 인도를 요청했고, 대원들 또한 귀국을 원하였다. 이에 1949년 5월 중국공산당은 이를 약속했고, 그해 7월 조선의용군과 국공내전에 참전하였던 조선군을 포함한 만주 조선인 부대 6만여 명이 북한으로 입국하였다. 이들은 조국이 38선을 사이에 두고 갈라져 있는 현실을 엄중하게 받아들였고, 조국으로 돌아가 '조선 해방'을 꿈꾸기도 하였다. 이들은 조선인으로서의 국적을 회복하고 조선노동당 당적을 갖게 되었으며, 조선인민군 제6, 5, 12사단으로 편제되어 북한군의 근간이 되었다.

1950년 6월 25일 아침, 38선에서 남침한 보병 21개 연대 가운데 47%인 10개 연대가 만주의 조선인 부대였다. 이들은 중국의 국공내전 당시 공산군의 선두에 서서 돌격로를 개척하고 전투 대세를 결정했을 정도로 전투 경험과 전투력이 상당했다. 이들이 없었다면 김일성은 남침하지 못했을 것이라 하기도 한다. 이들 가운데 김원봉이 조직한 조선의용대 출신 200여 명이 참전하였다는 사실은 한국독립운동사에서 가장 안타까운 일 가운데 하나로 기록되어 있다.

이들은 일본군을 토벌하는 독립군으로 활동하다가 중국공산당 편에서 국민당과 싸웠으며 마지막에는 동족을 상대로 전쟁에 나섰으니, 역사의 큰 희생물이 되고 말았다. 우리는 이들을 비난하기에 앞서 6·25전쟁의 또 하나의 아픔으로 기억해야 할 것이다.

해방 후 '광복절'을
어떻게 기려 왔는가?

1946년 8월 15일, 이날은 광복 1주년을 맞이한 날이었다. 당시는 '광복절'이 아닌 '해방기념일'이었다. 1946년 5월 미군정청은 해방기념일뿐만 아니라 신정일(1.1.), 독립기념일(3.1.), 추석(음력 8.15.), 한글날(음력 10.9.), 개천절(음력 10.3.), 기독성탄일(12.25.) 등을 정식 공휴일로 지정하였다. 이해 처음 광복절을 맞아 기념식과 음악회가 개최되었고, 서울 시내에서 가장행렬이 진행되었으며, 죄수들 가운데 모범수들이 가석방되었다. 가석방은 '특별사면' 형태로 지금까지 이어져 오고 있다.

1946년 해방기념일 기념식의 화두는 '민족 통일'과 '자주독립'이었다. 38선을 기준으로 남북이 분단된 상황이었고, 미군정의 통치를 받던 때였기 때문이다. 1948년과 1949년 8월 15일에 내걸린 경축 현수막 글귀는 '해방기념일'이 아니었다. 1948년 8월 15일은 해방기념일과 대한민국 정부 수립일이 겹쳤기에 '대한민국 정부 수립 국민축하식'으로 치러졌고, 1949년은 '대한민국 독립 1주년 기념'이었다. 그렇다면 언제부터 8월 15일을 '광복절'로 바꾸어 기념하게 되었는지 되새겨 보고자 한다.

대한민국 정부 수립 국민축하식(1948.8.15.)

1950년대, 국경일 제정·광복 10주년 등

'광복절'이 국경일로 제정된 것은 1949년 10월 1일 대한민국 정부가 '국경일에 관한 법률'을 제정하면서부터다. 이로써 삼일절, 제헌절, 개천절, 한글날과 함께 광복절이 대한민국 5대 국경일로 지정되었다. 이후 정부는 국경일 경축 가사를 현상 모집하였으나, 입상 작품이 없어 전문가에게 위촉하여 1950년 4월 정인보 작사, 윤용하 작곡의 〈광복절 노래〉를 만들었다. 하지만 그해 한국전쟁이 발발하여 기념식은 치르지 못했다. 광복절 첫 기념식은 1951년 8월 15일 임시수도 부산에 마련된 경남도청 내 국회의사당에서 개최되었다. 당시는 전쟁 중이었기에 '남북통일과 완전한 자주독립'을 쟁취하자는 목소리가 컸다.

중앙청 광장에서 개최한 제2대 대통령 취임식 및 광복절 기념식(1952.8.15.)

1952년부터 1955년까지는 중앙청 광장에서 광복절 경축을 겸하여 이승만 대통령 취임을 축하하는 기념식이 치러졌다. 경축사에서 "광복절을 계기로 통일로 진군하자."라는 등의 '북진 통일'이 강조되었다. 1954년 처음으로 경회루에서 경축연이 열렸고, 1961년부터 매년 그곳에서 행사가 열리다가 1996년부터 중단되었다. 또한 이때부터 경축 행사가 라디오로 생방송 되었는데, TV로 이를 생중계한 것은 1971년부터다. 1955년에는 광복 10주년을 맞아 서울운동장에서 대대적인 기념식이 개최되었고 '제7주년 정부 수립 기념식'도 같이 치렀다. 1956년부터 1960년까지 한시적으로 광복절 당일 야간 통행금지가 해제되었고, 창경궁·덕수궁 등이 무료로 개방되었으며, 광복절 전후 전국적으로 비상경계령이 내려졌는데 이는 1972년부터 중단되었다. 1959년부터는 보신각에서 타종 행사를 시작하였고, 일본 교포들의 모국 방문이 처음으로 시행되었는데 점차, 중국·미주 등지의 교포들로 확대되었다.

1960~1970년대, 독립유공자 포상·기념물 제막 등

1960년 광복절 행사는 4·19혁명 이후 출범한 제2공화국에서 처음으로 치러졌다. 이때도 대북 메시지는 '북진 통일'이었고, 대국민 메시지는 '국민 협력'이었다. 1961년 5·16군사쿠데타로 정권을 잡은 박정희는 경축사에서 쿠데타의 정당성을 강조하면서 '혁명 공약'의 이행을 거듭 천명하였다. 이날 대북 메시지는 예전과 달리 북진 통일이 아닌 '남북한 대표회담'이었다.

1962년부터 1979년까지 박정희 집권 내내 광복절 행사는 서울시민회관, 서울운동장, 중앙청 광장, 효창공원, 장충동 국립극장, 세종문화회관 등 여러 곳에서 열렸다. 1962년부터 행사명이 '제○○주년 광복절'로 고정되었고 독립유공자 포상도 이뤄졌다. 1963년 대통령으로 취임한 박정희는 경축사에서 주요 현안을 거론하면서 국민에게 이해를 구했다. 1964년에는 경제개발, 빈곤 해방, 승공 통일을 강조하였고, 1965년에는 월남 파병의 필요성을 역설하였다.

박정희 정권 당시에는 광복절을 맞아 탑골공원 3·1독립선언기념탑 등 기념물 제막식이나 남산 1호터널(1970)·3·1고가차도(1971)·지하철 1호선 개통(1974) 등의 준공식도 겸하였다. 1970년부터 박정희 정권의 대북 정책은 '평화 통일' 원칙이 강조되었고 남북회담, 남북 이산가족 찾기 등이 포함되었다. 이러한 노력에 힘입어 1971년 9월 판문점 자유의 집[남측]과 판문각[북측]에 남북적십자회담 상설연락사무소가 설치되었다. 이는 2008년 이후 폐지와 복원을 반복하다가 2018년 남북정상회담을 계기로 남북연락사무소에 흡수되었다.

1972년에는 7·4남북공동성명의 성실한 이행, 이산가족 상봉, 자주통일 등을 경축사에 담았고, 1973년에는 처음으로 남북 동시 유엔 가입이 제안되었다. 이는 그로부터 18년이 지난 1991년 9월에 현실화하였다. 1974년에는 '평화 통일 3대 기본 원칙'을 천명하였으나 육영수 여사가 피격·사망하면서 의미가 퇴색되고 말았다. 이후 박정희 대통령은 광복절 행사에 참석하지 않았다. 더욱이 1976년 8월 판문점 도끼만행 사건으로 대북 관계는 경색되었다.

1980년대, 이산가족 상봉·독립기념관 개관 등

1980년대 전두환 정권은 이전과 달리 이산가족 상봉과 남북정상회담을 추진했다. 또한 일본 내 우익 인사들의 망언, 역사 왜곡 등으로 한일 간에 갈등이 고조될 때는 이를 비판하기도 하였다. 특히 1982년에는 '일본 역사교과서 왜곡 사건'이 일어난 직후여서 과거 일제의 침략 행위를 강력히 비판하고 극일(克日)을 위한 국력 신장을 역설하였다.

1983년에는 일본의 교과서 왜곡 사건을 계기로 광복절을 기념하여 독립기념관 기공식을 치렀고, 북한 측에 이산가족 상봉을 촉구하였는데, 이는 1985년 9월에 처음으로 이루어졌다. 이후 이산가족 상봉은 남북 관계가 경색되면서 중단되었다가 2000년 8월에 재개되어 2018년 8월까지 모두 21차례 진행되었다. 1987년에는 독립기념관 개관식을 겸했는데, 이후 2004년까지 광복절 행사는 주로 독립기념관에서 개최되었다.

분단 후 40년 만에 만난 남북 이산가족 모자 상봉 모습(1985.9.) (국가기록원)

제6공화국의 광복절 경축

1988년 2월 노태우 정부를 시작으로 제6공화국이 들어섰다. 노태우 정부부터 윤석열 정부가 들어서기 전까지 광복절 경축사의 핵심 내용만을 정리하면 다음과 같다. 이 시기의 특징은 한반도 평화 프로세스가 구체화하였고 대일 메시지가 강화되었으며 국정 운영·방향 등이 강조되었다는 점이다.

노태우 정부가 '북방 정책'을 강력히 추진하였기에 남북 관계는 원만하였다. 이에 1988년 광복절에 다시금 남북정상회담 개최를 촉구하였고, 김일성이 수용 의사를 밝히면서 남북정상회담은 급물살을 탔지만, 여러 이유로 불발되고 말았다. 특히 1973년에 추진하였던 남북한 동시 유엔 가입을 다시 제안하여 1991년 9월 이를 성사시켰다. 1992년 남측에서는 설악산·금강산 개방도 재차 제안했는데, 이는 꾸준히 추진되어 금강산 관광이 1998년 11월부터 2008년 7월까지 약 10년간 이뤄졌다. 한편, 1992년 5월 북한이 국제원자력기구(IAEA)의 핵 사찰을 수용하자, 그해 경축사에서 노태우 대통령은 남북한 경제 협력 문제를 제안하기도 했다.

1993년에 취임한 김영삼 대통령은 첫 광복절에 '제2의 광복', '신한국의 창조'를 천명하였다. 대북 정책으로는 핵무기 개발 의혹 해소,

남북한 유엔 동시 가입 후 유엔 본부에 나란히 내걸린 태극기와 인공기(1991.9.)

남북 경제 협력, 이산가족 상호 방문·서신 교환, 판문점 이산가족 면회소 설치 등이 제안되었다. 1994년 김일성 사망 이후에는 '3단계 통일 방안(북한의 개혁개방, 화해 협력, 남북 연합 통일국가 완성)'을 제시하는가 하면 남북기본합의서·한반도비핵화공동선언 이행 준수, 비방 중지, 군사적 신뢰 구축 등을 거듭 촉구하였다. 1995년에는 광복절 50주년을 맞아 옛 조선총독부 건물 첨탑 철거 퍼포먼스를 연출하고 정치·경제의 선진화·세계화 등 국정 운영 기조를 밝혔다. 특히 그즈음 일본 총리의 과거 식민지 시기에 대한 사죄에 김영삼은 두 나라의 미래 지향적 발전을 기대한다고 했다. 하지만 1996년 일본 장관의 망언, 배타적 경제 수역(EEZ)의 경계 획정, 독도 영유권 문제 등으로 한일 간의 갈등은 증폭되었다.

1998년에는 김대중 정부로 바뀐 뒤 IMF 극복이 최우선이었기에 김

옛 조선총독부 건물 첨탑 철거(1995.8.15.) (국가기록원)

대중 대통령은 총체적 개혁과 국민적 운동, '제2 건국운동'을 주창하였
고 국정 과제를 제시하였다. 특히 그해 6월 북한 잠수함 강릉 침투 사
건에도 불구하고 남북 교류 협력의 필요성을 강조하고 남북 상설대화
기구 창설 등을 제안하였다. 이후 1999~2002년에는 외환위기 극복, 개
혁 과제 등 국정 운영 방향을 밝히는 데 많은 시간을 할애하였다. 특히
2000년에는 처음으로 남북정상회담을 개최하여 '평화와 도약의 한반도
시대'를 열어나가겠다는 의지를 표명하였다.

　2003년 출범한 노무현 정부도 경축사에서 국정 철학이나 비전을 언급
하였다. 2004년에는 과거사 진상 규명을 강조하고 진상규명특별위원회
설치를 제안하였으며, 2005년에는 '광복 60주년 기념식'도 병행하면서
'화해와 국민 통합'을 강조하였다. 2007년에는 6자회담과 남북대화를
통한 한반도의 평화 체제로의 전환을 강조한 가운데 남북정상회담이 열

남북공동선언문(남측 발표)

1. 남과 북은 나라의 통일문제를 그 주인인 우리 민족끼리 서로 힘을 합쳐 자주적으로 해결해 나가기로 하였다.

2. 남과 북은 나라의 통일을 위한 남측의 연합 제안과 북측의 낮은 단계의 연방 제안이 서로 공통성이 있다고 인정하고 앞으로 이 방향에서 통일을 지향시켜 나가기로 하였다.

3. 남과 북은 올해 8·15에 즈음하여 흩어진 가족, 친척 방문단을 교환하며 비전향 장기수 문제를 해결하는 등 인도적 문제를 조속히 풀어 나가기로 하였다.

4. 남과 북은 경제 협력을 통하여 민족경제를 균형적으로 발전시키고 사회, 문화, 체육, 보건, 환경 등 제반 분야의 협력과 교류를 활성화하여 서로의 신뢰를 다져 나가기로 하였다.

5. 남과 북은 이상과 같은 합의 사항을 조속히 실천에 옮기기 위하여 빠른 시일 안에 당국 사이의 대화를 개최하기로 하였다. 김대중 대통령은 김정일 국방위원장이 서울을 방문하도록 정중히 초청하였으며 김정일 국방위원장은 앞으로 적절한 시기에 서울을 방문하기로 하였다.

렸다. 대일 관계에 대해서는 2003년과 2005년에 일본 우익 세력의 망언에 심각한 우려를 표명하고 올바른 역사 인식을 강조하였다.

2008년 이명박 정부가 출범한 후 첫 광복절에는 '건국 60주년' 명칭을 사용하는 바람에 큰 논란이 일었다. 이는 박근혜 정부까지 이어졌다. 이날 이명박은 경제성장을 중점에 둔 '선진 일류 국가' 건설을 강조하고 '저탄소 녹색성장'이라는 미래 비전을 제시하였지만, '건국절' 논란에 묻혔다. 2009년에는 '친서민 중도실용' 정책 비전과 함께 '더 큰 대한민국'이라는 표어가 내걸렸다. 2010년에는 '공정한 사회'를 핵심 키워드로 제시했고 대북 관련해서는 '통일 재원 마련'을 위한 공론화를 제안하였다. 이명박 정부 당시 한일 관계는 원만하였지만, 2011년 일본과의 독도 갈등에 "일본은 미래 세대에게 올바른 역사를 가르칠 책임이 있다."라며 비판하기도 하였다.

2013년 대통령으로 취임한 박근혜는 첫 광복절 경축사에서 북한에 핵을 버리고 '평화의 통일시대'를 열어 갈 것과 이산가족 상봉, 비무장지대 세계평화공원 조성, 환경·민생·문화 등 3대 통로 개설 확충 등을 제안했지만, 재임 중 남북 관계는 경색되어 개성공단이 폐쇄되었다. 특히 2015년 12월 '일본군위안부' 문제를 불가역적으로 해결했다고 하여 2018년 11월 일본 정부가 출연한 10억 엔으로 화해치유재단이 설립되었지만, 2019년 해산되었다.

2017년 문재인 정부가 들어선 뒤 첫 광복절 경축사에서 "한반도 평화 정착을 통한 분단 극복이 진정한 광복을 완성하는 것"이라며 북한과의 관계 개선을 최우선 과제로 삼았다. 2018년 남북정상회담 이후 광복절 경축사에서는 "남북이 경제공동체를 이루는 것이 진정한 광복"이라 강조하였다. 2021년 임기 마지막 광복절 경축사에서도 미래 청사진을 제시했다. 하지만 일제강점기 강제 동원 배상이나 '일본군위안부' 문제 등으로 인해 임기 내내 한일 간의 갈등이 지속되었다.

4대 국경일 중 삼일절과 광복절은 일제의 식민 지배와 관련이 깊다. 이에 역대 정권은 광복절을 단순히 일제 식민지로부터의 광복만을 의미하는 것이 아니라 남북 관계를 비롯하여 국정 운영의 비전을 제시하는 기회로 활용하였다.

남북 관계는 1950년대 '북진통일론'에서 1960~1970년대에는 '평화통일'로 기조를 바꾼 뒤 지금에 이르고 있다. 이러한 통일 원칙이나 여러 제안은 그것을 실현하는 데 시일이 오래 걸렸지만, 하나씩 이뤄지면서 평화 통일에 다가서고 있다. 2024년 79주년을 맞는 광복절을 앞두고 남북 관계를 개선·발전시키는 통일 방안과 아울러 선진국에 걸맞은 국정 비전을 기대해 본다.

한국광복군
창설 기념일을 맞아
'국군의 날' 의미를 되새기다

1940년 9월 17일, 중국의 임시수도였던 충칭에서 한국광복군 총사령부가 창설되었다. 대한민국 임시정부가 1919년 4월 11일 상하이에 성립된 지 20여 년만의 일이었다. 한국광복군은 임시정부의 정규군이었던 만큼 김구 주석은 "광복군은 한·중 두 나라의 독립을 회복하고자 공동의 적인 일본 제국주의를 타도하며 연합군의 일원으로 항전할 것을 목적으로 한다."라며 창설 취지를 천명하였다.

대한민국의 국군의 날 제정

한국광복군은 연합군인 영국군과 합동으로 인도-미얀마 전선에 참전하였고, 미군과 합작해 국내 진공 작전을 위한 OSS 특수훈련을 받기도 하였다. 하지만 광복 이후 한국광복군은 대한민국 국군의 정통성에서 밀려나 있었다. 1987년 제6공화국 헌법에서 대한민국이 임시정부의 법

한국광복군 총사령부 성립 의식 기념(1940.9.)

통성을 잇는다고 명시했지만, 국군만은 그렇지 못했다. 이를 극명하게 보여 주는 것이 '국군의 날'을 둘러싼 논쟁이다.

우리나라에서 국군의 날 제정은 해방 후 창군 과정과 밀접한 연관성이 있다. 1950년대 중반까지는 육·해·공 3군의 국군의 날이 각기 존재했다. 육군은 조선경비대가 창설된 1946년 1월 15일, 공군은 육군에서 독립한 1949년 10월 1일, 해군은 조선해안경비대의 모체인 해방병단이 창설된 1945년 11월 11일에 각기 기념식을 치렀다.

한국전쟁이 끝난 후인 1955년 8월, 육군은 제3사단이 38선을 돌파한 1950년 10월 1일을 기념일로 바꿨다. 1년 뒤인 1956년 9월, 정부는 각 군의 창설 기념일을 통합하여 '10월 1일'을 국군의 날로 정하였고 지금까지 이어지고 있다. 정부는 이에 대해 3군 단일화, 국군의 사기, 국민의 국방 사상 함양, 재정 절약 등의 차원이라 했지만, 국가의 방침인 반공주의의 일환이었다.

정권별 '국군의 날'에 대한 논쟁

1995년 광복 50주년을 맞아 열린 국방군사연구소 국방학술대회에서 처음으로 '국군의 정통성' 문제가 거론되었다. 발제자로 나선 조항래 숙명여자대학교 교수는 "광복 후 미군정 시기에 한국군의 창설과 정통성 계승에 있어 우여곡절이 없는 것은 아니지만, 인맥과 이념을 통해 볼 때 한국군은 광복군 이념을 계승하였기 때문에 정통성 또한 계승된 것이 너무나 당연하다."라며 자신의 의견을 피력하였다. 그의 주장은 학술대회였던 만큼 사회적인 주목을 받지 못했다.

그런데 김대중 정부가 들어서면서 국군의 정통성 문제가 국군의 날 변경 논쟁으로 귀결되었다. 2000년 9월 한국광복군 창군 60주년 기념학술회의에서 김삼웅《대한매일》주필과 한시준 단국대학교 교수 등은 주제 발표를 통하여 "통일시대에 대비하기 위해서라도 현행 국군의 날은 한국광복군 창군 기념일로 바꾸어야 한다."라고 주장하였다. 이는 '의병→독립군→광복군'으로 이어지는 우리 군의 역사적 정통성을 확립하기 위해서도 필요하다고 강조하였다.

정훈감 전 육군, 표명렬 군사평론가는 어느 일간지에 "광복군은 임시정부의 자랑스러운 정식 군대다. 이 때문에 국군의 날은 국군의 정신적 전통과 이미지 결정에 매우 중요한 상징적 의미를 지닌다."라며 이를 정상화하여 진정한 역사 바로 세우기를 다시 시작하자고 주장하였다. 김재

복원된 한국광복군 총사령부 건물(2019.3.) (국가기록원)

서울운동장(동대문운동장)에서 열렸던 제1회 국군의 날 기념식(1956.10.1.) (국가기록원)

2023년 국군의 날 시가행진 장면(2023.9.26.) 국군의 날 시가 행진은 1979년까지는 매년, 이후 1990년까지는 3년마다, 1993년 이후에는 5년마다 진행되다가, 2018년에는 생략되었는데, 2023년 10년 만에 부활하였다.

홍 경기대학교 교수·《오마이뉴스》 논설 주간은 "대한민국 임시정부의 법통을 헌법 전문에 명시한 점만 보아도 최소한 임정의 광복군이 오늘 우리 '국군의 어버이'라고 해야 할 것이다."라면서 같은 주장을 폈다.

이 문제는 국회로까지 확산하였다. 2000년 10월 제16대 국회 국감장에서 박상규 의원(민주당)이 "38선을 돌파한 10월 1일을 국군의 날로 한 것은 군의 이념적 연원, 정통성과 아무런 관련이 없다."라며 "한국광복

민족정기의원모임과 민족문제연구소 등 시민 단체의 한국광복군 창설일을 '국군의 날'로 지정할 것을 촉구하는 기자회견(2006.9.13.)

군 총사령부 창설일을 포함해 항일 의병, 독립군, 광복군 등의 창설과 관계있는 날을 국군의 날로 해야 한다."라고 주장했다. 이에 힘입어 그해 11월에는 처음으로 의원 21명이 국군의 날을 9월 17일로 변경할 것을 촉구하는 입법 청원을 하였지만 반대 목소리에 묻히고 말았다.

이러한 주장은 노무현 정권에서도 지속되었다. 2004년 국군의 날 변경을 주장하였던 예비역 장성이 재향군인회 등 여러 군 관련 단체로부터 제명될 뻔하기도 하였지만, 그 문제에 대한 다양한 의견이 제기되었다. 그해 8월에는 여·야 의원들이 참여한 '제2기 민족정기를 세우는 국회의원 모임' 총회에서 국군의 날을 한국광복군 창설일로 변경하는 일을 9월 정기국회에서 통과시키기로 하였으나 관철하지 못했다. 다만 그해 계룡대에서 열린 56주년 국군의 날 기념식에서 광복군과 국방경비대 등 국군의 모태 부대들이 옛 복장으로 행진하여 국군의 정통성 회복 차원에서 의미가 있었다.

이러한 논쟁은 2005년 이후 노무현 정권 내내 반복되었다. 2005년에 평화재향군인회가 국군의 날 변경에 발 벗고 나서자, 재향군인회는 이를 불법 단체로 규정하고 "국군의 정통성을 부정하는 궤변"이라고 비난했다. 2006년에는 시민 단체도 국군의 날 변경에 한목소리를 내는가 하면, 여야 국회의원들이 '국군의 날 기념일 변경 촉구 결의안'을 발의했으나 이 또한 통과되지 못하였다. 반대 측 인사들은 10월 1일이 민족상잔과 치욕의 날이라는 데 불편한 심기를 드러냈다. 민족상잔의 주범을 격퇴한 것이 왜 '치욕'인지 묻는가 하면, 이를 바꾸려 하는 것은 '북쪽의 심기'를 의식하는 것이라 주장하기도 하였다. 특히 군 관련 인사들은 10월 1일이 50년 이상 계속되어 온 국군 기념일이라며 반발하였다.

한국광복군 창설에 대한 정통성

2008년 이명박 정권이 들어선 뒤에 분위기가 완전히 바뀌었다. 정부 차원에서 국군의 날을 광복군 창건일로 한다는 것에 거부감을 나타냈다. 1998년 건군 50주년 기념우표에는 국군의 모습 대신 광복군과 백두산 천지를 그려 넣어 국군의 뿌리를 조명하고 국토 수호라는 국군의 사명을 부각하였지만, 2008년 건군 60주년에는 육·해·공군의 모습만이 기념우표에 담겼다. 그런가 하면 2008년 10월 1일 국군의 날 행사에서는 예전과 달리 행진 대열에서 광복군이 빠졌다. 보수 측 인사들은 국군의 날 변경 주장에 좌파 성향을 덧씌워 이념 공세로 변질시켰다. 그래

건군 50주년 기념우표(1998.10.)　　　　건군 60주년 기념우표(2008.10.)

서였는지 2010년 9월 한국광복군 창립 70주년 행사에서 국군의 날 개정
을 촉구하는 정도로 그쳤다.

　문재인 정권이 들어서면서 그러한 목소리는 다시 커졌지만, 별다른
반향을 일으키지는 못했다. 2017년 8월 국방부 업무 보고 당시 문재인
대통령이 "국군의 날 변경을 검토해 볼 만하다."라는 취지로 발언한 뒤
에 10월 1일은 반공사상을 고취하고 분단을 고착화시킨다는 비판의 목
소리가 높아졌다. 이에 그해 10월 여당 국회의원들은 '국군의 날을 임시
정부 광복군 창설일로 변경해야 한다'라는 결의안을 냈지만, 야당 인사
들이 독립 세력과 건국 세력을 편 가르기 하고 소모적 갈등을 조장한다
며 반발하여 흐지부지되었다.

　다른 나라에서는 독립된 날을 기념하거나 외세에 크게 항거한 날, 국
가 정치 운영 형태가 바뀐 날, 또는 정규군 형태의 국군이 만들어진 날
등을 국군의 날 기념일로 삼는다. 유럽 국가나 여느 선진국의 경우는 세
계대전 승전 기념일, 혹은 국가 자체의 역사적인 날을 국군의 날로 정하

였다. 특히 식민지를 경험한 폴란드는 1920년 바르샤바 전투에서 이긴 8월 15일을, 베트남은 까오방성의 숲에서 일본군에 맞서 선전 해방군이 조직된 날인 1944년 12월 22일을 국군의 날로 정하고 있다. 이들 나라는 대외 투쟁과 독립에 가치를 두고 있지만 우리나라는 이와 동떨어져 있다.

2020년 8월 한국광복군 창설 80주년을 맞아 여당 국회의원이 또다시 '국군의 날 기념일 변경 촉구 결의안'을 발의했다. 벌써 다섯 번째였다. 1987년 제6공화국 헌법에서 대한민국이 임시정부의 법통성을 잇는다고 천명한 것처럼 대한민국 국군의 뿌리 역시 한국광복군에 있다. 이는 이념의 문제를 떠나 대한민국의 정통성을 찾는 것이며 통일로 한 발짝 다가서는 길이다. 더는 이데올로기를 이용한 정치적 소용돌이에 한국광복군의 정통성이 퇴색되어서는 안 된다.

개천절과 독립운동
그리고
현재적 의미

개천절이 국경일로 정해진 것은 대한민국 정부가 수립된 바로 다음 해인 1949년이다. 이때 삼일절, 제헌절, 광복절 등도 국가 법률로써 경축일로 정해졌다. 한글날은 2005년에 국경일로 승격되었다.

개천절의 기원

개천절은 우리나라에서 처음 하늘이 열린 날, 즉 개국·건국을 기념하여 제정한 국경일을 뜻한다. 국경일에 대해 의미를 모르는 이는 드물겠지만, 개천절에 대해서는 단순히 '단군이 고조선을 건국한 날' 정도로 알고 있을 것이다. 그렇다면 왜 건국 신화에 등장하는 단군을 기리게 되었으며, 지금 우리에게 어떤 메시지를 던져 주는가?

단군의 정신이 민족 고유의 종교가 된 것은 1909년 1월 15일 나철이 단군 대황조 신위를 모시고 제천 의식을 올린 뒤 단군교를 선포하면서

나철

부터다. 나철은 러일전쟁 이후 일제가 침략 야욕을 드러내자, 관직을 그만두고 오기호·이기 등과 비밀결사 유신회를 조직하여 구국운동에 나섰다. 그는 일본으로 건너가 일왕, 이토 히로부미, 오쿠마 시게노부 총리대신에게 조선 독립을 촉구하며 도쿄 궁성 앞에서 3일간 단식 항쟁을 벌이는가 하면, 국내로 돌아와 을사오적을 처단하려다 붙잡혀 유형 10년을 받기도 하였다.

나철은 날이 갈수록 일제의 침략 야욕이 거세지는 상황에 민족 정신을 바로잡아 '보국안민(輔國安民)'과 '제인구세(濟人救世)'를 위하여 단군 정신에 주목하였다. 이에 단군교를 창시하였고 1910년 국망이 닥쳐오자, 대종교로 이름을 바꿨다. 1910년 당시 교인 수는 21,539명에 달했다. 이때 나철은 1909년 음력 10월 3일에 치렀던 개극절(開極節) 행사를 개천절로 바꾸었다.

우리나라 역사의 기원이 단군에서 출발한다는 인식은 고려 후기 《삼국유사》와 《제왕운기》에서 시작되었다. 단군을 동국(東國)의 개국조로 여기는 역사 계승의식은 이때 형성되었다. 하지만 16세기에 사림 세력이 등장하면서 단군보다는 기자 존숭이 강조되었다. 단군이 제일 먼저이지만 문헌으로 실증할 수 없다는 이유에서다.

단군 영정

그러다가 17세기 후반 중국 문명과의 관련성을 탈피하려는 분위기 속에서 단군 인식도 크게 변화하였다. 단군의 독자성을 강조하는 역사 서술이 등장한 것이다. 세도정치기에 주춤했던 단군 인식은 한말에 자주·자강을 위한 국민 계몽 차원에서 다시 주목받았다. 조선의 유구한 역사와 독립성이 강조되면서 단군을 개국조로, 기자를 단군의 계승자로 위치 지었다. 특히 1904년부터 단군과 민족의식이 결합하여 강력한 민족주의 의식으로 확장되었고, 점차 우리 민족은 '단군의 자손'이라며 혈연적 운명 공동체로서 국망의 현실에 대처할 것을 요구하기 시작하였다. 이런 가운데 대종교가 탄생하였고 개천절 행사가 음력 10월 3일에 치러졌다.

일제의 개천절 탄압

하지만 국망 이후 모든 것이 변했다. 일제는 단군 탄생을 '황당하고 기괴하여 믿을 수 없는 이야기'로 폄하하고, 대종교를 유사종교로 규정하였으며 개천절 행사를 금지하였다. 우리의 개천절 행사는 민족적 정체성 확인과 자주독립 의지를 고취하는 동력이었기에 일제의 감시 대상이었다. 더욱이 만주사변 이후 일제의 동원·수탈정책과 민족말살정책 등에 따라 개천절 행사 자체가 불가능해졌고, 그와 관련한 언론 보도가 거의 사라졌다. 대신 일제는 자신들의 건국 신화를 절대적인 역사적 사실로 둔갑시켜《일본서기》를 근거로 2월 11일을 기원절로 제정하여 개국기념일로 공식화하였다.

이에 나철은 백두산 아래의 중국 허룽현(和龍縣) 청파호에 망명하여 포교를 계속하였고, 북간도 교민 1천여 명이 모인 가운데 개천절 행사를 치렀다. 이는 종교적 기념일을 넘어 범민족적인 행사로 민족의식을 고취하여 독립 의지를 다지는 계기가 되었다. 이후 개천절 행사는 한인들이 사는 곳 어디에서든지 열려 웅변대회를 개최하기도 하고 마을에서는 떡을 쳐서 잔치를 베풀기도 하였다. 그뿐만 아니라 상하이 대한민국 임시정부는 1919년 음력 10월 3일(양력 11월 24일)에 첫 개천절 행사를 개최하였다. 당시에는 이를 건국기원절이라 하였지만, 개천절로 인식하였다.

다음 해부터 임시정부는 개천절을 삼일절과 함께 공식 국경일로 제정하여 북경로 예배당, 서장로 영파회관(寧坡會館), 삼일당(三一堂), 민국로 침례교회 등에서, 충칭으로 옮겨서는 중앙문화운동회관 등에서 행사를 개최하였다. 임시정부가 중국을 침략한 일본군을 피해 떠돌아다녀야 했던 시절에도 선상에서 개천절 행사를 치렀다. 해방 후에는 1945년 11월

임시정부의 '태황조(太皇祖) 성탄 및 건국기원절 축하식'《독립신문》1919년 11월 27일 자)

귀국 길에 충칭과 상하이에서 임시정부 요인들이 개천절을 기념하였다. 행사 날에 안창호와 이동휘는 송축사와 축사를 통해 단군의 민족적 의미를 예찬하며 종교나 이념을 초월한 민족 단합의 의지를 되새겼다.

광복의 기쁨은 국내의 개천절 행사에서도 나타났다. 국민당 위원장 안재홍은 단기 연호를 사용하기로 하였고, 3천만 명의 동포들에게 아무쪼록 힘써서 성조의 기업(基業)을 확수(確守)하여 불효 자손이 되지 말자고 맹세하는가 하면, 국조 숭경(崇敬)의 사상을 고취하자며 단군전을 세우자는 분위기도 무르익었다. 이를 기회로 해방 후 처음 맞는 개천절 행사가 서울운동장에서 대대적으로 열렸다.

개천절을 대하는 자세

1946년 미군정청하에 개천절은 국경일로 지정되었다. 하지만 38선으

1946년 미군정청 학무국이 발행한 《초등
공민》 3·4학년용 교재

로 남북이 분단되어 가자, 김구 중심의 임시정부 측은 동족 공영의 목표
아래 이해(利害)의 대치(對峙)를 극복하고 남북 통일의 자주 정권 수립에
매진할 것을 강조하였다. 1947년에 접어들면서 38선을 분계선으로 국
토가 남북으로 분단되는 현실이 굳어져 갔고, 여전히 미군정청의 통치
를 받고 있었다. 이에 그해 개천절에 임시정부는 비통함을 토로하면서
자주독립, 즉 완전 독립을 위하여 3천만 명이 다 같이 새로운 투쟁을 하
자는 결의를 다지기도 하였다.

1948년 11월 한 민족이 둘로 분단되어 각기 다른 정부가 세워진 뒤에
첫 개천절은 남다른 의미가 있었지만, 실상은 그러질 못했다. 다른 때와
달리 이날은 휴무일로 정해졌지만, 지역별·기관별로 행사가 치러졌을
뿐 정부 차원에서의 움직임은 없었다. 서울시 주최로 서울운동장에서
치러진 개천절 행사에 서울시장과 몇몇 장관들만 참석하였다. 어떤 메
시지도 던져 주지 못한 채 으레 기념식처럼 개천절 행사가 진행되었다.

1949년에는 음력을 양력으로 환산하기가 어렵고 양·음력을 떠나
'10월 3일'이 소중하다며 아무 관련 없는 양력 10월 3일을 개천절로 제
정해 버렸다. 당시 정부 차원의 개천절 행사가 강화도 참성단에서 개최

서울 중앙청 광장에서 열린 개천절 기념식 모습(1953.10.3.) (국가기록원)

되었지만, 부통령·국회의장·국무총리의 대독 경축사만 있었다.

1950년대에는 중앙청 광장에서 3부 합동으로, 1960년대에는 시민회관·국립극장 등에서 국무총리 대독의 대통령 경축사가 낭독되었다. 1970년대 후반부터는 세종문화회관에서 기념행사가 치러졌고, 1988년 이후부터는 국무총리 경축사로 자리매김하여 지금에 이르고 있다. 정부 수립 이후 지금까지 대통령이 참석한 것은 1984·1985년 두 해뿐이다. 개천절은 우리나라의 4대 국경일 가운데 하나이지만 단군을 국조(國祖)가 아닌 대종교의 종교행사로 인식하고 있기 때문이 아닌가 한다.

단군의 기념일을 개천절로 기린 것은 단군이 국가의 시조에서 민족의 시조로 그 의미가 확장되어, 국망 이후 우리 민족은 다 같은 자손이기 때문에 뭉쳐야 한다는 논리로 작동하였다. 광복 이후에는 분단국가가 아닌 통일을 염원하는 자리가 되었다. 북한에서도 개천절을 기념하고 있

단기 4352년(2019) 서울 종로구 사직단 단군성전 개천절 대제전

북한 단군릉에서 개최한 개천절 행사(2023.10.3.) (《조선신보》)

으니, 민족이라는 상상의 공동체를 하나로 묶는 중요한 날임을 모두 기억하는 것이다. 남과 북이 이견 없이 함께 공유하고 경축하는 날인 만큼 통일을 향한 양국 교류의 기폭제로 삼으면 어떨까 한다.

한글학자 독립운동가,
그들이 지키고자 했던 것은?

한글로 나라를 구하려 했던 한글학자들

10월은 정부가 정한 '문화의 달'이다. 한글날이 있어서 그런 것이 아닌가 한다. 문자는 특정 사회의 문화 성숙도를 나타낼 뿐만 아니라, 축적된 문화를 보존하고 전달하는 중요한 도구의 하나다. 이런 사전적 의미에서 보듯이 한글은 한민족 문화의 원천인 셈이다.

그런데 2023년이 한글날 제정 95주년이라고 하지만, 1926년 11월 조선어연구회(조선어학회 전신)가 '가갸날'을 제정한 이후부터 셈해야 한다. 그 뒤 1928년에 가갸날이 '한글날'로 명칭만 바뀌었기 때문에 97주년이어야 옳다고 본다.

여하튼 일제강점기에 한글날이 만들어진 것은 그 자체로 의미가 크다. 그런데 무엇보다도 '한글날'의 배경에는 경술국치 이전 구국운동의 일환으로 한글을 연구했고, 이후에는 한글을 민족의 목숨처럼 여겨 지키고자 했던 한글학자들이 있었다는 점을 간과해서는 안 된다.

1908년 8월, 한말 주시경은 우리 말과 글의 연구·통일·발전을 목표로 국어연구학회를 조직하였다. 그는 나라의 바탕을 보존하는 데 가장 중요한 것이 국어인데, 이를 도외시한다면 나라의 바탕은 날로 쇠퇴할 것이므로 결국 나라 형세를 회복할 가망이 없어질 것이라는 우려에서 학회를 만들었다. 그의 뜻은 그가 운영한 강습회를 거쳐 간 이들에게 이어졌고, 그들은 목숨까지 잃어 가면서 한글을 지켜 냈다. 김두봉·최현배·이극로·이희승·이윤재·한징 등이 대표적인 한글학자이다.

한글학자들의 독립운동, 한글 수호

국어연구학회는 경술국치 이후 국권을 빼앗겼기에 '국어'라는 용어를 사용할 수 없어 '배달말·글모음'(1911)으로 개칭한 뒤 다시 '한글모'(1913)로 되었다가 1921년 12월 조선어연구회로 바뀌었다. '배달'은 우리나라의 상고 시대 이름으로 일제강점기 무렵에는 주로 단군 또는 고조선을 가리키는 용어로 사용되었는데 개념이 확대되어 한국, 특히 한민족을 가리키는 순 한국어 표현으로 널리 사용되었다.

조선어연구회가 1931년 1월 조선어학회(현 한글학회)로 이름을 달리한 이후 한글 연구가 본격적으로 이뤄졌다. 조선어학회는 한글 맞춤법 통일안, 외래어 표기법을 발표하고 표준말을 사정하고 조선어 사전을 편찬하고자 하였다. 일제의 한글 탄압이 거세질수록 한글학자들은 더욱 이에 매달렸다.

이윤재는 "말과 글은 민족과 운명을 같이한다."라며 "일제가 조선의 글과 말을 없애 동화정책을 쓰고 있으니 우리는 무슨 수를 써서라도 우리글과 우리말을 아끼고 다듬어 길이 후세에 전해야 한다. 말과 글이 없어져 민족이 없어진 가까운 예로 만주족이 있지 않은가. 우리가 우리의 말과 글에 대한 글을 써 두고 조선어 사전을 편찬해 두면, 불행한 일이 있더라도 훗날 이것에 근거하여 제 글과 말을 찾아 되살아날 수도 있을 것이다."라고 하면서 이를 민족운동이라 했다. 당장에 독립이 되지 않고 뒤늦을지라도 한글 사전이 있으면 말과 글을 되살려 민족을 다시금 일으켜 세울 수 있다고 하였으니, 그의 말처럼 민족운동이나 다름없었다.

최현배는 그의 대표적 저서 《우리말본》(1937) 머리말에서 "한 겨레의 문화 창조는 언어로 이뤄진다. 한글은 줄잡아도 반만년 동안 우리 역사의 창조적 역할을 해 왔고 이제 한글 말본[문법]을 닦아 온전한 체계를 세우는 것은 뒷사람들의 영원한 창조 활동의 바른길을 닦는 것이며 찬란한 문화 건설의 터전을 마련하는 것이다."라며 책 출판의 의미를 밝혔다. 우리 민족이 비록 일제의 식민지하에 있는 처지이지만, 우리의 문화와 정신을 계승하고 빛나게 하는 데 한글 연구가 얼마나 중요한지를 보여 주는 대목이다.

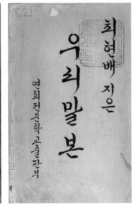

최현배와 《우리말본》 표지(1937)

최준례 묘비명(1924)

한글 연구보다는 혁명의 길로 나섰던 주시경의 수제자 김두봉도 한글 사랑만큼은 식지 않았다. 김구의 부인 최준례가 사망하였을 때 비문을 새기면서 생몰년을 'ㄹㄴㄴㄴ해 ㄷ달 ㅊㅈ날[4222년 3월 19일] 남, 대한민국 ㅂ해 ㄱ달 ㄱ날[1924년 1월 1일] 죽음'이라 썼다. 또한 그는 김원봉이 조선의용대를 창설할 당시 평소 주장한 바와 같이 단체 이름을 풀어쓰기로 하여 'ㅈ ㅗㅅㅓ ㄴ ㅇ_ㅣㅛ ㅇ ㄷㅐ[조선의용대]'라 썼다.

이러한 의지를 가진 한글학자들이었기에 '한글이 목숨이다'라고 외치면서 1942년 10월 조선어학회 사건 당시 갖은 고문과 핍박도 견뎌 낼 수 있었던 것이 아닌가 한다. 이때 33명이 검거되었지만, 이극로·이윤재·최현배·이희승·정인승·정태진·김양수·김도연·이우식·이중화·김법린·이인·한징·정열모·장지영·장현식 등 16명만 기소 처분을 받았다. 그런데 재판이 진행 중일 때 일제의 고문과 고달픈 감옥 생활을 버텨 내지 못한 이윤재와 한징은 그만 불귀의 객이 되고 말았다.

1944년 9월 예심 재판부는 "고유 언어는 민족의식을 양성하는 것이므로 조선어학회의 사전 편찬은 조선 민족정신을 유지하는 민족운동의 형태다."라며, 이극로·최현배·이희승·정인승 등에게 '내란죄'를 적용하여 실형을 선고하였다. 이들은 불복하여 상고하였지만 1945년 1월 경성고

등법원에서 기각되어 형이 확정되었다. 함흥형무소에서 복역하던 중 그해 8월 해방이 되어 감옥에서 나올 수 있었다.

해방 후 한글학자들의 노력과 오늘날의 한글

조선어학회 회원들은 3년 가까운 감옥 생활로 심신이 지쳤을 법도 한데, 출옥 후 곧장 상경하여 독립된 새 나라의 문화 창달을 위해 조선어학회를 재건하였다. 한글학자들은 가장 먼저 한글을 다시 '국어'로 부활시키는 데 심혈을 기울였다. 일제강점기 동안 한글 사용이 금지되고 일본어만을 쓰도록 강요되었기 때문에 학교는 물론 가정에서도 한글을 가르치지 않아 학생들 대부분이 한글을 읽고 쓸 줄 몰랐다. 설사 학교에서 한글을 배웠다 할지라도 그 시절에는 학생 수가 많지도 않아서 이를 깨우친 사람이 극히 적었다.

그런데 생사고락을 같이했던 한글학자들은 각자의 이념에 따라 남이

(좌) 이극로, (중) 〈말모이〉 영화 포스터, (우) 평양 애국열사릉의 이극로 묘소

조선어학회 표준어 사정 위원들의 현충사 방문 기념사진(1935.1.)

아니면 북을 택했다. 이극로는 1948년 남한 단독선거에 반대하는 남북
협상파 일행으로 평양을 방문한 뒤 그곳에 눌러앉았다. 2019년 1월에
개봉한 영화 〈말모이〉의 주인공이다. 그는 북한에서 최고인민회의 상임
위 부위원장 등 여러 직책을 맡기도 했지만 오로지 우리말 연구에만 전
념했다. 그 결과 1966년 이극로가 주도한 것이 오늘날 북한의 표준어인
문화어가 되었다.

　　남한에서는 최현배와 이희승이 한글 연구에 온 힘을 쏟았다. 최현배는
미군정청 문교부 편수국장으로서 많은 일을 해냈다. 무엇보다 그는 한글
전용을 원칙으로 삼고 일본어의 한글화 작업과 더불어 한자어가 아닌 '우
리말 도로 찾기' 운동을 벌여 나갔다. 물론 그동안 중단되었던 한글 사전
편찬도 추진했으며 한글 맞춤법을 더욱 발전시켰다. 오늘에까지 전해지

는 순우리말이 이때 만들어졌다. 홀수·짝수·지름·반지름·도시락·건 널목뿐만 아니라 동물·식물 이름도 그렇다. 이와 달리 이희승은 한글, 한 자 병서를 주장하기도 했지만, 한글 발전에 큰 공헌을 한 것은 물론이다.

그런데 요즈음 한글학자들이 목숨과 같이 지키고자 했던 한글이 망 가지고 있다. 표기만 한글이지 외래어를 그대로 쓰는 경우가 넘쳐난다. 영어 간판도 쉽게 발견할 수 있다. 서울 명동의 길거리를 걷다 보면 어 느 나라인지 종잡을 수 없다. 외국어 학술 용어나 단어를 비판 없이 사용 한다. 그 뜻을 모르는 사람은 무슨 의미인지 찾아봐야 한다.

신조어와 줄임말 또한 편리성만을 따져 마구 쓴다. 북한에서 한글화 하여 사용하는 용어에 대해서는 낯설어하고 촌스러워하기도 한다. 이러 한 비판 의식은 한글날을 맞아 여러 매체에서 문제로 지적하지만 그때 뿐이다. 전문 용어일지라도 우리말로 바꿀 수 없는지 반문해야 한다. 한 글학자들이 이러한 세태를 보고자 목숨까지 내놓고 한글을 지키려 한 것은 아니었을 테니 말이다.

'순국선열의 날'의 역사적 의미와 제언

매년 11월에는 독립운동과 관련하여 치러지는 학생독립운동기념일 (11.3.)과 순국선열의 날(11. 17.) 등의 법정기념일이 있다. 이 중 '순국선열의 날'의 경우 역사적 의미를 모르는 이들이 적잖다. 또한 국가가 주관하는 행사 때는 으레 '국가에 대한 경례', '애국가 제창' 뒤에 '순국선열과 호국영령에 대한 묵념'을 한다. 그런데 '순국선열'과 '호국영령'이 누구를 의미하는지 아는 이는 많지 않다.

1939년, '순국선열의 날' 제정

순국선열의 날은 국어사전에 '국권 회복을 위하여 헌신한 순국선열의 독립 정신과 희생정신을 후세에 길이 전하고 그 공훈을 기리기 위하여 제정한 날'이라 정의되어 있다. '호국영령'은 국가의 부름을 받고 전장에 나가 희생된 이들을 가리킨다. 이날이 기념일로 제정된 것은 지금으로부터 85년 전 대한민국 임시정부 시기이다.

1939년 11월 제31회 임시정부 임시의정원 회의에서 지청천·차리석 등이 전국 동포가 공동으로 기념할 '순국선열 공동 기념일'을 정하자고 제안하면서 비롯되었다. 당시 임시정부는 국치일, 삼일절, 건국절(개천절), 6·10만세일 등을 기념일로 정하여 순국선열을 별도로 추모하였다. 그런 데 순국한 이들을 각기 기념하는 것은 번거롭고 무명 선열을 빠짐없이 알 수도 없기에 1년 중에 하루를 정하여 공동으로 기념하자는 취지였다.

이에 다들 공감을 표하여 기념 일자를 정하였다. 순국한 이들은 국망을 전후로 그 수가 많고, 망하게 된 국가를 구하거나 회복하기 위하여 용감 히 싸우다가 순국한 것이므로, 국망한 시기가 적당하다고 의견을 모았다. 다만 국가가 병탄된 1910년 8월 29일보다는 실질적으로 망국에 이른 '을 사늑약' 체결일인 '11월 17일'을 기념일로 정하였다. 그 뒤 1939년 12월 순국선열 기념일이 공포되었고, 다음 해 첫 기념식은 개식→창가 애국가 →국기에 향하여 최경례→식사→선열들의 사적 보고→창가 추도가→헌 화→묵상→기념사→구호와 만세→폐식 등의 순으로 진행되었다.

이에 주목되는 바는 선열들의 사적 보고와 관련된 순국선열의 범위 이다. 임시정부는 순국선열의 범위를 13개 항으로 분류하면서 1895년 을미의병을 독립운동의 시작으로 보았고, 지역별로는 국내를 비롯하여 인접한 중국·러시아·일본부터 미국·유럽까지 제한을 두지 않았다. 또 한 의병, 3·1운동, 의열투쟁, 무장투쟁 등을 아울러 이념과 노선을 폭넓 게 반영하였다. 이를 살펴보면 다음과 같다.

① 을미년(1895)에 명성 황후가 왜적의 손에 피살된 후 나라 원수를 갚 기 위하여 의병을 일으켜 왜병과 싸우다가 돌아가신 이들

② 을사늑약(1905)이 체결되던 때를 전후하여 이를 분하게 여겨 자결하여 돌아가신 이들

③ 정미년(1907)에 군대가 해산된 것이 분하여 자살하거나 의병을 일으켜 왜병과 맹렬히 싸우다가 돌아가신 이들

④ 경술년(1910)을 전후하여 최근까지 직접행동으로써 국적과 왜적을 암살하며 적의 시설을 파괴하다가 돌아가신 이들

⑤ 국제 무대에 나아가 국가의 운명을 만회하려다가 뜻대로 되지 못한 것을 보고 자결하여 돌아가신 이들

⑥ 기미운동(3·1운동) 당시에 열렬히 시위운동을 하다가 돌아가신 이들

⑦ 무장하고 국내에 비밀리 들어가 활동하다가 돌아가신 이들

⑧ 국외에서 왜병과 맹렬히 싸우다가 돌아가신 이들

⑨ 적에게 사로잡혀 사형되거나 옥중 고초를 못 이겨 돌아가신 이들

⑩ 러시아령과 중국령이 있는 군대로 그곳 군대의 박해를 입어 돌아가신 이들

⑪ 국내와 만주와 러시아령과 도쿄에서 적의 학살을 당하여 돌아가신 이들

⑫ 주의 주장을 위하여 반대당에 의해 애매하게 돌아가신 이들

⑬ 일생에 국사를 위하여 고생한 결과 병들어 돌아가신 이들

1950년, 순국선열의 날 기념식 중단

광복 후에도 순국선열의 날에 대한 기념식은 이어졌다. 다만 첫 기념식은 임시정부 요인들이 모두 귀국한 1945년 12월 23일 서울운동장에

서 순국선열 추념 대회 형태로 진행되었다. 대회 총재는 임시정부 주석 김구, 위원장은 임시정부 내무부장 신익희였다. 국기 계양, 애국가 제창, 묵상에 뒤이어 김구 총재의 추념문을 정인보가 대독하였다.

1946년 이후에는 순국선열기념절준비위원회가 이를 주최하다가 1948년 정부 수립 이후 서울시 주최로 바뀌면서 새롭게 제1회 기념식으로 치러졌다. 하지만 1950년 6·25전쟁 이후 중단되었다. 이승만 정권하에서는 독립유공자 포상이 이뤄지지 않았을 뿐만 아니라 임시정부의 독립 정신을 잇는 순국선열의 날 행사조차도 거부당했다. 이를 보면 이승만 정권 당시 독립운동의 가치가 얼마나 훼손되었는지 가늠할 수 있다.

그나마 다행스러운 점은 1957년부터 정부가 1894~1945년 8월 해방될 때까지 전사·사형·옥사한 순국선열 유가족에게 생계 보조비를 지급하였다는 것이다. 이해에 그동안 중단되었던 순국선열의 날 행사가 (정부가 주도한 것은 아니지만) 1945년 8월 29일 국치일에 맞춰 애국동지원호회(현 한국독립동지회) 주최로 제1회 광복선열 추도회가 개최되었다. 이는 1964년까지 이어졌지만, 날짜는 일정하지 않았다. 애국동지원호회는 1952년 독립운동가 170여 명이 발기하여 창립한 단체이다. 1958년에는 어느 국회의원이 '4월 17일'을 광복 선열의 날로 제정하자는 건의안을 제출하였지만, "공휴일이 또 하나 는다는 생각이니 염불보다는 잿밥에 더 관심 있는 것이 아니냐."라는 비난을 받기도 하였다.

1960년대 박정희 정권이 들어선 뒤에도 정부 차원의 행사는 열리지 않았다. 다만, 그동안 애국동지원호회가 주관하였던 행사는 1965년 11월 17일부터 그해 창립된 광복회가 맡아서 진행하였다. 그러나 1972년 10월 유신이 단행되면서 이마저도 중단되었고, 순국선열 추모 행사는 현충일 행사에 포함되었다. 이때부터 현충일 행사에서 '호국영

삼각산 여래사 내 순국선열 위령탑

령', '전몰장병'에 '순국선열'이 추가되었다.

이처럼 정부 차원에서 순국선열의 날 행사가 거부되자, 광복회가 나서서 1974년부터 1977년까지 성북구 정릉동의 여래사 순국선열 사당에서 조촐한 순국선열 합동 추모식을 치렀다. 박정희 정권 말인 1978~1979년에 국립묘지 현충관에서 추모식이 열렸지만, 그 시점을 임시정부가 수립한 이후부터 산정하여 혼란을 초래하였다. 전두환 정권이 들어선 1980년에는 대한민국 순국선열유족회 주최로 기념식이 거행되었고, 1983년에는 행사가 '순국선열 합동추모제전'이란 이름으로 바뀌었다. 순국선열유족회는 1959년 11월 목숨을 바친 선열들의 유족으로만 창립된 단체이다.

1997년, 국가기념일로 재탄생

한편 노태우 정권이 출범하면서 광복회를 비롯한 독립운동 관련 단체가 적극적으로 나서 순국선열의 날을 법정기념일로 복원·제정해 줄 것을 정부에 요구하였으나 번번이 거부되었다. 현충일과 중복되어 의의를

서대문 독립공원 독립관 내 순국선열 위패 봉안관

제84주년 순국선열 · 애국지사 영령 추모제(2023.11.17.)

퇴색시킨다는 이유에서였다. 결국 기나긴 싸움 끝에 1997년 5월 김영삼 정권이 들어선 뒤, 운동을 시작한 지 10년 만에 정부기념일로 제정·공포되었다. 이에 1997년 11월 17일 순국선열의 날 행사는 국가가 주도하는 방식으로 복원되었고, 그 시점도 1939년 임시정부 의사록에 근거하여 제58회 기념식으로 확정되어 오늘에 이르고 있다. 2005년에는 광복 60주년을 기념하여 포상 기회가 3·1절과 8·15 광복절에 이어 11·17 순국선열의 날까지 확대되었다.

독립 정신이 깃든 순국선열의 날 행사를 50여 년 만에 정부 차원에서 재개하였다는 점은 퍽 의미 있는 일이지만, 이를 더욱 뜻깊은 행사로 발전시켜야 하는 책무 또한 막중하다. 이에 몇 가지 제언을 하고자 한다.

첫째, 독립운동 관련 국경일이나 순국선열의 날 등의 국가기념일은 행사 자체로 그칠 것이 아니라 애국선열의 독립 정신을 기억하고 추모하는 축제의 장으로 거듭나야 한다.

둘째, 순국선열의 범위를 넓혀야 한다. 국가보훈부는 독립운동 참여자 300만 명 중 15만 명을 순국선열로 추산하고 있지만 범위는 매우 제한적이다. 광복 이전 감옥에서 출소한 뒤 6개월 이내에 숨진 애국지사만을 순국선열로 인정하고 있기 때문이다. 그 기간을 넘겨 후유증으로 혹은 전투 중 입은 상처로 숨졌으나 직접적인 사인을 밝힐 수 없는 경우에는 제외된다. 하지만 이러한 제한을 둘 필요가 있을까 싶다. 순국선열의 날이 진정으로 순국선열의 독립 정신과 희생정신을 후세에 길이 전하고 그 공훈을 기리는 기념일이 되기 위해서는 말이다.

우리나라 국호, '대한민국'의 탄생 과정과 의미

'대한민국' 국민 중 우리나라 국호가 어떻게 탄생했고 어떤 의미를 지니는지 아는 이는 드물다. 이에 2024년 정부 수립 76주년을 앞두고 국호의 탄생 과정과 그 의미를 되새기고자 한다. 먼저 대한민국의 국호가 대한제국에서 비롯되었으니, 그때부터 살펴보려 한다.

국호의 유래와 변천사

근대 이전의 조선은 중국의 천자와 대등한 위치에 있지 못했다. 조선 시대 왕의 즉위와 세자 책봉은 중국의 승인을 얻어야 했는데, 이는 대중국 외교에서 불만 사항 중 하나였다. 19세기 후반에 접어들면서 변화의 조짐이 보이기 시작하였다. 갑신정변(1884), 갑오개혁(1894) 당시 조선은 국왕의 지위를 황제로 높이고자, 국호를 '대조선왕국'에서 '대조선제국'으로 바꾸려 하였지만, 중국의 반발로 실패하였다.

奉天承運

皇帝詔曰朕惟

檀箕以來疆土分張各據一隅互相爭雄及高麗時吞幷馬韓辰韓

弁韓是謂統合三韓及我

太祖龍興之初拓地益廣北盡靺鞨之界而爲革蕪絲出

焉南收耽羅之國而橘柚海錯貢爲嶺員四千里建一統之業禮樂

法度祖述唐虞山河鞏固我子孫萬世磐石之宗惟朕否德適

丁艱會

上帝眷顧轉危回安剗獨立之權翠臣百姓軍伍市井

一辭同聲叫闔賓籲章數十上必欲推尊帝號朕摐讓者屢無以辭

於今年九月十七日吿祭

天

地于白嶽之陽即　皇帝位定有天下之號曰大韓以是年爲光武

元年改題

太社

太稷册

王后閔氏爲皇后

王太子爲諱爲

皇太子惟茲丕蠲歌命肇稱钜典爰禮歷代行大赦

一朝廷高爵厚祿優養臣僚原欲其盡忠爲國國之安危全保官

國호를 '대한(大韓)'으로, 연호는 '광무(光武)'라고 한다는 것을 알린 《관보》 1897년 10월 14일 자 호외

'조선' 국명이 '대한'으로 바뀌었음을 알리는 논설(《독립신문》 1897년 10월 16일 자)

그 뒤 청일전쟁에서 청나라가 패하면서 수백 년 동안 이어져 온 중국과의 사대 관계 고리가 끊어지며 기회가 찾아왔다. 이를 계기로 1896년

대한민국 임시헌장(1919.4.11.) (국사편찬위원회)

1월 조선은 독자적으로 '건양' 연호를 사용하고 국왕을 '황제'로 격상시
키려 했으나 아관파천으로 중단되었다.

1897년 2월 고종이 러시아공사관에서 경운궁으로 환궁한 뒤부터 개
화파·수구파 할 것 없이 '칭제 건원'을 상소하였다. 이에 힘입어 그해
8월 연호를 '광무'로 고치고, '칭제' 작업을 본격화하면서 국호 문제가 논
의되기 시작했다. 고종은 단군과 기자 이래로 강토가 나뉘어 서로 자웅
을 다투다가 마한·진한·변한이 통합했다며, 국호를 '조선'에서 '한(韓)'
으로 고쳐 '대한(大韓)'으로 정하도록 했다. 그 뒤 1897년 10월 12일, 고종
은 황제 즉위식을 거행하고 다음 날 '대한제국(大韓帝國)'을 국호로 공식
선포하였다. 당시 '대(大)'는 '크다', '전부', '모두'라는 뜻의 관용 접두사
로 사용되었고, '제국'은 국가의 통치 형태를 말하는 것이니 실제 국호는
'한'이었다.

하지만 1910년 8월, 대한제국은 10여 년 만에 망하였고 주권을 일제
에 넘겨주고 말았다. 그로부터 9년이 흘러 3·1운동이 전국을 뒤흔들었

대한민국 3년 1월 1일 임시정부 및 임시의정원 신년 축하식 기념 촬영(1921.1.1.)

고, 이에 힘입어 한성을 비롯해 중국 상하이와 연해주 등지에 임시정부
가 세워졌다가, 이내 상하이 대한민국 임시정부로 통합되었다. 그런데
국호와 관련하여 의견이 분분했다.

　여운형은 '대한'이라는 이름으로 나라가 망했는데, 또다시 이를 쓸 수
있느냐며 반대했다. 이때 신석우가 나서 '대한'으로 망했으니 '대한'으로
다시 흥해 보자며 반박하자 다수가 이에 공감을 표하여 '대한민국'으로
국호가 정해졌다. 또한 예전 국호의 '제(帝)'에서 '민(民)'으로 바뀌었다.
황제국에서 주권재민(主權在民)의 공화제로 탈바꿈한 것이다. 이후 27년
동안 대한민국 임시정부는 굴곡이 있었지만, 한민족 구성원들에게 독립
의 희망을 심어 주었다.

35년 동안의 강압적인 식민 통치에서 벗어나 꿈에 그리던 해방을 맞았지만, 대한민국 임시정부는 한반도의 주인공이 되지 못하였다. 한반도는 미소 간의 냉전으로 남북으로 갈렸고, 남쪽은 미군에, 북쪽은 소련군에 점령당하였다. 미국 측은 대한민국 임시정부를 인정하지 않았다. 김구를 비롯한 요인들은 개인 자격으로 귀국하였다. 그럼에도 김구는 대한민국 임시정부의 주석이라는 직함을 가지고 활동하면서 통일운동을 전개하였다. 그러나 남북 분단이 현실로 굳어지면서 '대한민국 임시정부'의 정통성은 점점 힘을 잃어 갔다.

한편, 1945년 12월 모스크바삼상회의에서 신탁통치를 발표한 이후 한반도는 미소 냉전의 소용돌이 속으로 빠져들었다. 찬탁과 반탁으로 남과 북이 극명하게 갈렸다. 이 문제를 해결하고자 미소공동위원회가 열렸지만, 양자 간의 견해차만 확인했을 뿐 아무런 성과도 없이 끝났다. 결국 1948년 2월 한반도 문제는 유엔으로 넘어갔고 소총회에서 남한만의 단독선거 시행이 결의되자 김구는 성명서 〈삼천만 동포에게 읍고함〉을 발표하여 분단을 막아 보고자 하였으나 허사였다.

국호 '대한민국'의 탄생

1948년 5월 남한만의 총선거가 시행되어 제헌국회가 출범하면서 독립 국가를 건설하기 위한 준비 작업에 들어갔다. 이때 제정된 헌법의 제1장 총강에서 가장 주목되는 점이 국호였다. 이를 두고 헌법기초위원회 위원들 간에 격론이 벌어졌다. 국호는 자손만대에 전할 존엄한 국체의

구 분	제1대 국새	제2대 국새	제3대 국새	제4대 국새	제5대 국새
사 용 기 간	1949. 5. 5.~ 1962.12.31.	1963. 1. 1.~ 1999. 1.31.	1999. 2. 1.~ 2008. 2.21. 2010.11.30.~ 2011.10.24.	2008. 2.22.~ 2010.11.29.	2011.10.25.~
인 영 (印影)	(대한민국지새)				

대한민국 국새 변천

표상이었기에 신중에 신중을 기하였다. 결국 이는 표결에 부쳐졌고, '대한민국' 17표, '고려공화국' 7표, '조선공화국' 2표, '한국' 1표로 '대한민국'으로 결정되었다.

논의 과정은 이러했다. '대한'으로 결정한 것에 대해서는 "3·1운동 이후 우리 민족은 대한민국 임시정부라는 이름으로 광복 운동을 계속하였다. 또 개원식을 거행할 때 의장 식사에도 '대한'이라는 명칭을 사용한 것"을 이유로 들었다. 또한 "일본으로부터 배상받아 오려면 과거의 '대한국'이라는 국호라야 청구할 수 있다."라는 주장도 주효하였다. 그런 가운데서도 국회의원 상당수는 고려공화국을 선호하였다. 이들은 새 국가를 상징하는 국호로는 '고려'가 타당하다며 세계에서 '코리아'로 알려진 점을 가장 큰 이유로 내세웠다.

본회의에서도 '대한민국'을 국호로 사용하는 것을 두고 여러 의원의 찬반 토론이 이어졌다. '대한민국' 국호 사용을 지지하면서 만약 다른 국호를 사용한다면 임시정부 요인들이 '대한'의 간판을 들고나올 것이고,

그러면 분열과 혼란이 야기될 것이라 우려하는 국회의원도 있었다. 헌법 1조에 "대한민국은 민주공화국이다"라고 한 것에 '민국'과 '민주공화국'이 중복되는 것이라며 이의를 제기하기도 하였다. 결국 본회의에서는 원안대로 '대한민국' 국호로 최종 결정되었다. 다만, 대외적으로는 여전히 'KOREA'를 사용하기로 하였다.

이에 김구는 "대한민국 국호를 어떠한 사람이 계승한다고 할지라도 세계 각국에서 승인받을 만한 조건을 갖춰야 한다."라고 강조하였다. 임시정부가 이를 이양한다고 하더라도 남북 총선거를 통한 남북통일 정부가 아닌 이상 반쪽 정부로서는 계승할 근거가 없다는 부정적인 견해를 내비친 것이다. 이러한 과정을 거쳐 해방 3년 만인 1948년 8월 15일 독립 국가인 대한민국 정부가 탄생하였고, 북한에서는 그해 9월 9일 조선민주주의인민공화국이 수립되었다.

대한민국의 역사는 전제 왕권 사회에서 비롯되었지만, 일제의 식민지를 경험하면서 민주공화제로 바뀌어 유지되었고, 해방 이후 독립 국가의 국호로 정해져 지금에 이르고 있다. 오늘날 대한민국은 세계 속에서 당당하게 이름을 드높이고 있다. 최근에는 세계로부터 지원받아야 했던 개발도상국 지위에서 선진국 그룹으로 격상되었다. 이제 대한민국은 주체적으로 새로운 역사를 쓰면서 세계를 주도하는 일원으로서 맡은 바 책임과 의무를 다해야 할 것이다.

제3장

한국독립운동의 앞길

한국독립운동 관련
기념사업회(법인) 현황과 과제

소외당하는 한국독립운동사

2019년은 3·1운동과 대한민국 임시정부 수립이 100주년을 맞은 의미 있는 해였다. 이에 신문·방송 매체뿐만 아니라 여러 관련 기관이 연일 이에 관한 기사를 쏟아내고 특집극, 다큐 등을 방송했으며 다채로운 기념행사도 펼쳐졌다. 뜻깊은 일이 아닐 수 없다.

이처럼 국민이 독립운동에 높은 관심을 가질 때 한 번쯤 되새겨 봐야할 것이 있다. 평소 한국독립운동에 대한 국민의 관심이 덜하고 주목을 받지 못하고 있다는 판단 때문이다. 더욱이 한국독립운동사가 적지 않게 외면을 받거나 아주 오래된 역사로 치부되곤 한다. 그런데 한국독립운동은 일제의 침략에 맞서 조국의 독립을 염원하며 제 한 몸을 아끼지 않고 희생을 무릅 쓴 매우 고귀하고 역사적인 행위였다면, 일제의 속박에서 벗어난 독립된 나라에 살고 있는 우리들이 그들을 기억해야 하지 않을까?

간혹 신문 기사와 방송 뉴스에서 학생들이 안중근과 윤봉길 의사가 어떤 독립운동을 했는지 혼동한다는 이야기가 들리곤 한다. 일반인도 이와 크게 다르지 않다. 3·1운동이 몇 년도에 일어났는지, 그 결과 대한민국 임시정부가 성립되었다든가, 대한민국이 이에 정통성을 부여하고 있다는 사실을 아는 이가 많지 않다. 이와 관련하여 여러 문제점을 지적할 수 있지만, 열악한 독립운동 관련 기념사업회의 현실을 지적하고, 이를 활성화하는 방안을 모색하고자 한다.

독립운동 관련 기념사업회의 역할

정부나 관련 기관이 직접 독립운동을 적극적으로 홍보하고 그 정신을 본받게 하는 일도 중요하지만, 독립운동 관련 민간단체를 뒷받침하여 다양한 활동을 펼칠 수 있도록 하는 일도 필요하다. 이에 독립운동과 관련된 대표적인 민간단체 중에서 국가보훈부에 등록된 독립운동(가) 관련 기념사업회에 주목하고자 한다. 국가보훈부는 1995년부터 재단·사단법인 형태의 비영리법인을 허가해 주고 있는데, 대상은 일제의 국권 침탈 전후로 국내외에서 항거, 순국하거나 그 사실이 있는 독립유공자에 대한 기념 사업을 하고자 하는 단체이다. '매헌윤봉길의사기념사업회', '도산안창호선생기념사업회'와 같이 '○○○ 의사·선생 기념사업회' 등의 이름으로 운영되는 단체들이다.

2024년 7월 현재 국가보훈부의 허가를 받은 순국선열, 애국지사와 관련한 법인 기념사업회는 모두 136개(재단 9개, 사단법인 116개)이다. 독립운동가를 기리는 곳은 93개, 독립운동 단체를 기리는 곳은 44개이다. 사무소 주소지별로는 서울 70개 · 경기 16개 · 전북 9개 · 경북 9개 · 경남 6개 · 전남 4개 · 부산 5개 · 충남 4개 · 충북 3개 · 대구 2개 · 울산 2개 · 광주 2개 · 대전 1개 등으로 분포되어 있다.

연대별로 설립 상황을 보면, 1955년 2월 '일성이준열사기념사업회'가 처음으로 만들어진 이후 1960년대 1개 · 1970년대 5개 · 1980년대 6개 · 1990년대 16개 · 2000년대 46개 · 2010년대 42개가 등록되었다. 2000년대에 들어 증가하는 추세다. 이는 기념사업회의 설립 일자가 아닌 법인 등록 일자로 정리한 수치이다. 가령 '백범김구선생기념사업협회'는 1949년 8월에 설립되었지만, 1992년 7월 임의단체에서 사단법인으로 등록되었다.

독립운동가 77명을 공훈별로 살펴보면, 2024년 7월 현재 대한민국장 18명/30(5)명 · 대통령장 19명/92(11)명 · 독립장 31명/821(35)명 · 애국장 13명/4,315(4)명 · 애족장 6명/5,682(12)명 · 건국포장 3명/1,270(3)명 등이다['/' 뒤의 숫자는 전체 인원이고 ( )는 외국인 수].

대한민국장은 건국훈장 가운데 가장 높은 등급인데, 외국인을 제외한 독립운동가 대부분 기념사업회가 설립되어 있다. 다만 이승훈은 문화재단 형태로 운영되고 있다. 안타깝게도 민영환 · 임병직 · 조병세 · 오동진 등의 기념 사업회는 만들어지지 않았다. 다음 등급인 대통령장은 18.5% 정도이며, 외국인 중에서는 유일하게 '배설(베델)선생기념사업회'가 있다. 2018년 11월에야 '석오이동녕선생선양회' 발기인대회가 개최되었다. 이하 독립장이 0.3%, 애국장이 0.02%에 불과하여 무의미할 정도이다. 43개의 기념사업회는 지역별 · 운동별로 설립되었다.

그중 '3 · 1동지회', '3 · 1여성동지회', '민족대표33인기념사업회' 등 3 · 1운동 관련 단체가 가장 많고, 다음으로는 의병 관련 기념사업회가 많다. 독립운동 단체 중심의 기념사업회는 '대한민국임시정부기념사업회' 등이고, '경상북도독립운동기념관' 등 지역 출신의 독립운동가들을 선양하기 위한 기념사업회가 활동하고 있다.

기념사업회의 주요 사업은 순국선열과 애국지사의 탄신·의거·순국일 등에 대한 추모·기념식에 집중되는 경향이 강하다. 이는 정부 보조금이 추모제나 기념식에 치중되어 있기 때문이다. 하지만 그마저도 단체별로 선별적으로 이뤄지며 액수도 그리 많지 않다. '의사(義士)'들의 뜻을 후대에 기리는 문화 행사나 이를 학술적으로 뒷받침하기 위한 연구 발표 등은 언감생심이다. 그러다 보니 재단이나 현충 시설인 기념관 외에는 다채로운 행사를 기획하기 어렵고 대부분 자비로 운영하는 열악한 실정이다. 기념사업회도 부익부 빈익빈 현상이 심해지고 있다. 기념사업회 측은 허가를 내준 정부의 지원을 바라고, 정부 측은 지원에 대한 법적 근거가 없다는 말만 되풀이하고 있다.

어떻게 활성화할 것인가?

기념사업회는 여러 독립운동가와 독립운동 단체를 기리기 위해 만들어졌으며 전국에 걸쳐 있다. 이러한 점에서 기념사업회가 국민에게 한 발짝 더 다가가 독립운동의 의미를 알릴 수 있는 단체임은 틀림없다. 이에 기념사업회의 문제점을 살펴 활성화할 방안을 찾아야 한다.

첫째, 정부 측은 법률을 수정해서라도 기념사업회 지원을 늘려야 한다. 대중에게 널리 알려진 몇몇 독립운동가 혹은 단체 중심의 기념행사에 그쳐서는 안 된다. 오히려 기념사업회를 늘려 다양한 독립운동의 선양 사업이 이루어져야 한다.

둘째, 기념사업회 측은 특정 독립운동가의 업적만 내세우는 것을 지양해야 한다. 독립운동가별로 기념식을 치르기보다는 기념일에 맞춰 관련 기념사업회가 공동으로 기념행사를 하는 방안도 고려할 수 있을 것이다. 가령 청산리·봉오동 전투와 관련한 각종 행사는 김좌진, 홍범도, 최운산 등의 기념사업회가 공동으로 기념행사를 개최하면 어떨지 생각해 본다.

셋째, 기념사업회 사무소가 서울에 편중된 것도 해결해야 한다. 지역에서 운영되고 있는 기념사업회의 경우, 지자체의 재정 지원을 받거나 보훈부에서 참관하여 사업 활성화를 도모하고 있다. 독립운동가 출신지 혹은 활동지에 기념사업회가 꾸려져야 할 것이다.

마지막으로, 기념사업회의 행사는 기존 방식에서 탈피해야 한다. 청년층이나 학생들까지도 아우를 수 있는 문화 행사로 바꾸어야 한다. 그래야만 독립운동의 정신을 계속해서 이어 나갈 수 있는 것이다.

정부와 기념사업회는 '독립운동 선양 사업'이라는 같은 목표를 가지고 있지만, 안타깝게도 그들의 시선은 점차 다른 곳을 향하고 있는 듯하다. 그 의미를 더 드높이고 지속하기 위해서는 독립운동 관련 사업을 전반적으로 되돌아보고, 문제점을 점검하여 개선해야 한다.

국외에서 활동한 독립운동가와
그 후손들에 대한
'국적법' 예우

2019년에 들어 대한민국 국적을 취득한 국외 독립운동가 후손들의 기사를 자주 접한다. 2023년 7월에도 20명이 새롭게 대한민국 국적을 취득했다. 이들은 〈국적법〉 제7조 및 같은 법 시행령 제6조에 따라 대한민국 국적을 얻었다. 독립운동가 후손이 지방 출입국이나 외국인 관서에 국적 취득을 신청하면, 법무부는 대검찰청(과학수사부) 등과 공조해 DNA 검사를 거쳐 독립유공자 후손 여부를 신속히 확인해 국적을 부여하고 있다. 그런데 독립한 지 74년이 지난 지금에 와서야 국적을 취득한 이들도 있다. 왜, 이렇듯 오랜 시간이 걸렸는지 살펴보고, 그 의미를 되짚어 본다.

비로소 조국으로 돌아온 독립운동가의 유족들

1910년 8월 국권 피탈 전후로 많은 독립운동가는 독립운동기지 개척과 무장투쟁을 목적으로 두만강과 압록강을 건넜다. 이들은 만주, 연해주 등지에서 독립운동을 이어 나갔다. 그 가운데는 사망하여 고국으로 돌아오지 못했거나, 해방 후 남북으로 분단된 상황에서 고향으로 돌아갈 기회를 놓친 이들도 있었다. 특히 중국이 공산화되면서 귀환길이 가로막혀 적지 않은 독립운동가와 가족이 중국인으로 살아가야 했다.

이후 40여 년이 지난 1992년, 한중 수교를 전후로 중국 내 독립운동가 유족들의 귀환이 가능해졌다. 세월이 흐른 만큼 세상을 떠난 독립운동가보다 그 유가족의 귀환이 먼저 이루어졌다. 1989년 1월 독립운동가 김동삼의 유족이 최초로 영주 귀국하였다. 정부는 '국적 판정'이라는 절차를 통해 그들이 대한민국 국민임을 인정했다. 1994년 12월에는 광복 50주년을 맞아 독립유공자와 그 유족 또는 가족의 생활 안정과 복지 향상을 목적으로 하는 '독립유공자예우에 관한 법률'을 별도로 제정하였다. 그들의 영예로운 생활을 유지·보장할 수 있는 실질적인 보상이 이루어져야 한다는 취지에서였다.

■ 국적회복 심사절차와 문제점

2008년도 독립운동가 후손 국적회복 심사 절차

독립유공자 후손 재외 동포 21명 '대한민국 국적' 취득(2020.8.12.) (법무부)

　하지만 '국적 판정'은 영주 귀국하는 소수에게만 적용되어 해외 동포사회에 불만을 초래했다. 그뿐 아니라 본래 거주하던 나라의 공민을 우리 국민으로 취급하여 외교적 마찰을 빚었다. 이에 1997년, 우리 정부는 특별히 중국과 러시아 교포를 외국인으로 간주해 귀화나 국적회복을 통해 대한민국 국민이 될 수 있도록 법을 바꾸었다. 2010년 개정된 '국적법'에 따라 독립유공자 후손의 경우 그들의 배우자나 직계비속 등은 나이에 상관없이 언제든지 국적회복을 신청할 수 있고, 복수국적도 허용되었다.

　2018년 12월 '국적법 시행령'이 개정되면서 법무부 장관의 국적회복 허가 후에 재외공관장 앞에서 국민 선서 제창 및 국적회복 증서를 받으면 즉시 대한민국 국적회복이 허가되었다. 정부는 이들의 정착을 돕기 위한 지원금도 지급하고 있다.

　2004년부터 2024년 7월까지 대한민국 국적을 얻은 독립유공자 후손은 모두 1,345명에 달한다. 그들의 이전 국적은 중국이 90% 이상으로 압도적이며, 그다음으로 러시아가 많다. 우즈베키스탄·쿠바·카자흐스탄·

미국·우크라이나·투르크메니스탄·일본·캐나다 출신도 있다. 아쉬운 것은 대한민국 국민이 되었으나 정착하기가 어려워 원래 살던 나라로 되돌아가는 후손도 적지 않다는 점이다. 후손들에 대한 예우를 다시 한번 생각해야 할 때가 아닌가 싶다.

국적을 잃은 대한민국의 독립운동가

독립유공자의 국적회복은 이보다 더뎠다. 1912년 3월, 일제가 조선의 호적을 정리하려고 제정한 법령인 '조선민사령' 때문이다. 해방 이후 정부는 '조선민사령'을 근거로 대한민국 국적을 부여했기 때문에 독립운동을 위해 일제 치하 시기 중국이나 연해주 등지로 망명한 독립운동가들은 무국적자가 되고 말았다. 그 후손들 또한 재산상속은 물론 교육 혜택과 직업 선택의 기회도 얻지 못하는 '법적 사생아'가 되었다.

일제강점기 독립운동가·사학자·언론인으로 활동하며 민족의식 고

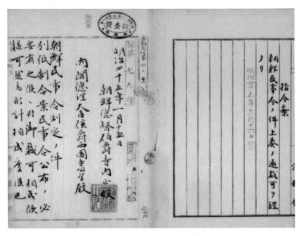

조선민사령(1912.1.)

(좌) 신채호 사당, (우) 신채호 묘소

취에 힘썼던 단재 신채호가 대표적인 경우다. 신채호는 1910년 4월 중국으로 망명하였기 때문에 당시 호적에 이름을 올리지 못했다. 그는 1936년 2월 뤼순감옥에서 한 많은 생을 마감하였다. 이후 그의 유골은 고향인 청주 낭성면 귀래리로 귀향했지만, '무국적자'라는 이유로 매장에 어려움을 겪었다.

그런데 해방 후 정부는 이 문제에 적극적으로 나서지 않았다. 1962년 3월, 신채호에게 건국공로훈장 대통령장이 추서되었지만 아이러니하게도 그는 여전히 대한민국 국민이 아닌 무국적자였다. 1978년 그의 묘소 옆에 사당을 지어 영정을 봉안하고 기념관이 세워지는 동안에도 정부 차원에서의 국적회복을 위한 노력은 없었다. 신채호의 후손은 외가 호적에 이름을 올린 채 살다가 대법원 청원을 통해 '신채호'라는 이름 석 자를 큰아들 신수범(사망) 호적에 올렸다. 그러나 호적등본은 큰아버지 이름으로만 뗄 수 있었다.

신채호뿐만 아니다. 독립운동가 상당수가 같은 문제를 안고 있었다. 나라를 위해 자신을 희생한 분들이 일제가 만든 제도 때문에 독립 후에 국적 없는 유령이 된 것이다. 이상룡·홍범도·김규식·이상설 등을 비롯한 300여 명의 독립운동가가 무국적·무호적 상태였다. 1932년 6월에 생을 마감한 이상룡은 1911년 1월 서간도로 망명한 뒤로 중국 내에서

(왼쪽부터) 이상룡·홍범도·김규식·이상설

활동했다. 그로부터 80년 만인 1990년에 그의 유해가 중국 헤이룽장성에서 고국으로 돌아왔지만, 여전히 무국적자 신분을 벗어나지 못했다.

2005년 8월, 한나라당 임인배 의원을 비롯한 여야 의원 20명의 서명을 받아 '국적법 일부개정법률안'이 발의됐다. 핵심 골자는 '순국선열로서 일제 통치하에서 국적을 갖지 않았거나, 외국의 국적을 보유한 상태로 사망한 자에 대해 대한민국 국적을 취득한 것으로 간주한다'라는 내용이다.

또한 열린우리당 김원웅 의원 등 여야 의원 38명도 '국적법 개정안'을 국회에 제출했다. 주된 내용은 '독립운동에 이바지한 조선인으로서 일제강점기 때 무국적 상태로 있다가 1945년 8월 15일 대한민국 정부 수립 이전에 사망한 자는 대한민국 국적을 가진 자로 본다'라는 것이다.

두 법안은 국적회복 대상을 무국적자로 할 것인지, 국외 국적자까지 포함할 것인지에 대한 약간의 차이만 있을 뿐 근본 취지는 같았다. 그러나 법은 해를 넘겨 자동 폐기됐다. 이미 법적으로 독립운동가를 우리 국민으로 여겨 왔으며 사망자에게 소급해서 국적을 부여하는 일은 '국적법' 체계를 뒤흔들 수 있다는 법조계의 주장이 강했기 때문이다. 정부도 조선족·고려족 등의 국적 문제로 비화할 것을 우려했다.

무국적 독립운동가의 대한민국 국적 취득

그리하여 정부는 2009년 2월, '독립유공자예우에 관한 법률에 의한 가족관계등록 사무처리규칙'을 제정하여 무국적 독립운동가들도 '가족관계등록부(옛 호적부)'에 등재될 수 있도록 하였다. '국적법'을 개정하는 것보다 쉬운 방법을 택한 것이다. 당시 국가보훈부는 가족관계등록부는 생존해 있는 사람을 기준으로 작성되는 것이지만, 법 개정을 통해 "현재까지 등록부가 존재하지 않은 독립유공자들이 등록부를 만들 수 있도록 하여 명예 선양과 그 후손들의 자긍심 고취 등의 효과가 있을 것으로 기대된다."라며 의미를 강조했다.

이에 2009년 4월 신채호·이상룡 등 62명의 독립운동가가 가족관계 등록부를 통해 해방 64년 만에 대한민국 국적을 부여받았다. 그렇다고 모든 문제가 풀린 것은 아니다. 아직도 무국적 독립운동가가 있고, '국적법'이 개정되지 못해 경술국치 이전 독립운동가의 재산권을 후손들이 행사하지 못하고 있다.

신채호의 며느리 이덕남의 말이 묘한 여운을 남긴다. "친일파들은 당시 조선의 귀족이었잖아요? 국적도 있고 호적도 척척 올리고 후손들에게 물려줄 땅도 수십만 평에 이르죠. 친일파 재산을 환수해도 한이 안 풀리는데, 있는 땅에서 조상의 넋을 기리며 살고 싶은 이 소망마저 짓밟히니 정말 이민이라도 가고 싶습니다." 일본으로부터 독립했지만, 아직도 일제강점기 때의 법령에서는 독립하지 못했다는 쓸쓸한 감정을 지울 수 없다.

포상을 받은, 받지 못한
그리고 잘못 포상된
독립운동가

해방 후 친일파 청산과 독립운동가 포상

1945년 8월 해방 직후 우리 역사에서 가장 안타까운 것은 스스로 정부를 수립하지 못하고 독립을 위해 헌신한 분들을 대우하지 않은 것과 친일파를 단죄하지 못한 것이다. 제2차 세계대전 후 미·소 간의 냉전체제 속에서 남과 북으로 분단된 한반도에 해방된 지 만 3년이 지나 1948년 8월, 9월 이념을 달리하는 각기 다른 정부가 세워졌다.

1948년 9월, 정부가 수립되자마자 제헌 국회가 친일파 처단을 위한 '반민족행위처벌법'을 제정하고 '반민족행위특별조사위원회'가 구성됐다. 하지만, 안타깝게도 반민특위는 친일파 세력에 의해 활동한 지 1년도 채 되지 않아 와해되고 말았다. 미군정 이후 대거 등용된 친일파가 반공 세력으로 변신에 성공한 뒤 이승만의 정권 장악과 유지에 핵심적 역할을 한 결과였다.

정부가 수립되었지만, 독립운동가 포상도 제대로 이뤄지지 않았다. 1949년 4월 '건국공로훈장령'이 제정되었지만, 대통령 이승만과 부통령

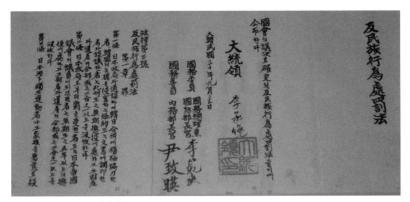

법률 제3호 '반민족행위처벌법' 공포문(1949.10.)

이시영이 최초로 최고 등급인 1등급을 수여받았을 뿐이었다. 이후 10여 년 동안 이승만 정권하에서 더 이상의 포상은 없었다. 친일파 처단이 미완성으로 끝맺은 것과 독립운동가가 포상되지 않은 것은 상통한다.

그 뒤 아이러니하게도 1962년 군사쿠데타로 권력을 쥔 박정희 정권에 의해 독립운동가 포상이 이뤄졌다. 이는 조선 시대 효종과도 비견된다. 소현세자가 죽고 왕위에 오른 동생 효종은 왕권의 발생 가치가 법통에 어긋난다는 거센 반발에 부딪혔다. 소현세자의 아들이 왕권을 이어야 함에도 동생 효종이 등극한 것에 대한 문제 제기였다. 이는 효종 사후 제1, 2차 예송논쟁이 벌어질 정도로 그의 왕권 발생 가치, 즉 정당성에 하자가 있었음을 보여준다. 이러한 한계점을 지녔던 효종은 궁리 끝에 병자호란의 원수인 청나라에 복수하겠다며 북벌론을 제기하여 당시 백성들로부터 큰 호응을 얻고 불안한 왕권을 안정시켰다.

군사쿠데타로 정권을 잡은 박정희도 이와 크게 다르지 않았다. 그는 정권 발생 가치의 하자뿐만 아니라 자신의 친일 경력까지 감추고자 민족주의를 전면에 내세웠다. 자신이 민족주의자인 냥 독립운동 의미를

(왼쪽부터) 건국훈장, 대한민국장, 대통령장, 독립장, 애국장, 애족장

강조하였고, 독립운동가 포상을 재개한 것이다.

이에 1962년 문교부 산하 국사편찬위원회의 주관으로 김구·안중근·윤봉길 등 204명에게 건국훈장이 추서되었다. 이후 1963년 내각사무처, 1968년 총무처를 거쳐 1977년부터 국가보훈부(현 국가보훈부)가 주관 부처로서 독립운동가를 포상하고 있다.

1967년 2월 '상훈법'이 제정되면서 독립운동가뿐만 아니라 국가유공자 전반에 걸쳐 포상이 이뤄졌다. 이때 건국공로훈장은 등급별로 차등을 두어 건국훈장·대한민국장·대통령장·국민장 등으로 구분되었다.

1990년 1월에 '상훈법'이 개정되어 국민장이 독립장으로 바뀌었고 애국장, 애족장 등 훈장 등급이 증설되어 지금에 이르고 있다. 이 외에도 건국포장과 대통령 표창을 포함하여 모두 7개 등급으로 나누어 포상이 이뤄지고 있다.

이처럼 독립운동가 포상은 1962년에 재개되었지만, 1963년·1968년·1980년·1982년·1986년에 이뤄져 비정기적으로 진행되었다. 이를 역사적인 상황과 빗대어 보면, 1963년 제3공화국 출범, 1968년 3선 개헌, 1980년 5·18민주화운동, 1982년 일본의 역사 교과서 왜곡 파동, 1986년 대통령 직선제 개헌 등과 무관하지 않다. 즉, 박정희, 전두환 정권이 불안정하거나 정치적으로 분란이 커서 국민들의 관심을 다른 것으로 돌리고자 할 때마다 독립운동가를 포상한 것이다.

매년 정부가 독립운동가를 포상한 것은 1990년 이후에나 가능했다. 정부는 삼일절과 광복절 그리고 때에 따라 대한민국 임시정부 수립 기념일(4.13.)*이나 순국선열의 날(11.17.)에 포상하였다. 그 결과 2024년 7월 현재 전체 포상된 독립유공자는 18,018명에 달한다.

우리가 외면한 독립운동가

그런데 18,018명에는 누구나 독립운동가로 알고 있는 인물들이 적지 않게 빠져 있다. 2015년에 개봉한 영화 〈암살〉(최동훈 감독)은 1,200만 명, 2016년에 개봉한 영화 〈밀정〉(김지운 감독)은 750만 명이 관람하며 큰 인기를 끌었다. 예전과 달리 독립운동 관련한 영화로서 대흥행을 기록한 것이다. 이들 영화는 김원봉이 이끈 의열단 활동을 그리고 있다. 영화를 통해 세상 사람들에게 주목받은 인물이 김원봉이다. 하지만 안타깝게도 그는 정부가 인정한 독립운동가가 아니다. 그가 1948년 4월 평양에서 열린 남북연석회의에 참여했다가 북한에 잔류하였고, 이후 북한 정권에서 국가검열상(감사원장), 노동상(노동부 장관) 등 고위직을 지냈다는 이유에서 독립운동가 포상이 거부되었다. 그런데 공산주의자도 아니었

---

* 2018년까지 대한민국 임시정부 수립 기념일을 4월 13일로 보고 기념식을 거행해 왔으나, 2019년부터 임시정부가 국호와 임시헌장을 제정하고 내각을 구성한 4월 11일로 변경되었다.

(왼쪽부터) 〈암살〉, 〈밀정〉 영화 포스터

남북연석회의에 참석하여 연설하는 김원봉(1948.4.)

던 그가 북한을 선택할 수밖에 없었던 것은 남한 내에서 활개를 치던 친일파들이 못마땅한 점이 컸기 때문이다. 해방되었지만, 독립을 위해 많은 것을 희생했던 독립운동가들은 최소한의 대우도 받지를 못하는 반면, 척결 대상이었던 친일파들이 오히려 권력을 이어 가는 왜곡된 정치 상황에서 그는 북한을 선택하였다. 하지만, 북한을 선택한 김원봉이 고위직을 지냈다고 하지만, 6·25전쟁 이후 북한 내 권력 다툼에 휘말려 1958년 김일성에 의해 숙청되고 말았다. 결국 김원봉은 남과 북 모두에서 외면을 받는 독립운동가로 남고 말았다.

2019년에 개봉한 영화 〈말모이〉(엄유나 감독)의 실제 주인공 이극로도 그러한 인물 중의 한 사람이다. 그는 백과사전에 한글학자·북한의 정치인이라 규정되어 있다. 그는 1942년 10월 '조선어학회 사건'으로 검거되어 징역 6년 형을 선고받고 함흥형무소에서 복역하다가 1945년 8월 광복을 맞아 풀려났다. 하지만 1948년 4월 그 역시 남북연석회의에 참여했다가 월남하지 않고 북한에 남아 활동하였다는 이유로 독립운동가로 인정받지 못하고 있다.

이러한 행태는 정부가 독립유공자를 "일제의 국권 침탈(1895) 전후로부터 1945년 8월 14일까지 국내외에서 일제의 국권 침탈을 반대하거나 독립운동을 하기 위해 항거한 인물"로 규정해 놓고는 스스로 이를 저버리는 것이 아닌가 싶다. 오늘날 남북한이 휴전선을 두고 대립하고 있지만, 당시 그들은 남과 북, 둘 중에 하나를 택해야 하는 상황에 처했고, 자신들의 신념에서 하나를 택한 것이다. 오로지 일제로부터 독립만을 염원하고 활동하였던 독립운동가들의 선택을 인정해줘야 마땅하다고 본다.

이뿐만 아니다. 독립운동을 하였지만 문서 자료가 남아 있지 않거나,

정부가 정한 포상 기준에 미치지 못하여 공훈 대상에 포함되지 못한 경우도 많다. 이러한 문제를 개선하기 위해 2018년 4월 정부는 포상 심사 기준을 개정하여 완화했다. 관련 내용을 살펴보면, 3개월로 되어 있던 최소 수형·옥고 기준을 폐지하여 3개월 이하라도 독립운동으로 인해 옥고를 치른 경우, 독립운동에 적극적으로 참여하여 퇴학을 당한 경우, 실형을 받지 않았더라도 적극적인 독립운동 활동 내용이 분명한 경우 등이 이에 해당한다.

이는 매우 고무적인 일이지만, 사료 입증이 되지 않아 서훈 심사에서 번번이 탈락하여 독립운동가로 인정받지 못하는 경우도 풀어야 할 또 하나의 숙제이다. 이 외에도 한 사람의 공적을 놓고 두 사람에게 이중으로 포상하게 된 소위 '가짜 독립운동가' 문제, 새롭게 친일 경력이 드러난 포상 독립운동가의 삭훈(削勳) 문제 또한 엄격히 해야 한다.

공정하고 형평성 있는 포상 심사는 독립운동가의 숭고한 정신과 행동을 우리에게 보여 줄 수 있는 객관적인 지표가 된다. 어느 독립운동가든지 포상 정도가 높거나 낮거나 상관없이 국민 누구나 존경하고 기리는 인물이 되어야 한다. 나를 중심으로 살아가고, 자꾸만 이타심이 작아지는 작금에 우리에게 위대한 독립운동가의 고아한 기상과 바른 정의는 끊임없이 기억되어야 할 것이다.

대한민국 임시정부의
독립공채,
얼마나 상환되었는가

독립공채란, 대한민국 임시정부가 부족한 재정을 메우고자 발행한 채권을 말한다. 독립운동에 필요한 재정은 중국 상하이에 주재한 동포에게 인구세(人口稅)를 부과하거나 국내외 각지에서 보내 주는 군자금으로 충당하였다. 하지만 그것만으로는 충분치 않아 궁여지책에서 비롯된 것이 독립공채였다.

임시정부가 1920년 4월부터 이를 시행하였으니, 지금으로부터 100년도 더 전의 일이다. 발행 당시엔 독립 후 5년에서 30년 이내에 원리금을 갚겠다고 하였다. 그런데 독립한 지 80년이 다 되어 가는 지금까지 독립공채는 얼마나 상환되었을까?

대한민국 임시정부의 독립공채 발행

대한민국 임시정부는 독립운동 자금을 마련하고자 중국 상하이와 미

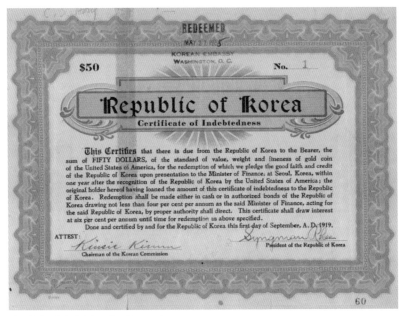

미주의 이승만이 발행한 독립공채(1919.9.)

상하이 임시정부 재무 총장 이시영이 발행한 독립공채(1919.11.)

葉錢과 '엿장사'
25年 前 獨立公債發現

《경향신문》 1949년 6월 22일 자

주에서 두 종류의 독립공채를 발행하였다. 전자는 대한민국 임시정부에서 발행한 원화 표시 채권이고, 후자는 미주 구미위원부가 발행한 달러 표시 채권이었다. 임시정부 발행 원화 채권 액면가는 100원, 500원, 1천 원 등 3종으로, 초대 재무 총장 이시영의 직인이 찍혀 있고 금리는 연 5%였다. 미주 구미위원부의 달러화 채권은 임시정부 초대 대통령 이승만의 이름으로 발행되었는데 10달러, 25달러, 50달러, 100달러, 1천 달러 등 5종이었고 금리는 연 6%였다. 상환 시 연 단위 복리 이자를 적용키로 했다.

그러나 독립공채를 얼마나 발행했는지, 누가 이를 구매하였는지에 대한 기록은 남아 있지 않다. 주권을 잃은 식민지국의 채권이 국제 시장에서 유통될 리 만무했다. 이에 대부분은 우리 민족 구성원이 구매했을 테지만, 독립한 후 상환 받을 수 있을까 하는 의구심에 선뜻 나서기도 어려웠을 것이다. 그런데도 누군가는 독립을 염원하며 기꺼이 이를 구매하였다.

해방 후 1949년 6월 22일 자《경향신문》에 처음으로 독립공채와 관련한 기사가 보도되었다. 그런데 기사 제목은 '지난날의 독립운동은 이렇게 했다'였다. 1948년 8월 15일 대한민국 정부가 들어섰고, 게다가 발행

《동아일보》 1950년 6월 10일 자

주체인 이승만이 다시금 대통령이 되었을 때이지만, 독립공채를 상환하
겠다는 기사는 아니었다. 신문 기사는 25년 전 발행한 독립공채 채권이
발견되었다며, 전북 옥구군(현 군산시) 대야면 산월리에 사는 임영선이 임
시정부 요인으로부터 공채를 매입했던 일화를 소개하는 내용이었다.

그 뒤 이승만은 1949년 12월 기자회견에서 독립공채를 가진 자에게
갚겠다고 언급하였지만, 그것은 주미대사를 통해 외국인에 한해서 그리
하겠다는 것이었다. 임시정부 발행 독립공채 언급은 없었다.

독립공채 상환과 관련해서는 《동아일보》 1950년 6월 10일 자에 처음
거론되었다. 서울 종로구 명륜동에 사는 안 모 씨(62세)의 남편이 미국에
서 매입한 100달러 독립공채를 일본 경찰의 눈을 피해 간직해 왔고, 대
한민국 재무부를 찾아가 상환해 달라고 요청하였다는 내용이다. 하지만

재무부 직원은 법적인 근거가 없다며 그를 돌려보냈다고 한다. 그때 상환되었다면 25만 원 이상이었다고 하니 지금 가치로 환산하면 15억 원이 넘는 큰 금액이었다. 그러나 6·25전쟁이 발발하면서 관련 법 제정은 이뤄지지 않았다. 그러다가 전쟁 중인 1953년 1월 구미위원부가 1919년에 발행한 공채에 대해서만 6개월 내로 신고서를 작성하여 외무부 통상국에 제출하면 상환해 주겠다는 방침이 정해졌을 뿐이다. 이는 그동안 미뤄졌던 독립공채 상환이 이뤄졌다는 점에서 일보 진전한 바가 있었지만, 임시정부가 발행한 독립공채 상환은 제외된 반쪽에 불과했다.

독립공채 상환에 대한 조치

1962년 1월, 전북 군산의 이병주가 박정희 정권을 상대로 일제강점기 때 땅속에 묻어 뒀던 독립공채 1천 원권 3장을 상환해 달라고 하면서 변화를 맞는 듯하였다. 이는 작고한 아버지 이인식이 40여 년 전 일본 경찰의 눈초리를 피해 간직했던 대한민국 임시정부가 발행한 독립공채였다. 이인식은 가산(家産) 1만 석을 팔아 8천 원의 독립공채 8장을 매입하였다. 이후 그는 엄혹한 일제강점기에 3장은 병 속에 넣어 선산에 파묻었지만, 5장은 일본 경찰의 가택 수색 당시 발각될 위기에 처하자, 화장실에서 찢어 버렸다고 한다. 이병주가 남은 3장으로 공채 상환을 청구한 것이다.

이병주는 그 돈으로 선친의 묘소에 비석이라도 세울 요량이었다. 하지만 5·16 군사쿠데타로 권력을 잡은 박정희 정권은 '임정 공채에 관한 임시특례법'을 만들 것처럼 하고서는 끝내 외면했다. 그 뒤로도 간간이

《경향신문》 1962년 1월 26일 자

《조선일보》 1983년 12월 10일 자

독립공채를 상환해 달라고 요청하는 사례가 있었지만, 근거법이 없다며
거절당하기 일쑤였다.

독립공채 삽니다
中國신문에 광고

박재현 기자

우리정부가 임시정부 발행 독립공채를 갖고 있는 사람을 찾기 위해 중국 유력 일간지에 광고를 낸다.

재경원은 임시정부 독립공채상환이 내달말로 끝나기전에 중국 인민일보 상해신문 연변신문 3개 일간지에 「독립공채 찾기」광고를 내기로 했다고 밝혔다.

재경원은 이를 위해 2천만원상당의 광고비를 책정, 대사관 등을 통해 광고문안에 대한 협의를 벌이고 있다.

재경원은 독립공채 신고대상자가 연변지역의 2~3세교포들일 가능성이 높다고 보고 이들을 대상으로 홍보를 하기 위해 곧 연변지역에 우리 대표단을 파견키로 했다고 설명.

국내에서는 52~53년, 84~87년 두 차례에 걸쳐 독립공채상환작업을 벌였으나 해외교포들에게는 아직 홍보가 제대로 되지 않았다는 것.

독립공채는 상하이(上海) 임정이 독립운동에 필요한 자금을 모으기 위해 발행한 국채로 원화표시와 미달러표시 채권 두가지가 있다.

《경향신문》 1949년 6월 22일 자

1983년 12월 '독립공채 상환에 관한 특별조치법안'이 국회를 통과하면서 비로소 1984년 7월부터 상환받을 수 있게 되었다. 이를 위해 '독립공채상환위원회'도 신설되었다. 다만, 특별조치법은 남한에 거주하는 사람이 1984~1987년 이내에 신고한 독립공채만 상환하도록 제한을 두었다. 하지만 많은 시간이 흐른 뒤였기에 신청자가 적고, 1990년대 독립운동의 주된 무대였던 러시아와 중국 등과 국교를 맺게 되자, 정부는 신고 기간을 연장하였다(1994~1997년). 또한 정부는 이를 국외에 알리고자, 중국의 연변방송, 《흑룡강신문》, 《길림신문》 등에 '독립공채 찾기'라는 광고도 냈다.

그런데도 신고 건수가 예상보다 적어 기간을 2000년까지로 늘렸다. 하지만 그 수는 크게 늘지 않았다. 그만큼 세월이 많이 흘러 당사자들이 작고하였으며, 그동안 분실한 것 또한 적지 않았기 때문이다. 후손들 가운데는 독립공채에 관해 전연 모르는 경우도 적지 않았다. 간혹 신문에 '독립 염원 공채-편지 74년 만에 햇빛'이라는 기사가 실리곤 했다. 하지만 결과는 1차(1984~1987년) 33건에 4,229만 원, 2차(1994~1997년) 1건에 564만 원, 3차(1998~2000년) 23건에 2억 9,448만 원으로 모두 57건에 3억 4천여만 원에 불과했다.

신고 기간이 2000년 12월 31일부로 끝난 뒤로는 상환 문의조차 뜸해졌고, 2009년에는 독립공채상환위원회도 없어졌다. 다만 '특별조치법' 조항 가운데 "군사분계선 이북 지역에 거주하거나 미(未)수교국에 거주함으로 인하여 그 신고 기간 내에 신고할 수 없는 자에 대한 신고 기간은 따로 대통령령으로 정한다."라는 규정이 있어 독립공채 상환은 아직도 유효하다.

비록 대한민국 정부가 독립하면 5년에서 30년 이내에 갚겠다던 약속은 제대로 지키지 못했지만, 북한 주민들이 가진 독립공채에 대해서 '독립하면 상환한다'라는 약속을 지킬 수 있기를 바란다.

독립운동은
'통일운동'으로
이어져야 한다

우리가 해결해야 하는 미완의 역사

해방 직후인 1945년 9월, 연합군사령관 맥아더가 '일반명령 제1호'로 북위 38선을 경계로 하는 '미소분할점령책'을 발표했다. 이로부터 한반도가 남북으로 분단되었으니, 벌써 80년이 다 되어 간다.

우리 역사는 고구려·백제·신라의 삼국 시대를 지나 발해와 신라의 남북국으로 재편되었고, 후삼국을 거쳐 고려로 통합되었다. 비록 발해 영토를 상실했지만, 고려가 들어서면서 발해 유민들을 받아들여 진정한 통일국가의 시대를 열었다. 천자국, 황제국을 자처한 고려의 태조 왕건이 하늘의 뜻을 받아들였다 하여 '천수(天授)'를 연호로 정한 것도 이와 무관하지 않다.

이후 우리 역사는 하나의 국가로 존재해 왔다. 1910년 8월, 국권 피탈을 당하기 전까지는 말이다. 하지만 일제 35년간의 식민 통치를 당한 뒤 미·소 강대국 사이의 냉전 시작과 더불어 38선을 경계로 한반도는 남북

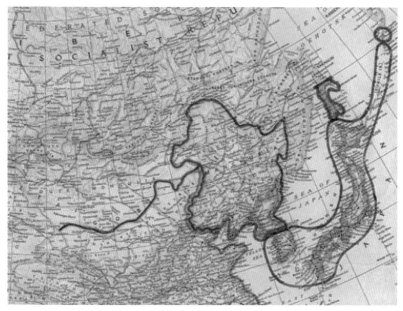

'일반명령 제1호'에 첨부된 한반도 미소 분할 지도(1945.9.)

으로 갈렸다. 고려가 건국된 이후 1천 년 만에 처음 벌어진 일이다. 우리의 역사를 5천 년이라 한다면, 상당히 긴 시간이 흐른 시점이었다.

긴 호흡으로 우리 역사를 본다면 남과 북이 하나가 될 것은 자명할 것이다. 그렇지만 통일국가를 이루기 위해 잠시도 노력을 게을리하지 않는 것은 이 시대를 살아가는 우리의 역사적 사명이다. 우리를 강제로 침략한 일제를 탓할 수도 있고 미·소 간의 책임이라 물을 수도 있을 것이다. 하지만 이는 우리 스스로가 해결해야만 하는 민족문제이다.

해방 직후 임시정부의 통일운동

해방 직후 국외에서 풍찬노숙(風餐露宿)하며 독립운동을 전개하였던 인사들이 속속 국내로 돌아왔다. 이승만은 미국 뉴욕에서, 김구는 중국 충칭에서 남한으로 돌아왔고, 소련의 지지를 받던 김일성은 북한 평양에 모습을 드러냈다.

그런데 새로운 나라가 세워질 것이라는 기대는 1945년 9월 7일, 미군정이 공포한 〈미군정 포고령 1호〉에 의해 꺾이고 말았다. 미군정이 "38도선 이남의 조선과 조선인에 대하여 미군정을 시작한다"라고 선언했기 때문이다. 김구가 이끌던 대한민국 임시정부는 끝내 정부 자격을 인정받지 못했고, 요인들은 개인 자격으로 환국해야만 했다.

환국 직후 엎친 데 덮친 격으로 1945년 12월 모스크바 삼국 외상 회의에서 한반도를 미·영·중·소 4개국의 신탁 통치하에 둔다는 안이 발표되었다. 이에 크게 소용돌이치는 정국 속에서 김구는 제2의 독립운동을 천명하고 임시정부의 역할을 거듭 강조하였다.

김구는 내무장관 신익희에게 〈국자(國字)〉 제1호, 2호의 임시정부 포고문을 발령케 했다. 이는 미군정의 모든 한인 관리와 경찰들은 임시정부의 명령에 따를 것을 선포하는 내용으로 미군정과 정면 대치하는 조처였다. 이에 서울의 많은 경찰서장이 김구를 찾아와 충성을 맹세하기도 하였다. 이후 임시정부는 전면에 나서서 반탁운동을 전개하였다. 일제로부터 35년간의 식민 통치를 받다가 독립하였는데 또다시 열강의 신탁 통치를 받을 수 없다는 강력한 저항이었다.

이는 곧 임시정부 통일운동의 시작이었다. 1945년 12월 19일 오전 11시 서울운동장에서 거행된 대한민국 임시정부 개선 전국 환영대회에

G.H.Q. U.S. ARMY FORCES, PACIFIC
OFFICE OF THE COMMANDING GENERAL.
YOKOHAMA, JAPAN, 7 SEPTEMBER 1945

TO THE PEOPLE OF KOREA:

As Commander-in-chief, United States Army Forces, Pacific, I do hereby proclaim as follows:

By the terms of the Instrument of Surrender, signed by command and in behalf of the Emperor of Japan and the Japanese Government and by command and in behalf of the Japanese Imperial General Headquarters, the victorious military forces of my command will today occupy the territory of Korea south of 38 degrees north latitude.

Having in mind the long enslavement of the people of Korea and the determination that in due course Korea shall become free and independent, the Korean people are assured that the purpose of the occupation is to enforce the Instrument of Surrender and to protect them in their personal and religious rights. In giving effect to these purposes, your active aid and compliance are required.

By virtue of the authority vested in me as Commander-in-Chief, United States Army Forces, Pacific, I hereby establish military control over Korea south of 38 degrees north latitude and the inhabitants thereof. and announce the following conditions of the occupation:

조선 인민에게 고함

미국 태평양 방면 육군 총사령관으로서 이에 다음과 같이 포고한다.

일본 제국 정부의 연합국에 대한 무조건 항복은 아래 여러 국가 군대 간에 오래 행해져 왔던 무력 투쟁을 끝나게 하였다. 일본 천황의 명령에 의하고, 또 그를 대표하여 일본 제국 정부의 일본 대본영이 조인한 항복문서의 조항에 따라, 본관의 지휘 하에 있는 승리에 빛나는 군대는 금일 북위 38도 이남의 조선 영토를 점령한다.

조선 인민의 오랫동안의 노예 상태와 적당한 시기에 조선을 해방 독립시키려는 연합국의 결심을 명심하고 조선 인민은 점령의 목적이 항복문서를 이행하고 그 인간적, 종교적 권리를 확보함에 있다는 것을 새로이 확신하여야 한다. 따라서 조선 인민은 이 목적을 위하여 적극적으로 원조 협력하여야 한다. 본관(本官)은 본관에게 부여된 태평양 방면 미 육군 총사령관의 권한으로써 이에 북위 38도 이남의 조선과 조선 주민에 대하여 군정을 세우고 다음과 같은 점령에 관한 조건을 포고한다.

제1조 북위 38도 이남의 조선 영토와 조선 인민에 대한 통치의 전 권한은 당분간 본관의 권한하에서 시행된다.

제2조 정부 공공단체 및 기타의 명예 직원들과 고용인 또는 공익사업 공중위생을 포함한 전 공공사업기관에 종사하는 유급 혹은 무급 직원과 고용인 또 기타 제반 중요한 사업에 종사하는 자는 별도의 명령이 있을 때까지 종래의 정상적인 기능과 의무를 수행하고 모든 기록과 재산을 보존 보호하여야 한다.

제3조 주민은 본관 및 본관 권한하에서 발포한 명령에 즉각 복종하여야 한다. 점령군에 대한 모든 반항 행위 또는 공공안녕을 교란하는 행위를 감행하는 자에 대해서는 용서 없이 엄벌에 처할 것이다.

제4조 주민의 재산소유권은 이를 존중한다. 주민은 본관의 별도의 명령이 있을 때까지 일상의 업무에 종사하라.

제5조 군정 기간에는 영어를 모든 목적에 사용하는 공용어로 한다. 영어 원문과 조선어 또는 일본어 원문 간에 해석 또는 정의가 명확하지 않거나 같지 않을 때는 영어 원문을 기본으로 한다.

제6조 이후 공포하게 되는 포고, 법령, 규약, 고시, 지시 및 조례는 본관 또는 본관의 권한하에서 발포될 것이며 주민이 이행하여야 할 사항을 명기할 것이다.

미육군 태평양 방면 육군 총사령관

미국 원수 더글러스 맥아더

(좌) 우익의 '신탁 통치 절대 반대', (우) 좌익의 '삼상 결의 절대 지지' 시위

서울운동장에서 열린 '대한민국 임시정부 개선 전국 환영대회' 장면(1945.12.19.) (미국립문서기록청)

서 불린 〈임시정부 환영가〉에서도 통일국가에 대한 염원과 의지를 읽을 수 있다.

1. 원수를 물리치고
   맹군이 왔건만은
   우리의 오직 한길
   아직도 멀었던가.
   국토가 반쪽이 나고
   정당이 서로 분분
   통일업신 독립 없다
   통일 만세 통일 만만세

2. 30년 혁명 투사
   유일의 임시정부

그들이 돌아오니

인민이 마지하여

인제는 바른 키를

돌리자 자주독립

독립업신 해방 없다

통일 만세 통일 만만세

김구의 '통일운동'과 좌절

하지만 정국은 김구의 의지와는 반대로 흘러갔다. 한국의 임시정부 수립을 원조할 목적에서 설치된 미소공동위원회가 성과를 내지 못하고 1947년 10월 해체되자, 유엔은 그해 11월에 유엔한국임시위원단을 구성하였다. 협의 끝에 임시위원단 감시하에 남북한 총선거를 실시하기로 하였으나, 1948년 1월 소련에 의해 임시위원단의 입북이 거부되면서 남한만의 총선거 실시로 귀결되고 말았다.

이에 김구는 남한 단독정부 수립을 맹렬히 반대하며 비장한 목소리로, "삼천만 자매 형제여…(중략)…현시(現時)에 있어서 나의 유일한 염원은 삼천만 동포와 손목 잡고 통일된 조국, 독립된 조국의 건설을 위하여 공동 분투하는 것뿐이다. 이 육신을 조국이 수요(需要)한다면 당장에라도 제단에 바치겠다. 나는 통일된 조국을 건설하려다가 38선을 베고 쓰러질지언정 일신에 구차한 내 한 몸의 안일을 취하여 단독정부를 세우는 데는 협력하지 아니하겠다."라는 성명을 발표하였다(《삼천만 동포에게 읍고함》).

유엔한국임시위원단 환영 포스터(1948.1.) (대한민국역사박물관)

이렇듯 한반도 분단이 굳어질 위기에 처하자, 김구는 "우리가 살길은 자주독립 한길뿐이다!"라며 반대하는 사람들을 뿌리치고 1948년 4월 19일, 방북을 결행하였다. 김구 등 남한대표단은 평양 모란봉 극장에서 개최된 남북 연석회의에 참석하였다. 본회의장 단상에는 태극기가 게양되었고 애국가가 울려 퍼졌다. 당시만 해도 북한에서도 태극기와 애국가를 국기와 국가로 인정하였다. 남북 연석회의에서 남한의 단독정부 수립 반대를 천명하고 미·소 양군이 철수한 뒤에 전조선정치회의를 소집하여 직접 비밀투표로 통일 정부를 수립하자고 협의하였지만, 이는 실현되지 못했다. 김구는 빈손으로 돌아왔고 1948년 8월과 9월, 남과 북

"답설야중거" 김구 친필(1948.10.26.)

에 이념을 달리하는 정부가 각기 수립되어 지금에 이르고 있다.

당시 김구는 서산대사의 다음과 같은 시구를 즐겨 썼다.

> 踏雪野中去
> 눈에 덮인 들판을 걸을 때는
> 不須胡亂行
> 함부로 어지러이 걷지 마라
> 今日我行跡
> 금일 내가 걸었던 흔적이
> 遂作後人程
> 뒷사람들에게 하나의 이정표가 될 것이니.

70세 노구의 독립운동가가 걱정했던 '뒷사람들'이 어느새 현재의 우리가 되었다. 김구는 뒷사람들에게 '통일'이라는 명확한 목표와 방향의 이정표를 남겼다. 독립은 반드시 하나 된 조국의 독립이어야 한다는 것이다. 그가 걸었던 위대한 흔적을 따라 그가 제시한 통일된 조국이라는 이정표를 향해 걷고, 때로는 뛰어야 할 것이다. 그리하여 우리도 '뒷사람들'에게 부끄럽지 않은 이정표를 남겨야 할 것이다.

독립유공자 후손 찾기 운동의
현주소

전하지 못한 7,205개의 독립유공자 훈장

7,205. 이 숫자는 2024년 7월 현재 독립유공자 18,018명 가운데 후손을 찾지 못해 훈장(건국훈장, 건국포장, 대통령 표창)을 전수하지 못하고 있는 독립유공자들의 수이다. 이는 40%에 달하는 높은 비율이다. 우선 서훈별·운동계열별·지역별로 그 현황을 살펴보자.

서훈별로 보면, 애국장(2,689명)이 가장 많고, 애족장(2,249명), 대통령 표창(1,599명), 건국포장(491명), 독립장(171명) 순이다. 높은 등급의 대통령장(5명; 남상덕·박용만·이재명·장인환·채상덕), 대한민국장(1명; 오동진)도 있다. 계열로는 3·1운동(1,970명)이 가장 많으며, 다음으로 만주 방면(1,838명), 의병(1,687명), 국내 항일(779명), 미주 방면(238명), 학생운동(196명), 노령 방면(138명), 임시정부(98명), 중국 방면(83명), 광복군(51명), 일본 방면(51명), 의열투쟁(46명), 계몽운동(17명), 문화운동(1명), 한국독립운동을 지원한 외국인(9명) 등의 순이다. 공훈록에 기록된 본적을 기준으로 하여 지역별로 살펴보면 미상 1,480명(20.5%)을 제외하고, 평북(851명), 평남(553명), 함남(591명), 황해도(498명) 순이다. 북한지역 출신이 전체 54.8%에 해당하는 2,891명으로 반수가 넘는다.

시기별 후손을 찾지 못한 독립유공자 훈장

시기별 독립유공자 서훈 수와 후손을 찾지 못한 유공자 수

독립유공자 서훈을 받는 숫자가 늘어날수록 후손을 찾지 못하는 비율 또한 높아지고 있다. 현재 7,205명을 대상으로 서훈을 받은 시기와 후손을 찾지 못한 경우를 분석하면 다음과 같다.

시작은 1963년으로, 당시 서훈을 받은 261명 가운데 후손을 찾지 못한 사람은 8.8%에 해당하는 23명이었다. 그 뒤 1968년 24명/106명(22.6%), 1977년 3명/105명(2.9%)으로 큰 비중을 차지하지 않았다.

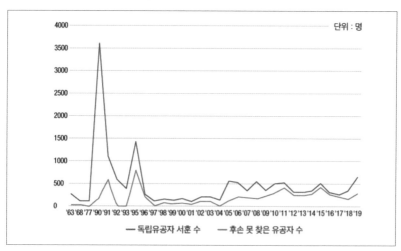

시기별 독립유공자 서훈 수와 후손을 찾지 못한 유공자 수

1990년에는 역대 최고로 많은 3,629명이 서훈을 받았지만, 후손을 찾지 못한 이는 162명으로 4.5%에 불과하다.

그런데 바로 다음 해부터 정부 차원의 발굴과 포상이 이루어지면서 1,119명 가운데 593명의 후손을 찾지 못하여 그 비율이 53%로 치솟았다. 이전에는 독립운동가 후손들이 직접 포상을 신청하는 방식이었기에 그 비율이 높지 않았다.

광복 70주년을 맞은 2015년 국가보훈부의 독립유공자 후손 찾기 운동 포스터

1995년부터 정부 주도의 발굴·포상이 상례화되자 비율은 점차 높아져 2015년에는 83.9%에 달했다. 2019년에 44.5%로 감소했으나, 여전히 낮은 수치는 아니다. 이렇듯 독립유공자 후손을 찾지 못해 훈장과 포장을 전수하지 못하는 경우가 늘어나면서 각계각층의 비판도 적지 않았다.

1994년 12월 '독립유공자예우에 관한 법률'이 제정되고, 순국선열과 애국지사가 독립유공자로 예우받기 시작하면서부터 독립운동자 서훈을 전담하고 있던 국가보훈부(현 국가보훈부)가 관심을 기울이기 시작했다. 1995년부터는 독립유공자 발굴과 더불어 후손 찾기도 병행했지만, 상황은 녹록하지 않았다. 정부가 나섰다고 하더라도 6·25전쟁 등으로 사료가 소실되었고, 유족 상당수가 북한지역에 거주하며, 공적 증명 역시 유족의 몫이었기 때문이다. 후손 확인을 위해서는 본인들이 직접 족보·제적등본(가족관계증명서), 당안·호구부(중국 거주 시), 출생·사망증명서(외국 거주 시) 등 독립유공자와의 가족 관계를 확인할 수 있는 객관적인 자료를 제출해야 한다.

국가보훈부 주도의 독립유공자 후손 찾기 운동

그 후 국가보훈부는 중앙 언론사와 행정자치부의 협조를 얻어 2005년 1월 광복 60주년 기념 사업의 일환으로 '당신도 독립유공자 후손입니다'라는 부제를 달아 독립운동가 유족 찾기 운동을 벌였다. 2006년에는 남한지역에 본적을 둔 사람들에 대해 일선 읍·면사무소의 협조를 얻어 제적부, 민적부, 호적등본 등을 추적하여 후손 확인 작업을 진행해 나갔다. 이후 지청·지자체 차원의 독립유공자 후손 찾기 운동도 적극적으로 이루어졌다. 독립유공자 후손 찾기 운동은 연중행사로 전개되며 어느 정도 성과를 보였다.

그러나 중국과 러시아 등지에 거주하는 독립유공자와 그 유족은 거의 파악되지 않았다. 국가보훈부는 2005년 1월부터 재외공관의 도움을 받아 본격적인 외국 국적의 독립운동가 유족 찾기 사업을 벌였지만, 2006년 8월 말까지 찾은 이는 62명에 불과했다. 여전히 인력과 사료 부족 등으로 어려움을 겪었다. 이에 2010년 1월, 국민권익위원회는 재외 동포의 권익 증진을 위해 중국·러시아 등 재외 동포에 대한 독립유공자 후손 찾기 운동을 적극적으로 펼칠 것을 권고했다.

실상 '독립유공자 후손 찾기 운동'이 본격적으로 전개된 것은 2014년부터다. 국가보훈부는 웹툰을 이용한 간단한 이벤트를 진행하였고, 각지의 지청들도 적극 협조했다. 하지만 본적·주소 등이 확인되지 않아

1907년 종군기자 맥켄지가 촬영한 의병 사진(상)과 이를 재현한 tvN 드라마 〈미스터 션샤인〉 마지막 장면(하)

제적부 조회가 불가능하거나, 본적지가 북한지역이라 후손을 찾지 못하는 경우, 제적부가 소실되었거나 후손·친족이 없는 경우가 다반사여서 성과를 내기가 쉽지 않았다.

2018년 7월부터 9월까지 tvN 드라마 〈미스터 션샤인〉이 인기리에 방영된 후, 독립운동에 대한 대중의 관심이 높아졌다. 이러한 분위기 속에서 국가보훈부는 독립운동사 연구 전문가로 '독립유공자 후손 찾기 자문위원회'를 구성해 운영하는 한편, 독립운동 관련 단체와의 업무 협약 등을 통해 더욱 적극적으로 후손 찾기에 나섰다.

남한이 본적인 독립유공자에 대해서는 2018년 2월부터 해당 읍·면사무소 등을 직접 방문하여 전수 조사를 진행하였고, 전국 지방자치단체 등 3,700여 곳에 후손 찾기 포스터를 배부하였다. 또한 국가보훈부 누리집(www.mpva.go.kr) 공훈전자사료관에 '독립유공자 후손 찾기'를 추가하여 독립운동했던 선대의 명단을 확인하고 후손 등록을 할 수 있도록 하였다.

독립유공자 후손 찾기 운동의 진정한 의미

국외에 거주하는 후손들은 주로 독립유공자의 3~4대로, 선대의 독립운동 관련 사실을 알지 못하는 경우가 많다. 국외에 후손이 있다고 인지되더라도 시·공간적 제약과 후손이 한국어를 모르는 등 언어 장벽으로 인해 후손 관계 및 출생·사망증명서 등의 입증 자료를 안내하고 진행하는 데 어려움이 많다.

이에 독립유공자 중 훈·포장 미전수자 명단을 해당 재외공관에 보내는가 하면, 현지 한인 언론 및 한인 단체 등과 협조체계를 강화하거나 부처 직원들이 직접 출장을 가서 확인하기도 하였다. 특히 중국·중앙아시아 카자흐스탄·쿠바·미주 등지에서 후손 찾기 운동이 활발하게 전개되고 있다. 더욱 고무적인 일은 2019년 1월에 국가보훈부 공훈관리과에 '후손 찾기 전담팀'이 설치되었다는 점이다.

이러한 노력에 힘입어 1995년부터 2019년 7월 말까지 9,671명에 달하는 후손을 찾아 훈포장을 전달하였다. 최근 실적을 보면, 2015년 80명, 2016년 61명, 2017년 87명, 2018년 249명, 2019년 7월 현재 168명 등으로 집계됐다. 이 가운데는 28년 만에 가족 품에 전달된 훈장도 있다. 최근 들어서는 포상 전수식이 독립유공자 포상 행사만큼이나 주목받고 있다.

독립유공자와 이들의 후손을 발굴하고 포상하는 것은 민족정기를 바로 세우는 데 매우 중요한 사업이다. 이들의 명예를 세워 줌으로써 국가 정체성을 찾는 일이기 때문이다. 미국은 큰 비용과 노력을 들여 자국 군인들의 유해를 끝까지 찾아내고 가족의 품으로 돌려보낸다. 이를 통해 국민은 자연스럽게 국가에 대한 신뢰를 갖게 되고 국민적 일체감을 쌓아 나간다. 조국을 위해 헌신한 국가유공자와 그 후손을 찾아 예우하는 것은 모든 국민의 의무이자 국가의 책무이다.

독립운동 현충 시설의
앱 개발 필요성

　공군 장교였던 정상규 중위가 2015년 '독립운동가' 스마트폰 앱을 사비로 개발하여 일반인들에게 독립운동가의 업적과 이름을 알리면서 세인들의 주목을 받았다. 그는 전역 후 작가로 왕성한 활동을 하면서 잊힌 독립운동가를 발굴하고 이를 책으로 엮어내기도 했다.

　그런데 이 같은 독립운동가 관련 내용이 국가보훈부 공훈전자사료관 사이트(https://e-gonghun.mpva.go.kr) 내 '독립유공자 공훈록'에 정리되어 있음에도 국민이 편리하게 접근하지 못한 면이 있다. 이제 한 걸음 앞서 '국내 독립운동 사적지 앱'을 개발하여 독립운동 관련한 답사 프로그램을 활성화하고 사적지 관리를 한 차원 높게 끌어올릴 때라고 생각한다.

물어물어 가는 독립운동 사적지

2019년 11월경 필자는 《충남독립운동사》 3·1운동 부분(홍성·서산·태

(왼쪽부터) '장곡 3·1운동 기념비', 홍동면 3·1공원 내 '기미독립운동기념비', 금마면 철마산 3·1공원 내 '기미독립운동기념비'

안)을 집필하면서 관련 유적지를 촬영하기 위해 홍성과 서산 몇 곳을 찾았다. 학교나 행정기관 등 특정 장소에 있는 사적지는 쉽게 찾을 수 있었지만, 홍성군 내에 있는 '장곡 3·1운동기념비', 홍동면 3·1공원 내 '기미독립운동기념비', 금마면 철마산 3·1공원 내 '기미독립운동기념비' 등지는 찾는 데 무진 애를 먹었다.

매년 삼일절에 이곳에서 여러 행사가 치러지기 때문에 인터넷에는 관련 뉴스나 사진들이 올라와 있지만 위치에 대한 정보는 찾기 어려웠다. 장소를 충분히 조사하지 않았던 나의 부주의함도 있겠지만, 답사 전 참고했던 책에 나와 있는 사적지의 주소와 사적지명 모두 내비게이션을 통해 검색되지 않았다. 마을 주민들에게 사진을 보여 주고 설명한 뒤에야 어렵사리 사적지를 찾아 사진을 찍을 수 있었다.

나중에 안 사실이지만, 국가보훈부 현충시설정보서비스(http://mfis.mpva.go.kr)에 이와 관련한 정보가 있었다. 그런데 이런 정보를 미리 알았던들 도움을 받지 못했을 것이다. 세 곳 모두 국가보훈부로부터 공식 현충 시설로 지정된 곳들이지만, 국가보훈부에 기록된 주소지로는 세 곳 중 어느 한 곳도 검색되지 않았기 때문이다.

독립운동 현충 시설이란 독립운동이 일어났던 장소 혹은 독립유공자의 공훈을 기리고자 세운 기념비·추모비·비석·탑 등과 조형물·상징물을 비롯하여 기념관·전시관·생가·사당 등을 말한다. 이러한 독립운동 현충 시설들 가운데 2024년 6월 현재 국가보훈부에 등록된 것은 모두 992개로 증가 추세이다. 이렇게 많은 현충 시설을 설치한 것은 역사적인 장소와 인물을 기억하고 숭고한 독립 정신을 후대에 전하여 뜻을 기리고자 하기 위함이다.

이처럼 국가보훈부가 독립운동 관련 사적지 및 현충 시설의 체계적 관리를 위해 다양한 노력을 기울이고 있지만, 일반인의 현충 시설 인지도나 관심도는 매우 낮은 실정이다. 역사 교육을 위해서는 그러한 시설물이 필요하다는 인식이 높은데도 말이다. 따라서 현충시설정보서비스가 실질적으로 도움이 되어야 한다.

현충 시설에 대한 접근성 높이기

실질적인 정보 서비스를 고민하며 가장 먼저 떠오른 생각은 독립운동 현충 시설에 좀 더 쉽게 접근할 수 있도록 앱을 개발하는 것이다. 이를 실행하는 일이 그렇게 어려운 문제는 아닐 것이다. 이미 국가보훈부가 운영하는 현충시설정보서비스를 조금만 개선하면 될 것이다. 이와 관련

(고창군)독립운동 파리장서 기념비

· 시설 : 비석　　　· 사건 연도 : 년　　　· 주제 : 3·1운동
· 지역 : 전라북도 고창군　　　· 관할지청 : 전북서부보훈지청
· 시설내용 : 일제의 침략에 대한 부당성과 민족의 자주독립을 호소하고 1919년 3월 프랑스 파리국제평화회의 독립청원서(파리장서)에 서명한 한국유림대표 137인과…

국가보훈부 현충시설정보서비스 홈페이지 독립운동 현충시설 화면 캡처

하여 우선 개선해야 할 몇 가지를 지적하고자 한다.

전북 고창군의 '한국유림 독립운동 파리장서비'

첫째, 시설물의 실제 이름과 시설명이 다른 예도 있는데, 이를 하나로 통일해야 한다. 예를 들어 국가보훈부가 운영하는 현충시설정보서비스에서 국내 '독립운동 현충 시설' 가운데 '(고창군)독립운동 파리장서 기념비'를 살펴보자. 기본 정보의 시설명은 '(고창군)독립운동 파리장서 기념비'로 되어 있지만, 실제 기념비에는 '한국유림 독립운동 파리장서비'로 새겨져 있다. 이 외에 서울·대구·전북 정읍 등지에도 같은 성격의 '독립운동 파리장서 기념비'가 있는데, 이곳들의 시설명은 비문 그대로 '한국유림 독립운동 파리장서비'이다. 고창의 경우 현충 시설의 형태나 종류(기념비)에 따라 시설명을 정했기에 불거진 문제이다. 전체적으로 살펴보면 이런 예가 적지 않다.

그렇다고 내비게이션에 모두 검색되는 것도 아니다. 이곳을 찾아가려면 어떤 키워드로 검색해야 할 것인가. '파리장서'를 입력하면 경남 거창군 거창읍의 침류정(조선 시대 관아) 하나만 검색되는데 여기에 '파리장서비'가 있기 때문이다. 다른 지역에 있는 '한국유림 독립운동 파리장서비'의 위치는 검색되지 않는다.

둘째, 주소지를 정확하게 확인해야 한다. 도로명 주소를 우선하되 예전 기록에 번지로 나와 있는 경우가 많아 번지 주소도 함께 적어야 한다.

셋째, 공공기관이 제공하는 사진은 크고 화질이 높은 것으로 교체해야 한다. 현재 현충시설정보서비스에 등록된 사진 중에는 너무 작거나 화질이 떨어져 내용물을 알아볼 수가 없는 경우가 많다.

넷째, 시설물의 역사적인 의미뿐만 아니라 시설물 설치의 시기·주체·위치(장소)·조성 과정 등의 정보도 제공해야 한다.

다섯째, 내비게이션 업체와 협력하여 누구나 쉽게 독립운동 사적지를 찾을 수 있도록 위치 서비스를 해야 한다.

여섯째, 현충 시설뿐만 아니라 독립운동 사적지도 이에 포함해야 한다. 사적지의 경우 기념석이나 표지석 하나 세워지지 않은 곳이 적지 않지만, 독립운동의 현장이라는 점에서 의미가 크기 때문이다.

스마트폰을 통해 세상의 모든 정보와 지식에 쉽게 접근할 수 있는 세상이다. 독립운동 현충 시설 앱은 현재의 우리를 과거의 역사 현장으로 안내하는 가장 빠르고 정확한 타임머신이 될 것이다. 이 앱을 통해 학생뿐만 아니라 일반인도 쉽게 사적지를 둘러보고 독립운동의 의미를 깨닫고, 독립운동 답사 투어가 활성화되는 계기가 되기를 기대해 본다.

국내 독립운동 사적지를
대한민국 문화유산으로

2023년 초 미국 로스앤젤레스 한인타운 인근 카탈리나에 있는 흥사단의 옛 본부 건물(단소, 團所)이 현지 한인사회와 단체, 우리 정부의 노력으로 대한민국의 품에 안기게 됐다는 소식이 전해졌다. 이 건물은 중국계

1960년대 미국 옛 흥사단 본부 건물에서 열린 '흥사단 대회' 한 장면(흥사단)

개발회사가 인수해 철거 위기에 놓였던 상태였다. 국가보훈부가 국외에 소재한 독립운동 사적지를 보존하기 위해 부동산을 매입한 일은 이것이 처음이라고도 한다.

이는 매우 고무적인 일이 아닐 수 없다. 이를 기회로 국내 독립운동 사적지에도 관심을 기울이고 이를 문화유산으로 인식해야 한다는 발상의 전환을 기대하면서 나름의 방안을 제언하고자 한다.

국내 독립운동 관련 문화유산 현황

사전적 의미에서 '문화유산'이란 고고학·역사학·예술·과학·종교·민속·생활양식 등에서 문화적 가치가 있다고 인정되는 인류 문화 활동의 소산을 일컫는다.

우리나라의 문화유산은 '문화유산법'에 의해 보호받고 있다. 이를 세부적으로 살펴보면, 가치가 높은 문화유산을 엄격한 규제를 통해 항구적으로 보존하고자 주체에 따라 국가지정문화유산과 시·도지정문화유산으로 나뉜다. 국가지정문화유산은 국보·보물·사적·명승·천연기념물·국가무형문화유산·국가민속문화유산으로 분류된다.

국가지정문화유산으로 지정되면 문화유산 외곽 경계로부터 500m 이내에 시설물·건축물을 설치하려면 사전에 문화재청(2024년 5월 17일부로 '국가유산청'으로 명칭 변경)의 허가를 받아야 할 정도로 엄격히 보존하고 있다.

그런데 2023년 현재 국가지정문화유산 가운데 독립운동 관련 국보는 한 점도 없다. 보물은 2,891건 가운데 11건에 불과하다. 안동 임청각이 1963년 1월 보물로 지정된 이후 10년 가까이 지나 윤봉길 유품·안중

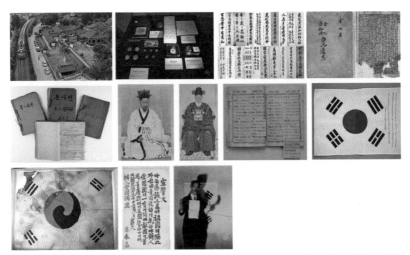

(위에서 오른쪽으로) 임청각, 윤봉길 유품, 안중근 유묵, 백범일지, 조선말 큰사전 원고, 황현·최익현 초상, 말모이 원고, 김구 서명문 태극기, 진관사 태극기, 이봉창 선서문

근 유묵(1972.8.) 등이 이에 포함되었고, 1990년대 후반부터 2000년대에 들어서도 백범일지(1997.6.), 황현 초상(2006.12.), 최익현 초상(2007.2.) 등이 선정되는 정도에 머물렀다. 최근에는 등록문화유산이었던 말모이 원고·조선말 큰사전 원고(2020.12.), 김구 서명문 태극기(2021.10.), 진관사 태극기(2021.10.), 이봉창 의사 선서문(2022.12.) 등이 보물로 승격·지정되었다.

사적은 총 540건 중에서 8건이다. 예산 윤봉길 의사 유적과 천안 유관순 열사 유적은 비교적 이른 1972년 10월에 사적으로 지정되었다. 하지만 이후로는 크게 늘지 않다가 1990년대 이후 탑골공원(1991.10.), 홍성 홍주의사총(2001.8.), 화순 쌍산 항일 의병 유적(2007.8.), 만해 한용운 심우장(2019.4.) 등이 사적으로 평가받았고, 경교장은 서울시 유형문화유산에서 2005년 6월에, 이화장은 서울시 기념물에서 2009년 4월에 사적으로 승격되었다.

예산 윤봉길 사적지. 옛집과 사당(국가유산청)　　천안 유관순 사적지. 옛집과 사당·동상(국가유산청)

　이렇듯 국가지정문화유산은 전통 시대에 편중되어 있고 근대 관련, 특히 독립운동 분야의 보물, 사적은 매우 적다. 이는 구조적인 문제에서 비롯된 것으로 보아야 한다. 그 원인을 찾자면, 광복 이후 한참 뒤에 제정된 '문화재보호법'에 기인한다.

　1961년 5·16군사정변으로 국회에서 계류 중이던 '문화재보호법안'은 그해 10월 문화재 관리국이 발족하면서 다시 논의되기 시작하였고 1962년 1월에야 '문화재보호법'이 공포되었다. 당시 초점은 삼국 시대·고려·조선 시기에 한정하여 문화재 복원, 정비 등에 집중되었다. 한국독립운동은 근대 시기에 전개되었기에 그에 관한 유적이나 유물은 문화유산으로 가치를 인정받기가 어려웠다.

　다음으로는 한국독립운동사 연구와 밀접하게 연관되어 있다. 관련 연구 없이 한국 문화유산의 가치를 자리매김할 수 없기 때문이다. 한국독립운동사 연구는 1960년대부터 본격화하여 1970~1980년대에 들어서

(위에서 오른쪽으로) 탑골공원, 홍성 홍주의사총, 화순 쌍산 항일 의병 유적, 만해 한용운 심우장, 경교장, 이화장

비로소 연구 제1세대가 형성되었고, 1980년대 사회주의운동까지 확대
되었으며 1990년대에 제2세대 연구자들이 배출되면서 활발하게 연구되
었다. 그런 만큼 1990년대 이후에야 한국독립운동 관련 사적지의 가치
가 뒤늦게 주목받았다. 이렇듯 한국독립운동 사적지에 대한 인식 부족
과 관리 소홀로 적지 않은 사적지가 사라져 갔다.

그러다가 2000년대에 들어서면서 근대 시기 문화유산 또한 언젠가는
국가지정문화유산으로 지정될 수 있기에 이를 도외시할 수는 없다는 경
각심을 갖게 되었다. 이에 뒤늦게나마 2001년에 등록문화재 관련 법안

(위에서 오른쪽으로) 태극기 목판·남상락 자수 태극기·대한독립만세 태극기·한국광복군 서명문 태극기·
불원복 태극기, 대한민국 임시의정원 태극기

이 마련되었다. 이 제도의 도입은 독립운동과 관련한 사적지를 보존할
수 있게 되었다는 점에서 다행스러운 일이었다. 이는 '문화재보호법'에
의해 보호되는 국보·보물·사적 등의 지정문화유산과 달리 훼손 위기에
처한 근현대 문화유산을 보호하기 위해 만들어졌기 때문이다.

　그 결과 예전보다 독립운동과 관련한 문화유산이 늘어났다. 제도를
시행한 지 7년이 지난 2008년 8월에 3·1운동 당시 태극기 목판·남상락
자수 태극기·대한독립만세 태극기·한국광복군 서명문 태극기·불원

복(不遠復) 태극기·대한민국 임시의정원 태극기 등이 등록문화유산으로 선정되었다.

그 이후 2022년 10월까지 등록문화유산이 100개 가까이 늘어났다. 이에는 독립운동(가) 유물과 더불어 북한산 기슭에 묻혀 있는 이준·손병희·이시영·안창호·김창숙·한용운·신익희·여운형, 망우리의 오세창·문일평·방정환·오기만·서광조·서동일·오재영·유상규 등의 묘소가 포함되었다. 아쉬운 것은 전통 시대 역사적 인물들 묘소가 지방기념물로 지정된 것과 차이를 보인다는 점이다. 이와 더불어 유일하게 비교적 원형이 잘 보존된 예천 윤우식 생가(2013.10.)가 등록문화유산으로 선정되었다.

독립운동 관련 지방문화유산 현황

지방문화유산은 지방자치단체가 담당하는데, '시·도지정문화유산'과 '문화유산자료'로 구분한다. 시·도지정문화유산 중에 독립운동 관련해서는 지방 유형문화유산과 기념물이 이에 해당한다. 문화유산자료는 시·도지사가 국가 또는 시·도지정문화유산으로 지정되지 않은 문화유산 중에서 향토 문화와 보존상 필요하다고 인정한 것을 말한다.

독립운동 관련 지방 유형문화유산은 그리 많지 않다. 확인한 바로는 전체 4,033건 가운데 8건에 불과하다. 대개 독립운동가 초상이나 유물이고 사적지로서는 탑골공원 내 팔각정이나 승동교회 정도이다. 상대적으로 기념물은 1,759건 가운데 26건으로 많다. 이에는 유인석·민영환·최익현 묘소와 광주학생운동 발상지·나주역사·임병찬 창의 유적지·제주 무오 법정사 항일운동 발상지·아우내3·1운동 독립사적지 등이 포함되었는데, 여기서 세 분의 묘소가 왜 등록문화유산이 되지 못했는지 의아하다.

기념물 대부분은 독립운동가의 생가지이다. 안재홍·신익희·이강년·신돌석·김창숙·박열·신채호·최현배·이병기·이석용·백정기·이동녕·이상재·이종일·김좌진·한용운·손병희 등의 생가지가 이에 해당한다. 이후 생가지가 지방기념물로 지정되었다가 이를 복원하는 절차를 밟았다. 그런데 박상진·송진우·김한종·안희제·문양목 등의 생가지(터)는 왜 기념물이 되지 못하고 문화유산자료로 지정되었는지, 좀 더 명확한 기준 마련이 시급하다고 본다.

이와 함께 서울의 경우에 한정하는 것이지만, 기념 표석(標石)이 있다. 서울시에서는 아시안게임(1986)과 서울올림픽(1988)을 맞아 1985년부터 현전하지 않는 역사적 장소, 또는 역사적 의미가 있는 사건이 발생한 공간에 역사문화유적 표석을 설치해 오고 있다. 이들 가운데 국가지정문화유산 사적이나 서울시 유형문화유산으로 지정된 것을 제외하면, 2022년 현재 335건 가운데 독립운동 관련 표석은 50개로 확인된다. 주목되는 부분은 1993년 이후 서울 시내 3·1운동 유적지(보신각 앞·세브란스병원·중앙학림·마포종점·종로YMCA·유심사 터·상춘원 터·승동교회 등)에 집중적으로 표석이 세워진 것이다.

다음으로는 독립운동가의 집터이다. 김경천·김창숙·노백린·민영환·손병희·송진우·심훈·베델·여운형·용성스님·이동녕·이범진·이봉창·이상재·이준·이회영·지청천 등의 집터가 이에 해당한다. 그런데 이들 집터는 대개 서울이 개발되면서 자연스럽게 소멸하였고 복원할 수도 없는 상황이 되어 버렸다.

이 외에도 독립운동과 관련하여 6·10독립만세운동 선창 터·김익상

의사 의거 터·나석주 의사 의거 기념 터·대한민국 임시정부 서울 연통부
지·독립선언문 배부 터·박자혜 산파 터·보성사 터·부민관 폭파 의거
터·서북학회 터·송학선 의사 의거 터·시위병영 터·신간회 본부 터·이
충순 자결 터·정미의병 발원 터·조선건국동맹 터·조선어학회 터·진단
학회 창립 터·찬양회와 순성여학교 설립 결의 터·한성정부 유적지 등에
기념 표석이 세워졌다.

기념 표석이 세워진 곳은 독립운동사에서 의미 있는 곳이지만, 터만 남
아 있다고 하여 그런지 문화유산에 포함하고 있지 않다. 하지만 전통 시
대 역사적 인물들의 집터도 지방 유형문화유산으로 지정된 바 있고, 앞서
살펴본 것처럼 독립운동가들의 집터가 기념물로 지정되기도 하였다는
점에서 아쉬움이 남는다. 독립운동 관련 문화유산 지정은 전통 시대와의
형평성 문제를 해소할 수 있도록 그 기준을 새롭게 정립해야 한다.

독립운동 사적지, 문화유산 지정을 위한 방안

이러한 문제를 해결하기 위해 독립기념관 한국독립운동사연구소가
추진하고 있는 국내 독립운동 사적지 조사를 활용할 필요가 있다. 독립
기념관 한국독립운동사연구소는 2007년부터 2009년까지 국내 독립
운동과 관련하여 처음으로 종합적인 실태 조사에 나섰다. 서울(1,783)
을 비롯하여 2007년에 경기 남부(143), 인천·경기 북부(106), 충북(155),
2008년에 대전·충남(157), 2009년에 강원도(91), 전북(123), 광주·전남
(168), 대구·경북(181), 부산·울산·경남(214), 제주도(40) 등 17개 지역의
독립운동 사적지를 조사하였다. 모두 3,161건이었다.

〈서울 독립운동 사적지 보고서〉(2008)

조사 내용에는 근대 사적지와 일제 통치기관도 포함되었지만, 대개는 독립운동 관련 사적지인 만큼 의미가 크다. 그런데 앞서 언급한 바와 같이 역사적 가치가 큼에도 문화유산에 포함되지 않은 곳이 많다. 사적지 조사 의견란을 보면, 대부분 기념 표석(비)이나 안내판 설치와 홍보의 필요성을 제기하고 있지만, 이후 이에 대한 적절한 대응 방침이나 결과에는 관심을 두고 있지 않다. 이는 독립운동 관련 사적지를 문화유산으로 인식하지 못하고 있기에 그러한 것이 아닌가 생각한다.

이를 위해서 국내 독립운동 사적지 전체를 성격별로 나누고, 기존에 문화유산으로 지정된 것을 확인한 뒤 역사적 가치가 이에 뒤지지 않는데도 제외된 것을 별도로 구분해야 한다. 앞서 지적한 바와 같이 형평성에 어긋나는 경우가 있기 때문이다.

나아가 사적지가 문화유산으로 선정될 수 있도록 자세히 분석하고 역사적 가치를 부여해야 한다. 이를 토대로 관계 기관과의 긴밀한 의사소통을 통해 사적지가 문화유산으로 선정될 수 있도록 각별한 노력을 기울여야 한다. 이로써 더는 독립운동 사적지가 사라지지 않고 국가지정문화유산 또는 지방문화유산으로 등재되어 국가적인 차원에서 제대로 관리되어야 한다. 독립운동 사적지는 흔적만 있는 경우가 대부분이지만, 암울했던 우리의 역사 속에서 배태된 것인 만큼, 100년 뒤에는 매우 가치 있는 문화유산이 될 것이기 때문이다.

'전통 시대 사적지 안내 자료'에
독립운동 내용을
포함해야 한다

독립운동 사적지는 대개 3·1운동 시위지, 의병·의열 활동지, 단체
나 행사 개최 건물 혹은 독립운동가의 가옥 등이다. 그런 만큼 전통 시
대 사적지에서 전개된 독립운동은 그리 많지 않다. 2023년 3월 현재 전
체 1,457곳 가운데 83곳(5.8%)에 불과하다. 그런데 이는 사찰, 서원, 향교
등으로 대개 지방문화유산으로 지정되었고, 많은 사람이 찾는 곳이기도
하여 그곳에서 어떤 독립운동이 전개되었는지 알리면 의미가 클 텐데
그렇지 못하고 있는 현실이다. 이러한 인식에서 전통 시대 사적지에 설
치된 안내판이나 백과사전에 독립운동 관련 내용이 포함되어 있지 않은
경우가 많다는 점을 지적하고 개선 방안을 모색하고자 한다.

국내 독립운동 사적지 조사의 목적과 현황

국내 독립운동 사적지 현황을 조사하는 기관은 독립기념관 한국독립

운동사연구소(이하 연구소)이다. 연구소는 2007년부터 2010년까지 4개년 계획하에 사상 처음으로 국내 독립운동 사적지를 일제히 조사하였고, 이를 '국내 항일독립운동 사적지 조사보고서'라는 이름으로 모두 11권 (서울, 경기 남부, 인천·경기 북부, 충청북도, 대전·충남, 강원도, 전라북도, 광주·전남, 대구·경북, 부산·울산·경남, 제주도)을 간행하였다.

국내 독립운동 사적지는 해방 이후 60여 년이 흐르는 동안 급속히 진행된 산업화·도시화로 인해 멸실·훼손되었거나 사라질 위기에 처했다. 이런 위기의식에서 독립기념관은 독립운동 사적지 실태를 정확히 파악하여 체계적으로 보존·관리·활용하고자 했다. 나아가 독립운동 사적지를 각급 학교 학생들의 현장 교육이나 국민의 문화 관광과 연계하여 생활 속에서 자연스럽게 독립운동의 역사적 의미를 깨닫게 하고자 하였다.

독립운동 사적지 조사는 다음과 같은 원칙을 가지고 진행되었다. 첫째, 대상 시기는 1895년 민비 시해와 단발령을 계기로 일어난 의병 운동을 시작으로 1945년 8월 광복 때까지였다. 둘째, 내용적 범위는 독립운동 현장, 독립운동가의 집 또는 집터뿐만 아니라 일제 식민지 통치기관 또는 이와 관련된 장소 등도 포함하였다.

그 결과 전수 조사가 끝난 2010년 현재 서울 201곳, 경기 남부 143곳, 인천·경기 북부 106곳, 충북 155곳, 대전·충남 157곳, 강원도 91곳, 전북 123곳, 광주·전남 168곳, 대구·경북 181곳, 부산·울산·경남 214곳, 제주도 40곳 등 모두 1,579곳으로 파악되었다. 이후 추가 조사를 통해 사적지 수는 더 늘어났다.

이 가운데 전통 시대 사적지에서 독립운동이 일어난 곳은 모두 83곳이 확인되었다. 이를 도표로 정리하면 다음과 같다. 독립운동 사적지와 관련된 내용이 안내판이나 백과사전에 실렸는지를 확인하여 'ㅇ, ×'로 표시하였다. 그중에 별도로 설치된 국가보훈부 지정 현충 시설 혹은 경기도 항일독립운동 유적지의 안내판은 '*'로 표시하였다. '△' 표시는 관련 내용이 있는데 소략한 경우이다. 단, 틀린 부분도 있을 것이지만 글 의도를 전달하는 데는 큰 문제가 없으리라 생각하여 여기서는 제외하였다.

독립운동이 일어난 전통 시대 사적지

지역	사적지	독립운동 내용	안내 자료 게재 여부	
			안내판	백과사전
서울(4)	감고당 민창식 집터	6·10만세운동 격문 인쇄지	×	×
	종로 표훈원	조병세 순국지	×	×
	종로 파조교	6·10만세운동 선창지	×	×
	창덕궁 금호문	송학선 의거지	○	○
경기(8)	김포 통진향교	월곶면 3·1운동 만세 시위지	×	×
	연천 마전향교	3·1운동 만세 시위지	×	×
	연천 심원사	연천·철원지역 의병 주둔지	○	○
	남양주 봉선사	부평리 3·1운동 만세 시위 모의지	·	×
	양평 상원사	의병 근거지		
	양평 용문사	의병 근거지	○	△
	양평 사나사	의병 전투지	○	
	광주 남한산성	남한산성연합의진 전투지	×	×
인천(2)	강화 전등사	강화의병 주둔지	×	×
	강화 연무대	이동휘 활동지, 대한자강회 총회 개최	×	×
강원(7)	춘천 청평사	춘천농업학교 학생운동지	×	×
	춘천 춘천관찰부	춘천의병 본영	×	×
	속초 신흥사	이강년 의병 훈련지	×	×
	양양 낙산사	신간회 양양지부 2차 총회지	×	×
	횡성 봉복사	강원의병 주둔지	○	○
	인제 백담사	한용운 활동지, 이강년 의병 전승지	△	△
	영월 자규루	유인석 호좌의병장 추대지	×	×

지역	사적지	독립운동 내용	안내 자료 게재 여부	
			안내판	백과사전
충남(4)	공주 공주학교	오강표 순절지	·	○
	보령 남포읍성	홍주의병 전투지	×	×
	당진 면천성	당진의병 전투지	·	×
	홍성 홍주성	홍주의병 전투지	○	○
대전(1)	대전 고산사	충남전위동맹 창립지	×	×
세종(1)	연기 육영재	육영의숙, 기성학교 등 근대 학교 설립	×	×
충북(4)	제천 영호정	이강년 의병부대 집결지	○	○
	제천 자양영당	제천의병 창의지	○	○
	보은 삼년산성	의병 전투지	×	×
	충주 충주성	제천의병 전투지	·	○
경북(25)	의성 수성사	의성의병 전투지	×	×
	의성 의성향교	의성의병 전투지	×	×
	청송 대전사	이현규 의병 창의지	×	×
	청송 진보향교	진보의병 창의지	×	×
	청송 청송객사	청송의병 결성지	○	○
	영덕 영해관아·읍성	영릉의병 전투지	○	○
	양양 양양관아	신돌석 의병 활동지	○	○
	양양 검산성	김도현 의병 전투지	·	○
	울진 연호정	울진공작당 창립지	×	×
	울진 불영사	울진·영릉·삼척·이현규 의병 주둔지	×	×
	봉화 봉서루	봉화관아 의병 전투지	×	×
	봉화 추원재	유림단 독립청원서 작성지	×	×
	봉화 봉화향교	예천의병 주둔지	×	×
	문경 김용사	이강년 의병 주둔지, 3·1운동 만세 시위	×	×
	문경 마고성	이강년 의병 전투지	×	×
	안동 삼백당	3차 선성의병 의병소	×	○
	안동 봉정사	안동의병 창의지	×	×
	상주 상주향교	고려공산청년회 회의지	×	×
	상주 청계사	노병대 의병 주둔지	×	○
	경주 경주성	경주연합의병 전투지	×	×
	청도 거연정	다물단 군자금 모금지	×	×

지역	사적지	독립운동 내용	안내 자료 게재 여부	
			안내판	백과사전
경북(25)	영천 거동사	산남의병 제4차 결성지	·	×
	금위 의흥관아	김하락 의병 주둔지	×	×
	김천 김산향교	김산의병 창의지		×
	성주 백세각	제1차 유림단 의거 회의지	·	○
대구(2)	대구 안일사	조선국권회복단 중앙총부 결성지	○	○
	대구 북후정	국채보상운동 국민대회 개최지	○	○
경남(5)	합천 해인사 일주문	3·1운동 만세 시위지	×	×
	산청 대원사	박동의 의병 전투지	×	×
	함양 영각사	문태수 의병장 피체지	×	×
	하동 칠불사	경남의병 전투지	×	×
	고성 옥천사	경남지역 독립운동가 활동 거점	○	×
부산(1)	범어사 청련암	3·1운동 만세 시위 계획지	○	○
전북(8)	정읍 정읍관아	태인의병 주둔지	×	×
	정읍 태인향교	태인의병 주둔지	·	×
	정읍 무성서원	태인의병 창의지	×	×
	임실 상이암	이석용 의병 근거지	×	○
	고창 문수사	기삼연 의병 주둔지	○	×
	무주 원통사	문태서·신명선 의병 주둔지	×	×
	순창 구암사	태인의병 주둔지	×	×
	순창 순창객사	태인의병 주둔지	×	×
전남(9)	순천 낙안읍성	3·1운동 만세 시위지	·	×
	함평 낙영재	월계리 3·1운동 발상지	○	○
	장성 석수암	호남창의회맹소 결성지	×	×
	영암 영보정	덕진면 주민 시위 준비(1932.6.)	×	×
	해남 대흥사 심적암	호남창의회맹소 결성지	○	○
	장성 장성향교	장성의병 창의지	○	○
	나주 나주향교	나주의병 봉기지	×	×
	구례 연곡사	고광순 의병장 순국지	·	○
	담양 금성산성	호남창의회맹소 전투지	×	×
광주(1)	광주 광주향교	기우만 의병 부대 주둔지	×	×
제주(1)	서귀포 법정사	법정사 항일운동 발생지(1918)	○	○

한 예로 서울 종로구 안국동 덕성여중고 자리에 있었던 감고당과 관련한 이야기를 하고자 한다. 감고당은 숙종 비 인현왕후가 친정을 배려하여 지은 건물이었다. 인현왕후는 1681년 14세에 왕비로 간택되었는데, 장희빈의 모함으로 폐서인된 뒤 5년간 그곳에 갇혀 지내다가 환궁하였다. 이후 민유중(인현왕후 부친) 가문의 종손들이 대대로 그곳에 거주하였고, 영조가 인현왕후의 거처가 있었음을 회고하면서 '감고당(感古堂)'이라는 당호(堂號)를 지어 내렸다.

특히 1858년 민치록(민비 부친)이 사망하자, 그의 딸 민자영(민비의 어릴 때 이름)은 8세 때부터 간택되기 전까지 계모 한산이씨와 그곳에 거주하였다. 민치록은 여주에 조성된 민유중의 묘를 지키던 관리인이었기에, 가문의 배려로 민비가 이곳에 머물게 된 것이다. 1866년 민자영이 왕비로 간택된 뒤에 고종이 감고당이란 당호를 써서 내려줬다고 한다. 그 뒤 감고당은 민씨 집안 소유였다가 창덕궁 소유로 바뀌었다.

1926년 4월 대한제국의 마지막 황제 순종이 돌아가신 뒤 사회주의 진영에서는 3·1운동과 같은 거족적인 항일운동을 기획하고 순종의 장례식 날 전국적으로 조선의 독립과 일제의 만행을 규탄하는 선언서를 뿌리고 시위하기로 하였다.

권오설을 중심으로 천도교청년동맹과 인쇄직공조합의 인사들은 격문을 인쇄하였다. 인쇄는 1926년 5월 17일부터 31일까지 안국동 36번지 백명천의 집과 민창식이 살고 있던 안국동 26번지 감고당에서 이루어졌고, 선언문 4종류 5만 2천 매를 인쇄하였다. 당시 민창식은 중동학교를 졸업한 뒤 대동인쇄, 경성일보 등에서 인쇄공으로 일하다가, 1925년 서울에서 경성인쇄직공조합을 조직하고 상무집행위원으로 활동하는 등 사회주의운동을 전개하였다.

'ㄱ'자형 감고당(좌)과 'ㄷ'자형 온고당(우)

감고당 터에 들어선 덕성여자고등학교

감고당터 感古堂址

감고당은 조선 숙종 계비 인현왕후(仁顯王后) 민씨가 살던 친정집이다. 인현왕후는 14살에 왕비로 간택되었다가 장희빈의 모함으로 폐서인되어 6년간 감고당에 갇혀 살다가 환궁하였다. 지금은 도봉구 쌍문동 덕성여자대학교로 옮겨져 있다.

Site of Gamgodang House

Gamgodang was the house where the parents of Queen Consort Inhyeon, wife of Sukjong, the 19th king of the Joseon Dynasty, lived.

감고당 터
感古堂址

Site of Gamgodang House

감고당은 숙종비인 인현왕후(仁顯王后) 민씨(1667~1701)가 1689년 왕비 지위를 잃고 궁에서 나와 살던 집이다. 1761년 영조의 친필 편액을 달았다. 2006년 경기도 여주시로 이전 중건되었다.

2016년 4월 서울특별시

덕성여고 정문 왼편에 있었던 감고당 터 안내석. 감고당은 1966년 이곳에서 쌍문동으로 옮겨졌고, 2001년 그곳에 안내석이 세워졌다.

이전 안내석 자리에 다시 세워진 안내판. 2006년 감고당이 쌍문동에서 다시 경기도 여주로 옮겨진 후 2016년에 세워졌다.

하지만 이러한 움직임을 눈치챈 일제 경찰이 모든 선언문을 압수하였다. 민창식은 일본 경찰에 체포되어 인쇄물법 위반 혐의로 징역 3년형을 선고받았고, 이에 2007년 건국훈장 애족장이 추서 되었다.

이후 감고당은 마포 상인 임호상에게 넘어갔고, 1945년 5월 해방 직전에 감고당을 비롯한 부지 일대가 덕성학원에 매각되었다. 그 후 덕성여고 운동장을 확장하면서 감고당은 1966년 도봉구 쌍문동 덕성여대 안으로 옮겨졌다. 1976년 박정희 대통령의 특별 지시로 복원 공사가 시작되어 안채가 중수되었고 1995년에는 행랑채, 사랑채, 초당 등이 복원되었다. 그 뒤 2006년 쌍문중고교 신축 계획에 따라 감고당은 또다시 여주 능현리에 있는 민비의 생가 옆으로 이전하여 지금에 이르고 있다.

하지만 '감고당 터'에 세워진 안내판에는 인현왕후, 영조 친필 '감고당' 현판, 2006년 여주 이전 관련 내용만 담겨 있다. 백과사전에 나오는 내용도 크게 다르지 않다. 안내판 성격상 많은 내용을 담을 수는 없을지라도 "1926년 6·10만세운동 당시 선언문을 인쇄하였던 장소"라는 내용을 추가하면 역사적 장소로 더 기억될 수 있을 듯하다.

이렇듯 전통 시대 사적지 안내 자료에 독립운동 내용을 포함해야 할 곳이 80여 곳에 달한다. 의지만 있다면 언제든지 수정, 보완할 수 있을 것이다.

한국독립운동사의
중요한 사료인
독립운동가 회고록

독립운동가의 '회고록'은 개인 기록이기 이전에 우리의 귀중한 자산이다. 비록 회고록이 주관적인 해석이나 감정에 몰입되어 역사적 사실을 왜곡할 수 있는 부분도 있지만, 회고록에는 공식적인 사료에서 찾아볼 수 없는 생생한 역사적 증언이 담겨 있기에 그 자체로 충분한 가치가 있다. 이에 필자가 확보한 500여 건의 회고록 목록을 분석하여 문제점을 지적하고 개선 방안을 제시하고자 한다.

독립운동가의 생생한 증언이 담긴 회고록

한국의 독립운동은 19세기 후반부터 20세기 중반까지 끊임없이 전개된 항일 투쟁일 뿐만 아니라 민족문제를 해결하고 궁극적으로는 근대 민족국가를 만드는 과정이었다. 그러한 움직임은 국내뿐만 아니라 국외에서도 전개되었고, 시기와 역사적 상황, 주도한 계층의 성격에 따라 방법이 달랐다.

19세기 후반부터 1910년 국권 피탈 이전까지는 동학농민운동, 의병운동, 계몽운동, 비밀결사(신민회), 순국, 5적 처단(의열 활동), 국채보상운동 등이 펼쳐졌고, 국권 피탈 이후부터 광복을 맞은 20세기 중반까지는 만세운동, 실력양성운동, 무장투쟁, 의열투쟁, 학생운동, 외교운동, 노동쟁의, 소작쟁의 등 각계각층의 인사들이 다양한 방법으로 국내외에서 독립운동을 전개했다. 이를 한국독립운동사라고 하는데, 학술적으로 연구하여 역사적 가치로 자리매김하는 작업의 결과물 역시 한국독립운동사이다.

그런데 여기에서 가장 중요한 것은 이를 주도했거나 적극적으로 참여한 사람들이다. 우리는 이들을 독립운동가라 한다. 이에는 계층과 계급이 없었고 오로지 하나의 염원, '독립'밖에 없었다.

50여 년간(1895~1945) 독립운동에 참여한 사람은 500만 명이 넘는다. 다만 아쉽게도 2024년 3월 현재 대한민국 정부가 인정하는 독립유공자는 18,018명에 머물러 있다. 그 가운데 생존하신 분은 7명에 불과하다. '못난 조상이 되지 않기 위해' 목숨을 바쳐 가면서까지 독립한 나라를 만들고자 했던 그들의 숨결을 느낄 수 있는 것은 유물일 수도 있고 생가, 활동 사적지, 문서, 신문, 잡지 등도 있지만, 회고록도 있다. 회고록이란 자서전, 구술 자료, 신문 기고 글, 수기(手記) 등을 일컫는다. 수기의 경우는 일기 형식도 있고 영문으로 작성한 것도 있다.

모든 역사는 사료가 없이는 쓰일 수 없듯이 한국독립운동사 역시 마찬가지다. 역사가는 자신이 연구하는 분야의 사건, 인물 등의 실증을 밝히기 위해서는 기존 사료를 재해석하거나 새로운 사료를 발굴해야 한다. 물론 역사가에게는 사료가 객관적인지, 위서(僞書)인지를 가려 낼 줄 아는 혜안도 있어야 한다. 그래야만 역사가 풍부해지고 새로운 재해석도 가능해진다. 이런 과정을 통해 과거 역사가 불편부당하게 복원되어야 한다.

한국독립운동사 사료는 그 어느 시기의 역사보다도 훨씬 많은 사료가 존재한다. 한국독립운동 자료는 단체·기관이나 개인 등이 당대에 작성한 문서·책자·신문·잡지·보고서·개인 일기·문집 등 다양하고, 국내뿐 아니라 미국·일본·중국·러시아 등 전 세계에 흩어져 있다. 이에 더하여 독립운동가들이 자신의 독립운동을 글로 쓴 회고록(자서전 포함), 혹은 살아생전에 제작한 증언 자료가 있다.

이러한 회고록은 대개 2차 자료로 분류하지만, 많은 연구자가 이를 인용할 뿐만 아니라 일반인이 애독하기도 한다. 회고록은 자기 경험을 기록한 것이므로 어디에서도 찾을 수 없는 내용이 담겨 있다. 또한 생생하고 흥미로운 내용으로 꾸며져 있어 일반인도 비교적 쉽게 읽을 수 있고 독립운동을 이해하는 데 큰 도움을 준다. 다만 아쉬운 점은 일반 대중이 애독하는 독립운동가 회고록은 몇 권에 불과하다는 것이다. 이는 일반인이 이러한 회고록의 존재를 잘 모르기도 하지만, 이를 손쉽게 구할 수 없다는 이유도 클 것이다.

독립운동 분야별 회고록 살펴보기

이에 개략적이지만 독립운동 분야별로 회고록을 살펴보고자 한다. 회고록 가운데 가장 널리 읽히는 것은 단연 김구의 《백범일지(白凡逸志)》이다. 1947년 12월 국사원에서 처음 출판된 이후 지금까지도 많은 이들이 찾고 있다. 27년간 대한민국 임시정부를 이끌어 온 김구의 우직함과

〈서사록〉《석주유고》(좌), 〈서정록〉《백하일기》(우) (경상북도독립운동기념관)

한평생 조국과 민족을 위해 많은 것을 희생한 그의 파란만장한 생애가 진솔하고 감동적으로 담겨 있기 때문일 것이다.

다음으로 꼽을 수 있는 것이 망명 기록인 이상룡의 〈서사록(西徙錄)〉과 김대락의 〈서정록(西征錄)〉 등이다. 이 자료들에는 서간도 망명객의 한(恨)과 독립의 염원이 담겨 있어 감동이 그대로 전해진다. 이어 계봉우의 《꿈속의 꿈》은 카자흐스탄 크즐오르다로 강제 이주를 당한 후 자신의 생애를 회고하며 쓴 것으로 개인적 일상과 독립운동에 관한 생생한 기록을 담고 있다.

독립운동가 회고록 가운데 가장 많은 것은 역시 3·1운동 관련 회고록이다. 김광섭의 《나의 옥중기》, 박영준의 《한강 물 다시 흐르고》 등과 같이 책으로 출판된 것도 있지만, 대부분은 독립운동가들이 일제강점기 혹은 광복 이후 신문이나 잡지에 당시 상황이나 활동 등을 기고한 글들이다. 1971년 《여성동아》 편집부가 그러한 글들을 엮어 《기미년 횃불을 든 여인들: 아아 삼월》이란 책자를 펴내기도 했다. 이 책에는 권애라·김

(왼쪽부터) 김학철의 《최후의 분대장》·《항전별곡》·《격정시대》

순애·김신의·김영순·나용균·박인덕·박현숙·이신애·신의경·이효덕·채혜수·최매지·황신덕 등의 글이 실려 있다. 1977년 정음사가 펴낸 《일제하 옥중회고록》 1~5권에는 정환직·신덕순·안중근·한용운·양근환 등 60여 명의 글이 수록되어 있다.

다음으로는 광복군들의 회고록이나 구술 자료가 많다. 이들은 광복 후에도 비교적 오랫동안 생존했기 때문이다. 이와 관련해서는 권기옥·김광언·김국주·김문택·김영관·김준엽·김학규·김홍일·김효숙·노영재·박금녀·박기성·박영만·박영준·박해근·신정숙·우재룡·안병무·오희영·이범석·이자해·장기영·장준하·조경한·지청천·최덕신·태륜기·황갑수·황학수 등의 회고록이 있다. 자세한 책명은 지면 관계로 생략한다.

광복군과 마찬가지로 중국 관내에서 활동하였던 조선의용군 관련 회고록도 있다. 대표적으로는 김학철의 《최후의 분대장》·《항전별곡》·《격정시대》·《나의 길》·《태항산록》을 비롯하여 김사량의 《노마만리(駑馬萬里)》, 신상초의 《탈출: 어느 자유주의자의 수기》, 엄영식의 《탈출: 죽어서야 찾은 자유》 등이 있다.

의병 관련 회고록이 그다음을 차지한다. 김용구·노응규·문석봉·문위세·민용호·박주대·서상렬·신덕균·심남일·안규홍·양한위·여중룡·유준근·이강년·이긍연·이면재·이석용·이정규·이조승·임병찬·전기홍·정운경·조희제·채기중 등과 필자 미상의 의병 회고록이 있다. 이들 중에는 원문을 활자화하거나 영인하여 출판한 예도 있지만, 대부분은 출판·번역되지 않은 경우가 많아 실제로 접할 수 있는 대상은 극히 제한적이다.

비교적 쉽게 접할 수 있고 어렵지 않아서 일반 대중에게 인기가 많은 것은 여성 독립운동가들의 회고록이다. 회고록 숫자는 상대적으로 적지만, 여성으로서 독립운동 당시의 일상이나 활동을 세밀하게 그린 이유에서다. 대표적으로 이은숙의 《서간도시종기(西間島始終記)》, 이화림의 《진리의 향도 따라》, 이해동의 《남중록》, 정정화의 《녹두꽃: 장강일기》, 지복영의 《민들레의 비상》, 최선화의 《제시의 일기》, 한도신의 《꿈갓흔 옛날 피압흔 니야기》, 허은의 《아직도 내 귀엔 서간도 바람소리가》 등이 손꼽힌다. 이들 회고록은 서명을 바꾸거나 출판사를 달리하여 개정판을 내며 오랫동안 생명력을 유지해 오고 있다.

만주·연해주·미주지역에서 독립운동을 전개한 이주 한인들의 회고록도 적지 않다. 만주의 경우 강우건·강상진(대한독립군비단)·최봉설(15만 원 탈취 사건)·이우석(청산리전투·신흥무관학교) 등의 수기, 정이형의 《회고록》, 홍범도의 《홍범도 일지》, 김낙현(김학현)의 《빨찌산의 수기》, 강근(강회원)의 《나의 회상기》 등이 수집되어 자료집으로 간행되었다. 그런데 1930년대에 만주에서 활동하였던 독립운동가들의 회고록은 중국 내에서 적지 않게 출판되었지만, 독립유공자로 인정받지 못해 국내에 소개된 경우는 드물다.

(왼쪽부터) 이은숙의 《서간도시종기》, 정정화의 《녹두꽃: 장강일기》, 지복영의 《민들레의 비상》, 최선화의 《제시의 일기》, 한도신의 《꿈갓흔 옛날 피압흔 니야기》, 허은의 《아직도 내 귀엔 서간도 바람소리가》

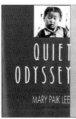

(왼쪽부터) 현순의 《현순자사》(친필본), 곽임대의 《못 잊어 화려강산》, 최봉윤의 《떠도는 영혼의 노래: 민족 통일의 꿈을 안고》, 차의석의 《The Golden Mountain(금산)》

연해주의 경우 이인섭의 《망명자의 수기》, 김규면의 《노병 김규면 비망록》, 박노순의 《늙은 빨찌산들 회상기 초집》, 최고려의 《최니꼴라이 자서전》, 황운정의 《자서전》 등이 자료집으로 간행되었다.

미주의 경우는 현순의 《현순자사(玄楯自史)》, 곽임대의 《못 잊어 화려강산》, 최봉윤의 《떠도는 영혼의 노래: 민족 통일의 꿈을 안고》, Easurk Emsen Charr(차의석)의 《The Golden Mountain(금산)》 등이 대표적이다. 이 외에 차경수의 《호박꽃 나라사랑: 대한여자애국단 총무 차경신과 그의 가족 이야기》 등과 같이 이주 한인의 삶을 기록한 회고록이 있다. 그런데 이들 대부분은 영문으로 출판되어 쉽게 접근하지 못하는 한계가 있다.

이 밖에 광주학생운동(강석원·노동훈·박준채·이기홍·이석태·장매성·정동

수·정우채·최순덕·최은희 등), 2·8학생운동(김도연·백관수·변희용·여운홍 등), 6·10만세운동(박내원·박용규·이동환·이지탁·이천진·조두원·최형연·특백생 등), 한글운동(이극로·이희승·장지영·정인승·최현배 등), 1940년대 학생운동(심재영· 이기을·함석헌 등) 등과 관련한 회고록이 있다.

회고록 전수 조사를 추진하고, 새로운 회고록 자료를 발굴해야

500여 건의 회고록을 검토하여 나름 분야별로 정리하였지만, 전부 담지는 못하였다. 그러나 경향성은 크게 벗어나지 않을 것으로 생각한다. 이와 관련하여 먼저 독립운동 관련 기관에 제의하고자 하는 것은 회고록의 전수 조사를 추진해야 한다는 것이다. 이제 생존 독립유공자가 10명이 채 안 되고 대부분 고령이기에 더는 회고록이 제작되기는 힘들다.

이 시점에 모든 회고록을 집대성하고 이를 데이터베이스화하여 서지 사항과 함께 역사적 가치를 평가해야 한다. 이후 이를 토대로 활용 방안도 세워야 한다. 더불어 새로운 회고록을 발굴해야 하고, 오래전에 출판된 회고록의 경우 연구자나 일반인이 쉽게 구할 수 없다면 재출판도 고려해야 한다. 일제강점기 혹은 해방 이후 신문이나 잡지에 기고한 독립운동가의 글을 한데 모아 책자로 출판하는 것도 고려해 봄 직하다. 또한 한문이나 영어로 집필된 회고록의 번역 작업도 병행해야 한다. 마지막으로 독립유공자 중에는 외국인도 70여 명에 달하는데, 이들의 회고록도 수집하여 한국독립운동을 어떻게 지원했고 어떤 활동을 하였는지도 기록으로 남겨야 한다.

정부 수립 이후
독립운동가 의원들의 궤적을 통해
오늘날 후손 의원들에게 바란다

오늘날 여야를 떠나 입후보한 독립운동가 후손들은 '독립 정신'을 이어 지역 일꾼이 되겠다는 출마의 변을 토로하고, 어떤 이들은 지역 내 대표적인 독립운동기념탑이나 독립운동가의 동상 앞에서 출정식을 하기도 했다. 다른 한편으로 시민사회단체는 친일 청산을 위한 입법 활동에 의지가 없거나 역사 왜곡 발언을 한 후보자들에 대한 낙선운동을 전개하기도 하였다. 이는 여전히 우리 사회에 독립운동과 친일이라는 화두가 영향을 미치고 있음을 증명한다고 할 수 있다. 이를 기회로 독립운동가 후손으로 국회의원에 당선된 인사들에게 몇 가지 당부 말씀을 드리고자 한다.

해방 후, 제헌국회의 탄생

먼저 제헌국회 의원을 지낸 독립운동가들의 면모를 살펴보고자 한다. 이를 통해 독립운동가 후손 정치인들이 그들의 길을 따르거나 비판적

1948년 5·10총선거 포스터

으로 계승하여 더 나은 자취를 남길 수 있기를 바라는 마음에서다.

1948년 5월 10일, 200명의 제헌국회 의원이 선출되었다. 당시에는 임시정부 요인들이 중심이 된 남북협상파가 불참한 가운데 총선거가 치러졌기에 유권자들의 선택은 매우 제한적이었다. 훗날 독립유공자로 포상을 받은 분들 가운데 국회의원에 당선된 사람은 28명으로 파악된다. 반면 반민족행위자로 피선거권이 박탈되었음에도 국회의원 배지를 단 사람은 50여 명이나 된다. 해방 직후 '독립' 대 '친일'이라는 세력 구도가 '공산주의' 대 '자유주의'라는 정치적 프레임에 갇힌 병폐이기도 했고, 미소 냉전이라는 국제적 정치 상황에서 비롯된 것이기도 했다.

총선에 출마한 독립운동가 중 현실적인 상황을 고려하여 남북협상을 반대한 인사들은 무소속으로 출마하기도 했고, 이인·김준연·나용균·정광호·신현모·백남채·서상일·최윤동·김도연·장홍염 등은 한국민주당 후보로 출마하여 당선되었다. 한국민주당은 해방 당시 임시정부를 지지하였으나 점차 이승만의 단정론으로 기울며 대한민국 정부 수립에 중추적 역할을 하였다.

그 결과 한국민주당은 이승만이 이끄는 '대한독립촉성국민회'의 55명 (이 가운데 독립운동가는 신익희·이범교·육홍균·김철·오석주)에 이어 두 번째로

1948년 5·10총선거 실시

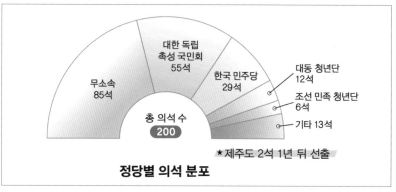

무소속
85석

대한 독립
촉성 국민회
55석

한국 민주당
29석

대동 청년단
12석

조선 민족 청년단
6석

기타 13석

총 의석 수
200

★제주도 2석 1년 뒤 선출

정당별 의석 분포

1948년 5·10총선거 실시

많은 29명의 의석을 확보하였다. 무소속으로 당선된 독립운동가 출신 의원도 적지 않았으며(홍순옥·연병호·이강우·구중회·오기열·최범술·배헌), 이 외에도 지청천(대동청년당), 문시환(조선민족청년당), 김약수(조선공화당) 등이 당선되었다.

제헌국회는 가장 먼저 친일파 숙청을 위한 반민법 제정 논의를 진행

하였다. 서상일·김상덕·홍순옥·연병호·배헌·오기열·장홍염·이석·
김약수 등이 이에 적극 동참하였다. 이들 가운데 몇몇은 반민족행위특
별조사위원회(이하 반민특위)에서 위원장(김상덕), 재판관(홍순옥), 조사위원
(오기열) 등으로 활동하였다.

반면에 정광호·김준연 등은 특별재판부 설치에 반대하였고, 나용균
은 친일파 공소시효를 단축하고자 하였다. 이인 같은 경우에는 단독정
부를 지지하며 초대 법무부 장관을 역임하고 반민특위 위원장을 지냈지
만, 이전과 달리 이승만 정권에 부합하여 이를 해체하는 데 한몫하기도
했다.

이 외에 서상일은 이승만 독재 반대 투쟁을 전개하고 호헌동지회에
참가하였으며, 신현모는 도산선생기념사업회 이사를 지냈고, 김도연은
박정희의 5·16군사정변에 정치 활동을 중단하는가 하면 1965년 한일
기본조약 비준을 반대하며 의원직을 사퇴하였다. 장홍염은 이승만 독재
를 저지하였지만, 1963년 박정희의 민주공화당에 입당하였다가 1967년
에 탈당하여 3선개헌 반대 투쟁을 전개하였다.

제2대 국회의원 선거와 독립운동가의 선택

그 뒤 2년 동안의 제헌국회가 끝나고 1950년 5월 제2대 국회의원 선
거가 치러졌다. 선출 의석수는 210석으로 이전보다 10석 늘었으며 경쟁
률은 10.5대 1로(후보자가 2,209명) 역대 총선 중 가장 높았다. 각 지방의 유
지들이 앞다투어 출마한 이유도 있었다. 아직은 정당정치가 뿌리내리지
못했던 터라 무소속 후보가 1,513명에 이를 정도로 많았고, 39개의 정

제2대 국회의원 선거에서 서울 성북구 후보로 입후보한 조소앙 후보의 선거 홍보물(1950.5.) (대한민국역사박물관)

당·사회단체가 참여하였다. 이 시기에 이승만과의 정치적 갈등을 겪은 신익희와 지청천 등은 '민주국민당'을 새롭게 출범시켰고, 이승만을 지지하던 세력은 '대한국민당'을 창당하였다.

제헌 국회의원 선거와 달리 남북협상파의 선거 참여가 두드러졌다(장건상·오화영·조소앙). 그러나 국회에 진출한 독립운동가는 모두 21명으로 제헌국회 때보다 7명이나 적었다. 재선에 성공한 이들은 신익희·지청천·장홍염·연병호·육홍균뿐이었다. 이때도 역시 무소속이 가장 많았고(서민호·장연송·김종회·장건상·오화영·안재홍·윤기섭·정일형·이종현), 민주국민당(이진수·신익희·김양수·고영완·장홍염·지청천), 대한국민당(이규갑·연병호·육홍균), 사회당(조소앙·조시원), 민족자주연맹(원세훈) 등의 순이었다.

하지만 며칠 뒤 6·25전쟁이 발발했고, 미처 서울을 빠져나가지 못한 제헌의원 41명과 제2대 의원 24명(제헌의원 2명 제외)이 납북되었다. 공식 인정된 전체 납북자 수는 4,423명에 달하였다. 납북된 의원 65명 가운데 독립운동가로는 홍순옥·정광호·이강우·구중회·김상덕·오기열(이상 제헌의원), 장연송·오화영·안재홍·윤기섭·조소앙·원세훈(이상 2대 의원) 등 12명(18.5%)이 포함되었다. 전체 독립운동가 출신 국회의원 중에서

민주당 창당 발기인대회 장면(1955.9.)

57.1%를 차지할 정도로 적지 않은 수가 납북되었다. 이들은 제대로 국
정을 펼쳐 보기도 전에 납북되고 만 것이다. 이와 달리 김약수는 월북하
였다.

　납북을 면한 독립운동가 의원들의 활동상을 간략히 살펴보면 다음과
같다. 서민호는 1951년 3월 거창양민학살사건 국회 조사 단장으로 활동
하다가 투옥되었고, 1965년에는 한일 협정에 반대하며 의원직을 사퇴하
였다. 정일형은 줄곧 야당 국회의원으로 활동하였는데 그 또한 1965년
한일 협정에 반대하여 의원직을 사퇴하였다. 김양수와 고영완은 이승만
의 자유당을 견제하기 위해 1955년 신익희와 함께 민주당을 창당하는
데 힘을 보탰다. 이와 달리 이규갑은 이승만 정권에 참여하였고 뒤이어
박정희의 민주공화당 고문을 역임하였으며, 이진수는 자유당에 입당하
였다. 장건상은 한때 자유당에 입당했다가 탈퇴하여 호헌동지회에 참가
하였는데, 1961년 5월 군사정변 당시 사상범으로 투옥되기도 하였다.

　이를 통해 본다면, 독립운동가라 할지라도 해방 이후의 행보는 사뭇

달랐다. 어떤 이는 정치권력을 좇기도 했고, 어떤 이는 독재 권력에 항거하다 투옥되는 고초를 겪기도 했다. 이들에 대한 평가는 훗날 역사가들의 몫으로 남았다.

독립운동가 후손, 그리고 국회의원으로서의 길

국회의원으로 당선된 인사들 가운데 독립운동가 후손들이 적지 않다. 이들은 독립운동가 후손이자 국회의원으로서 어떤 길을 걸어야 할 것인가? 훨씬 앞서 살았던 임진왜란 당시의 의병장 고경명과 그 후손인 한말 의병장 고광순의 이야기가 이들에게 하나의 이정표가 되지 않을까 한다. 임진왜란 당시 고경명은 전남 담양에서 의병을 모집한 뒤 금산싸움에서 왜군과 싸우다가 전사하였다. 그 뒤 310여 년이 지난 1907년에 그의 12대손인 고광순 또한 의병장으로 활동하던 중 전남 구례 연곡사에서 일본군에 맞서 싸우다 전사하였다. 외세의 침략으로 나라가 위기에 처했을 때 기꺼이 목숨을 바쳤던 선조처럼 그의 후손 또한 그 정신을 이은 것이다.

독립운동가 후손이 선대의 독립 정신을 그대로 이어 나가기란 쉽지 않다. 물론 지금은 국망의 시대도 아니다. 후손이라 해도 제각기 정치철학, 시대 환경, 도덕적 기준 등이 다르기에 무조건 선대의 길을 따라야 한다고 강요할 수도 없다. 또한 그 후손이라고 하여 어디에서나 귀감이 되어야 하고 반듯하게 살아야 하며 선대를 욕보이는 일은 절대 하지 말아야 한다면 제대로 된 사회생활을 하기가 쉽지 않을 수도 있다. 어쩌면 숙명일지도 모른다.

고광순

그럼에도 독립운동가의 후손으로서 헌법기관인 국회의 의원이 되었다면 뭔가는 달라야 하지 않을까. 독립운동가 후손들의 복지 확대를 꾀해야 하며, 독립 정신의 맥을 잇는 통일운동에 앞장서고, 여야를 떠나 선조들이 원했던 독립 국가의 발전을 위해 한목소리를 내야 할 것이다. 무엇보다 시급히 친일 청산 4대 입법(친일 망언 피해자 모욕 처벌, 친일반민족행위자 재산 환수, 친일반민족행위자 훈장 서훈 취소, 친일반민족행위자 국립묘지 이장)을 마무리해야 하고 '국군의 날'을 새롭게 제정하는 것도 고려해 봄 직하다고 생각한다. 독립운동가 후손 국회의원들의 활약을 기대해 본다.

항일 정신이 깃든
문화유산 현판의 복원

현판은 판에 글씨를 새겨서 건축물의 문이나 대청 위 또는 처마 밑에 걸어 놓은 것을 말한다. 흔히 당호(堂號)라 하여 건물의 성격을 짐작하게 한다. 현판은 삼국 시대부터 등장하는데, 현존하는 가장 오래된 현판은 영주 부석사의 '무량수전(無量壽殿)'과 경북 안동의 '안동웅부(安東雄府)' 현판으로 모두 공민왕의 글씨이다. 공민왕이 1361년 홍건적 침입 시에 영주, 안동 등지로 몽진한 것이 계기

(상) 무량수전과 (하) 안동웅부 현판

가 되어 만들어졌다. 당호는 당대 최고의 권력자 혹은 명필의 글을 받아서 널빤지에 새기는 것이 보통이기에 그 자체로도 의미가 크다.

몇 해 전, 박정희 글씨로 새긴 현판을 두고 철거할 것인지 말 것인지 논란이 있었는데, 이를 판단하는 기준을 밝히고 하나의 방안을 제시하고자 한다.

박정희 전 대통령의 글씨 기념탑

박정희는 1961년 5·16군사정변으로 정권을 잡은 이후 1979년 10월에 피살당할 때까지 18년 넘게 권력을 독차지하였다. 그가 누린 권력의 시간만큼이나 그가 남긴 글씨도 많다. 1989년 10월 민족중흥회가 펴낸 박정희 휘호집《위대한 생애》를 보면, 그는 전국에 1,200여 점의 글씨를 남겼다고 한다. 이 가운데 기념비·기념석으로 혹은 현판으로 제작된 것도 적지 않다.

박정희 글씨로 새겨진 대표적인 기념비로는 제주시 산천단 인근 도로변에 세워진 '五一六道路'(5·16도로, 1967), 추풍령 휴게소의 경부고속도로 준공 기념탑 전면에 새겨진 '서울·부산 간 고속도로는 조국 근대화의 길이며 국토 통일의 길이다'(1970.7.), S&T모티브 부산 1공장 본관 앞의 '精密造兵'(정밀조병, 1971.4.), 서울 광진구 능동 서울어린이대공원 분수대 옆에 있는 '어린이는 내일의 주인공, 착하고 씩씩하며 슬기롭게 자라자'(1973.5.), 국가공무원인재개발원 진천 본원 광장에 있는 '내 일생 조국과 민족을 위하여'(1974.5.), 남해고속도로 순천 방향 섬진강 휴게소에 있는 '호남 남해고속도로 준공 기념탑'(1974.11.), 경북 안동댐 준공 당시 새겨진 '안동호', '안동 다목적 준공 기념탑'(1976.11.), 안중근 의사 탄생 100돌을 기념해 세운 남산 안중근의사기념관의 '民族正氣의 殿堂'(민족정기의 전당, 1979.9.), 전북 남원의 '만인의총정화기념비'(1979.10.), 여의도 전경련빌딩 입구에 설치된 '創造 協同 繁榮'(창조 협동 번영, 1979.10.), 경남 통영의 '한산대첩기념비'(1979) 등을 꼽을 수 있다.

현판이 문제가 되는 이유

이러한 기념비와 기념석 등은 박정희 임기 동안에 마친 토목공사나 건축 준공식에 맞춰 조성된 것들이다. 이러한 것은 치적이라 할 수 있으니 굳이 문제 삼을 필요가 없다고 본다. 하지만 박정희 글씨의 현판은 기념비와는 성격이 다르다.

박정희 친필 현판은 당사(黨舍)·관공서·군 관련 신축 건물, 기념관, 교육관 등이나 사적지 내에 걸렸다. 문제가 되는 것은 사적지에 걸린 현판이다. 다른 것들은 시대가 흐르면서 자연스럽게 없어지기도 하고 철거되기도 하였다. 그러한 현판 중 현재 남아 있는 대표적인 것은 경주 남산 동쪽의 중앙에 있는 '統一殿'(통일전)과 그와 나란히 자리하고 있는 화랑교육원의 '화랑의 집'·'화랑의 얼', 현충사 밖에 신축한 충무수련원(현 충무교육원)의 '나라사랑', 2군사령부 내 군법당의 '武烈寺'(무열사), 공군 5236부대의 '유신문', 경북대 개교 30주년 기념 본관의 '創造와 開拓'(창조와 개척), 한글회관 준공 입구 '한글회관' 등이다. 이러한 것들은 논란의 여지가 없지는 않지만, 그리 크지도 않다.

철거 문제로 종종 사회적 논쟁거리가 되는 것은 문화유산 혹은 독립운동 관련 사적지의 현판이다. 2001년 11월에 한국민족정기소생회 회원들이 서울 종로 탑골공원 앞 정문에 걸려 있던 '삼일문' 현판을 제거

(상) 박정희 글씨 삼일문 현판.
(하) 독립선언서 집자 삼일문 현판

다시 내걸린 '충의사(忠義祠)' 현판

했다고 하여 징역 1년 형을 구형 받았다. 문제가 된 '삼일문' 현판은 1967년 12월 탑골공원을 중수하면서 만든 정문에 박정희가 한글로 쓴 것이다. 현재는 〈독립선언서〉에서 집자한 글씨로 제작된 '삼일문' 현판이 걸려 있다. 2005년 3월에는 충남 예산군 덕산면 시량리에 있는 윤봉길 의사 사당인 충의사(忠義祠) 현판이 도끼로 부서졌다. 이 현판은 1968년 4월 사당이 건립될 때 박정희 글씨로 제작한 것이었다. 이를 부순 이는 특수 공용 물건 손상 등 혐의로 징역 6개월 형을 선고받았다. 그 뒤 슬그머니 박정희 글씨 현판이 다시 내걸렸고 지금에 이르고 있다.

우리가 지켜 낼 역사에 대한 고민

　사회적으로 큰 논란이 일었던 것은 '광화문' 현판이었다. 일제가 조선 총독부 건물을 신축하면서 광화문은 지금의 민속박물관 근처로 옮겨

졌다가, 한국전쟁 당시 누각이
불타면서 현판도 사라지고 말
았다. 그 뒤 1968년 12월 광화
문이 복원될 때 박정희가 한글
로 쓴 '광화문' 현판이 내걸렸다.
이로부터 40년이 다 되어 갈 무
렵인 2006년 12월에 '경복궁 광
화문 제모습 찾기'가 선포된 이
후 2010년 8월 광화문이 재건되

(상) 박정희 글씨 광화문 현판,
(하) 2023년에 제작한 광화문 현판

었다. 이 과정에서 광화문 현판을 둘러싸고 격렬한 논쟁이 벌어졌다. 박
정희 현판을 그대로 달 것인지가 아니라, 한글로 할 것인지 문화유산 복
원 차원에서 한자로 할 것인지로 대립하였다. 결국 논란 끝에 중건 당시
의 훈련대장 임태영의 글씨를 복원한 '門化光(문화광)' 현판이 걸렸다.*

　2017년 9월에 이순신 가문의 15대 맏며느리이자 충무공기념사업회
대표인 최순선 씨가 충남 아산 현충사 사당에 걸려 있는 박정희 친필 현
판 대신에 옛 사당의 숙종 사액 현판으로 교체할 것을 문화재청(현 국가
유산청)에 요청하였다가 거부당한 일이 있었다. 당시 종가 측은 현판 교
체가 이뤄질 때까지 충무공의 유물을 전시할 수 없다며 《난중일기》 원
본과 충무공의 장검을 회수하기도 했지만 소용없었다. 숙종 사액 현판
은 1706년 현충사 첫 건립 때 사당에 걸렸던 것이다. 1868년 흥선대원군

---

* 2023년 10월 광화문 월대를 복원하면서 현판도 다시 제작되었다. 2018년 일본 와
　세다대 고문서고에서 발견된 〈경복궁영건일기〉에 근거하여 검은 바탕에 금도금
　이 된 동제 글자판을 붙인 현판이 내걸렸다.

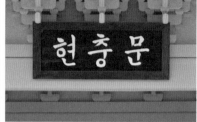

(상) 숙종 사액 현충사 현판,
(하) 박정희 친필 현충사 현판

(상) 전두환 친필 현충문 현판,
(하) 안중근체로 교체된 현충문 현판

의 서원철폐령으로 사당이 헐리자, 후손이 이를 보관하다가 1932년 국민이 성금을 모아 사당을 재건립하면서 다시 걸렸다. 그런데 박정희가 1967년 현충사 성역화 사업을 벌이며 콘크리트로 한옥 양식을 본떠 새 사당을 짓고 현충사·충의문·충무문 등 3개의 문에 자신의 친필 현판을 걸었다. 이후 본래 현충사는 '구 사당'으로 불리며 기능을 상실하였다.

2023년 현재 문화유산에 역대 대통령의 글씨로 된 현판이 걸려 있는 곳은 모두 37곳(43건)이며 그 가운데 박정희 글씨로 된 현판이 걸린 곳이 28곳(34건)이나 된다. 그중 임진왜란과 항일투쟁과 관련한 것이 15건으로 절반 가까이 차지한다. 이 밖에 8건은 충신 등의 유적, 2건은 외세에 대한 항전 유적 등이다.

그렇다고 이 모두를 철거하자는 것은 아니다. 하지만 항일과 관련된 인물이나 유적은 우선 고려해야 한다. 박정희의 친일 행적이 밝혀지고 있는 상황에서 그와 같은 현판들은 부적절하기 때문이다. 그 외의 것들은 문화유산의 가치와 역사성 등을 고증하여 적절하지 않으면 교체하는 것이 바람직하다.

2020년 6월 6일 대전현충원에서 제65회 현충일 기념행사가 치러졌다. 이때 전두환의 글씨로 된 '현충문' 현판이 안중근의 글씨체로 된 현판으로 교체되었다. 이는 유의미한 변화의 시작이라고 볼 수 있다. 우리 역사의 현장에서 그들의 글씨가 또 다른 역사적 의미로 해석되지 않을까 고민해 볼 때이다.

일제강점기
'우리 문화유산 보호' 역시
독립운동이었다

'10월 9일'은 누구나 알고 있듯이 한글날이다. 1940년《훈민정음해례본》(국보 제70호)이 발견되면서 한글 반포 일이 9월 상순(10일)이라는 게 밝혀졌고, 이를 양력으로 환산한 10월 9일이 지금의 한글날로 정해졌다. 2023년 10월 9일 '한글날 577돌'을 맞아 한글날 제정 이유와 과정을 살피고, 이에 결정적 영향을 준《훈민정음해례본》이 발견된 뒷이야기를 알아보고자 한다. 이와 더불어 이를 소중히 간직한 전형필(1906~1962)을 통해

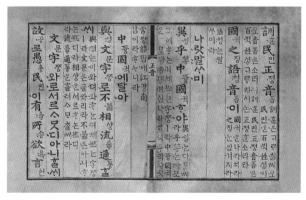

《훈민정음해례본》

일제강점기 '우리 문화유산 보호' 역시 독립운동이었음을 말하고자 한다.

《훈민정음해례본》 발견 뒷이야기

《훈민정음해례본》은 1940년 경성제국대학에서 조선 문학을 가르친 김태준의 제자 이용준에 의해 세상에 그 존재가 드러났다. 이용준은 자기 처갓집인 안동 와룡면 가야리 광산 김씨 긍구당 종택 서고에서 우연히 《훈민정음해례본》을 발견했고, 이를 김태준에게 알렸다. 그 존재 가치를 확인한 김태준은 당시 우리 문화유산 수집에 관심을 기울이고 있던 전형필을 떠올렸다. 소식을 접한 전형필은 《훈민정음해례본》을 본 순간 한걸음에 은행에서 1만 1천 원을 찾아와 사례하고 이를 건네받았다. 이는 오늘날 30억 원에 해당하는 거액이었다. 이에 《훈민정음해례본》을 안동본 혹은 전형필본이라 한다.

(왼쪽부터) 김태준, 전형필

'해례본'이란 한글이 어떤 원리를 바탕으로, 어떤 과정을 통해 만들어 졌는지를 설명한 책이다. 이 책자가 발견되기 전까지는 한글 창제에 대한 여러 억측이 난무했다. 일제강점기에는 한글이 한국 고유의 창살 문양에 서 유래되어 창제되었다는 설이 회자하기도 하였다. 그러나 해례본이 발 견된 이후 한글이 계통적·독립적인 동시에 당시 최고 수준의 언어학·음 성학적 지식과 철학적인 이론에 의해 창제된 사실이 입증되었다.

한글날이 10월 9일인 이유는?

'한글날'이 처음 정해진 것은 1926년 조선어연구회(현 한글학회)가 훈 민정음 반포 여덟 회갑(480년)을 기념하여 음력 9월 29일(양력 11월 4일)을 '가갸날'(1928년 한글날로 개칭)로 정하면서 비롯되었다. 1446년(세종 28년) 음력 9월 29일《세종실록》에 9월 중 훈민정음이 반포되었다는 기록에

가갸날 잔치(《동아일보》 1926년 11월 6일 자)

따른 것이다. 그 뒤 1930년대에 이를 양력으로 환산하여 10월 29일로 정했다가 다시 10월 28일로 수정했다.

그런데 1940년 경북 안동에서 우연히 《훈민정음해례본》이 발견되면서 한글날이 새롭게 정해졌다. 1945년 광복 후 처음 맞이한 한글날은 《훈민정음해례본》 서문의 9월 상순에 이를 완성했다는 기록에 근거하여 한글 반포 일을 '음력 9월 10일'이라 못 박고, 이를 양력으로 환산하여 '10월 9일'에 행사를 치른 이후 지금에 이르고 있다.

암흑시대, 민족 문화유산을 지킨 전형필

《훈민정음해례본》을 고이 간직한 전형필을 소개할 때, '문화 독립운동가'라 칭하곤 한다. 그는 일제강점기에 "우리 문화재는 곧 민족의 자존심"이라며 자신의 막대한 재산을 이를 사들이고 지키는 데 쏟아부었기 때문이다. 그는 1906년 서울 종로구 광장시장 일대에서 태어났는데, 1929년 24세 때 아버지로부터 800만 평(약 26km²)의 땅을 상속받아 당시 한국의 40대 거부가 됐다. 전형필의 집안은 증조 때부터 배오개(지금의 종로4가) 중심의 종로 일대 상권을 장악한 10만 석 대부호 가문이었다.

그가 한국 문화유산에 관심을 기울이게 된 데는 휘문고보 재학 중 스승이자 한국 최초의 서양화가, 민족주의자였던 고희동(1886~1965)의 영향이 컸다. 그는 전형필에게 암흑시대를 극복하는 유일한 길은 민족 문화유산을 지키는 것이라는 점을 깨닫게 해 줬다. 전형필은 1928년 와세다대학 법학부 재학 중 방학을 이용하여 귀국했을 때, 고희동의 소개로 오세창(1864~1953)을 만난 뒤로 다시금 민족문화 수호의 중요성을 깨

1938년 보화각 개관기념일에 북단장에서의 간송 전형필(오른쪽에서 네 번째)과 위창 오세창(오른쪽에서 다섯 번째)

닫게 되었다. 오세창은 1919년 3·1운동 당시 민족 대표 33인의 한 사람으로 참여하여, 3년여의 옥고를 치른 후 칩거하면서 서예가·전각가(篆刻家)·서예학과 금석학 역사가로 활동했다.

전형필에게 '간송(澗松)'이란 호를 지어 준 것도 오세창이었다. 한겨울에도 얼지 않고 흐르는 물과 그곳에 자리를 지키고 있는 소나무라는 뜻이다. 오세창에게 서화 골동품의 감식안을 키운 전형필은 학업을 마치고 돌아온 뒤 1934년 서울 성북동의 땅 1만여 평을 사들였다. 우리 문화유산을 간직하고 연구할 수 있는 시설을 세우기 위해서였다. 오세창은 그곳이 '옛 선잠단지 북쪽에 있는 땅'이라는 이유에서 '북단장(北壇莊)'이라 이름 지었다. 전형필은 이를 터전 삼아 본격적으로 문화유산 수집에 나섰다.

청일전쟁 이후부터 일본인들은 우리의 온갖 문화유산을 마구 도굴·약탈하였다. 이러한 문화유산은 일본에 반출되어 일본인 수집가들과 권력층·재벌가들의 수중에 들어갔다. 한 예로 1907년 1월 순종의 가례식에 참석한 일본 궁내대신 다나카 미쓰아키(田中光顯)는 '개성 경천사지 십층 석탑'(국보 제86호)을 불법적으로 반출했다가 비난 여론이 들끓자, 1918년 11월 이를 다시 돌려줄 수밖에 없었다. 하지만 이 외에도 수많은 우리 문화유산이 일본에 반출되었고 현재 일본 각처의 박물관·미술관에 소장되어 있다. 대표적인 것이 도쿄국립박물관에 소장된 '오구라 컬렉션'이다. 이는 오구라 다케노스케가 일제강점기에 수집한 유물 5천여 점 가운데 일본에 반출된 1천여 점가량을 말한다.

이렇듯 우리 문화유산이 일본인들에 의해 마구 유출되는 상황에서 전형필은 당시 아시아 최대 고미술 유통업체인 야마나카 상회(山中商會) 측과 경매 입찰 경쟁을 벌였다. 야마나카 상회는 1923~1936년 수십 차례 전람회를 열어 많은 한국 문화유산을 빼돌리고는 이를 뉴욕·런던·파리·베이징 등지의 점포를 통해 팔아치웠다. 1934년 이에 가슴 아파하던 전형필은 야마나카 상회가 가지고 있던 혜원 신윤복의 '혜원풍속도'(국보 제135호)를 당시 서울의 8칸짜리 고급 한옥 25채 가격인 2만 5천 원에 매입했다. 1936년에는 '백자 청화철채동채초충문 병'(국보 제294호)이 경매에 나왔는데, 전형필은 이를 두고 야마나카 상회와 경쟁하였다. 서로 간의 자존심 싸움으로 가격이 치솟아 애초 6천 원으로 시작하여 1만 4,580원까지 올라갔고 끝내 전형필이 이를 낙찰받았다.

민족문화의 보존을 통해 민족의 긍지를 되찾다

이 외에도 전형필은 적지 않은 한국 문화유산을 사들였다. 1935년 일본인에게 '청자 상감운학문 매병'(국보 제68호)을 2만 원에 매입했다. 1937년에는 중일전쟁이 터지자 일본에 있던 영국인 존 개스비(John Gadsby)가 본국으로 귀국하면서 그가 모았던 고려청자 전부를 경매에 부친다는 소식을 들었다. 이에 전형필은 서둘러 낙찰가 40만 원을 준비하고자 충남 공주에 있던 5천 섬지기 땅을 처분하여 '청자 상감포도동자문 매병' 등 도자기 20점을 40만 원에 매입했다. 또한 일본으로 반출될 뻔한 '괴산 팔각당형 부도'를 가까스로 되샀으나, 이내 조선총독부에 압수당하였고 3년간의 반환청구 소송 끝에 1938년 이를 되찾기도 하였다.

특히 일제의 민족말살정책이 최고조에 달했던 1943년에는 앞에서 언급한 《훈민정음해례본》을 손에 넣었다. 그는 조선총독부가 이를 알까 봐 극도의 비밀에 부쳤다가 광복 후에야 이를 세상에 내놓았다. 그는 1950년 6·25전쟁이 일어나자, 무엇보다도 《훈민정음해례본》을 먼저 챙겨 피난을 떠났고, 피난 중에 낮에는 품어 다니고 밤에는 베개 삼아 베고 자며 지극정성으로 이를 지켰다.

이렇듯 그가 수집한 유물은 국보 12점, 보물 10점 등 1만 6천여 점에 달한다. 그는 한국 문화유산이 단순한 물질이 아니라 '민족정신'이라 여겼고, '독립운동'을 한다는 마음으로 이를 사들여 보존하였다. 그는 1938년 7월, 일제의 민족말살정책이 시작될 무렵 수집품을 관리·전시하고자 서울 성북구에 개인 미술관을 세웠다. 이름은 '빛나는 보물을 모아둔 집'이란 뜻의 '보화각'(현재 간송미술관)이라 지었다. 이곳은 민족문화의 보존을 통해 민족의 긍지를 되찾고, 이를 바탕으로 새로운 우리 문화를 건설하기 위한 초석이었다.

민족 문화유산의 참다운 수호자였던 '전형필'

　전형필의 업적을 기려 그를 '문화 독립운동가'라고 칭하고 있지만, 국가로부터 서훈을 받은 독립유공자는 아니다. 1962년 서훈 심사가 본격화된 뒤로 기준이 여러 번 바뀌었지만, 기본적으로 수형 기간·활동 기간이 주요한 판단 기준이었던 점은 변함없었고 사건이나 독립운동 단체의 지도자 혹은 주요 간부·의병으로 전사 또는 피살된 분, 친일파와 일제 원흉 제거 활동을 벌인 분, 글로써 민족의식을 일깨운 분, 독립지사를 무료로 변호한 법조인 등으로 대상이 한정되었기 때문이다.

　1980년대 이후 서훈이 정례화되면서 사회주의자를 포함하거나 옥고 기간을 낮추는 등 기준이 이전보다 폭넓어졌고, 독립운동 계열별로 보면 3·1운동·의병·문화운동·국내 항일·의열투쟁·학생운동·만주와

전형필

노령 방면·임시정부와 중국 방면·광복군·애국계몽운동·미주 방면·일본 방면·외국인 등으로 세분화하였지만, 그는 여전히 빠져 있다.

그는 평생 많은 재산을 들여 우리 문화유산을 지켜 냈지만, 이러한 그의 활동은 독립유공자 서훈 기준에 부합하지 않는다. 문화예술계 인사의 공적이 좁게 해석되고 상대적으로 낮게 평가된 결과이다. 2023년 9월 현재 문화 활동으로 분류된 독립유공자는 103명(1.58%)에 불과한데, 그마저도 '옥고(獄苦)'와 '단체 활동 여부'로 이를 판가름하였다. 민족문화 보존에 힘쓴 문화예술계 인사들이나 일제로부터 문화유산을 지켜 낸 전형필의 경우는 그 어디에도 해당하지 않는다. 그는 사후에 대한민국 문화포장(1962)·문화훈장 동백장(1964)·금관문화훈장(2014) 등이 추서되었을 뿐이다. 그런데도 여러 신문과 방송 매체에서 전형필을 소개할 때 빠지지 않는 것 중 하나가 '독립운동가'라는 타이틀이다.

다양한 독립운동가들의 삶을 소개할 때도 그의 이름이 포함되곤 한다. 그에 관한 학술 논문에는 "간송(澗松) 전형필(全鎣弼) 선생은 일제강점기 우리 전통 문화유산의 일본 유출 저지에 앞장서서 매우 귀중한 민족문화유산들을 수집하여 보존한 보기 드문 유형의 독립운동가였다. 그는 일본인 권력자와 결탁하거나 일부 골동 상인들처럼 자신의 부나 안목을 자랑하기보다는 오로지 민족혼을 지킨다는 뚜렷한 목적의식으로, 막대한 사재를 다 털어 넣은 민족 문화재의 참다운 수호자였다."라고 기술될 정도이지만, 그는 국가로부터 독립유공자로 인정받지 못하고 있다. 이제는 미래 지향적이고 다양한 서훈 기준을 마련하여 유공자 발굴을 확대해 나가야 한다. 전형필은 엄연한 독립운동가이다.

'애국가', 다시금 논의할 때

우리나라에서 끝나지 않은 논쟁 중 하나가 '애국가' 문제이다. 누가 작사하였는지 불명확하고, 친일파가 작곡한 곡을 계속 사용해야 하는지를 두고 말도 많다. 애국가는 정식 국가(國歌)는 아니지만, 태극기와 마찬가지로 대한민국을 상징한다. 이에 국내외를 막론하고 공식적인 국가 행사에서는 반드시 태극기가 게양되고 애국가가 울려 퍼진다. 그럼에도 애국가는 여전히 논쟁거리다.

한 나라의 국가(國歌)

우리나라를 상징하는 국호와 국기는 전근대 시기와 연결되어 있다. 이는 우리나라가 근대 국가로 탈바꿈해 가던 시기에 일제의 식민지로 전락하여 근대화 과정이 왜곡되면서 빚어진 결과다. 일제의 강압과 핍박에서 벗어나기 위해 몸부림치던 독립운동 당시 전 국민의 동의를 얻지는 못하였지만, 대한제국에서 대한민국 임시정부로 바뀌었는데, 국기는 여전히 한말에 사용했던 태극기가 사용되었다. 해방 후 1948년 8월 자주독립 국가로 탄생하면서 국호는 '대한민국'으로, 국기는 '태극기'로 인정되어 오늘에 이르고 있다. '애국가'도 이와 크게 다르지 않은 과정을 거쳤다.

한 나라의 국가(國歌)에는 국민 정서와 역사 및 가치관 등이 담겨 조국에 대한 국민의 자부심, 애국심, 국민의 결속과 용기를 고취한다. 그렇다면 세계를 대표하는 나라들의 국가는 어떤지 살펴보자. 혁명을 거쳐 근대 국가로 변모한 프랑스의 국가는 '라 마르세예즈(la Marseillaise)'라고 하는데, 이는 프랑스혁명 당시 파리의 튈르리궁전을 습격하여 프랑스 왕정을 무너뜨린 마르세유 군대의 이름에서 따온 것이다. 영국은 여전히 입헌군주제를 유지하고 있기에 '하느님 국왕/여왕 폐하를 지켜 주소서(God Save the King/Queen)'라는 군주를 축원하는 내용의 국가를 사용하고 있다.

제2차 세계대전의 패전국인 일본과 독일은 색다르다. 일본은 패전 후 국가의 지위를 잃었는데, 1818년부터 사용됐던 '기미가요(君が代)'는 사실상의 국가로 유지됐다. 그 뒤 1999년에 '기미가요'를 다시 국가로 정식으로 공인했다. 이는 일본 '천황'과 제국주의의 번영을 기원하는 내용을 담고 있어 여러 논란과 반대가 있었음에도 국가로 자리 잡았다. 독일 역시 패전 후 국가를 부르지 못하게 되었다. '모든 것 위에 군림하는 독일(Deutschland über Alles)'이라는 의미의 독일 국가는 1952년 1절과 2절을 부르지 않는 조건으로 '독일인의 노래(Das Lied der Deutschen)'라는 이름으로 부활했다.

대한제국 애국가

영국으로부터 독립한 미국은 어떠한가? '별이 빛나는 깃발(The Star Spangled Banner)'이라는 미국의 국가는 국기이자 미국 정신의 상징인 '성조기'를 강조한다. 이는 독립전쟁 당시 영국의 바이킹 후예들이 승리의 노래로 불렀다고 하는 '천국의 아나크레온에게(To Anacreon in Heaven)'라는 곡조에 침략이 아닌 방어의 미덕을 찬양하는 노랫말을 붙인 것이다.

우리나라의 경우 관습적으로 '애국가'를 국가라 부른다. 이를 풀어 쓰자면 '나라를 사랑하는 노래'라는 뜻이다. '애국가'는 1894년 이후 만들어진 창가 제목 중 하나였다. 1896년 무렵에는 그 수가 10여 종이나 됐고, 《독립신문》에 그에 관한 가사가 게재되기도 했다. 다만 어떤 곡조였는지는 명확하지 않다. 그 뒤 고종 재위 40주년을 맞아 1902년 왕립군악대 교사였던 독일인 프란츠 에케르트(Franz Eckert)가 작곡한 애국가가 대한제국 공식 국가로 지정되었다. 그런데 이후로도 학교에서 여러 애국가가 불리자 1904년 학부가 나서서 에케르트가 작곡한 애국가가 유일한 '국가'라면서 학생들에게 이를 가르치도록 하였고, 이후 행사 때마다 이 애국가를 합창하였다. 당시 대한제국 애국가는 "상뎨(上帝)는 우리 황뎨(皇帝)를 도으亽"로 시작하였다. 이를 현대 한국어로 정리하면 다음과 같다.

상제(上帝)는 우리 황제를 도우사
성수무강(聖壽無疆)하사 [임금의 수명이 끝이 없게 하시고]
해옥주(海屋籌; 장수를 기원하는 표현)를 산같이 쌓으시고
위권(威權)이 환영(環瀛)에 떨치사 [위엄과 권세가 천하에 떨치사]
오! 천만세에 복록이 [천만대가 지나도록 복되고 영화로움이]
일신(日新)케 하소서 [날마다 새롭게 하소서]
상제는 우리 황제를 도우소서

애국가에 대한 논쟁

지금 대한민국 국가 애국가의 작사자가 '윤치호냐, 안창호냐'를 두고 열띤 논쟁이 일었다. 끝내 결론을 내지 못해 현재 작사자는 미상이다. 이러한 논쟁을 간략히 정리하자면, 대한제국 시기로 거슬러 올라간다. 1907년 10월 30일 자《대한매일신보》에 '무궁화가'라는 제목의 가사가 실렸는데, 그 첫 구절은 "성자신손오백년(聖子神孫五百年)"으로 시작하고,

《자유신문》1945년 11월 21일 자에 실린 애국가

후렴은 "무궁화 삼천리 화려강산 대한 사람 대한으로 길이 보전하세"
로 오늘날 애국가와 같다. 그런데 언제부턴가 "동해물과 백두산이 마르
고 닳도록"으로 시작하는 애국가가 스코틀랜드 민요 '올드 랭 사인(Auld
Lang Syne)'의 곡조에 맞춰 불렸다.

경술국치 이후 예전 애국가는 사라지고, '무궁화가' 곡이 애국가로 지
칭되면서 국가처럼 인식하게 되었다. 이후 대한민국 임시정부 등 독립
운동 단체뿐만 아니라 독립운동가들도 이를 애국가로 부르곤 하였다.
그러다 1936년 재미 한인들이 안익태가 작곡한 '코리아 판타지(Korea
Fantasy)'를 애국가 곡조로 사용할 수 있도록 임시정부에 요청하였고,
1941년 2월 국무회의는 이를 가결하였다. 그 뒤 임시정부 행사 때 정식
곡으로 채택되었는지는 알 수 없다.

해방 직후에는 기존 애국가가 많이 불렸는데, 한쪽에서는 독립 국가
로서 새로운 국가를 제정해야 한다는 목소리도 간간이 들려왔다. 곡조
가 이별곡이고, 기독교 찬송가의 가사가 포함되었다는 이유에서다. 그
런 가운데《자유신문》1945년 11월 21일 자에〈우리 애국가, 장중 활발

애국가 현상 모집 광고(《중앙신문》 1945년 12월 27일 자)

하게 새 곡조로 부르자〉라는 제목의 기사가 실렸다. 재미 한인들이 이별곡인 '올드 랭 사인 (Auld Lang Syne)' 곡조의 애국가는 광복된 마당에 더는 적당하지 않다며, '코리아 판타지' 곡조로 바꿔 부르자는 내용이었다.

이후 "애국가는 이 곡조로 부릅시다"라는 운동이 전개되는가 하면, 음악가협회·문학동맹 공동 주최로 '애국가 현상 모집' 행사가 열리기도 하였으며, 애국가는 국가와 다르다며 새롭게 국가를 제정해야 한다는 주장도 거듭 제기되었다. 조선아동문화협회는 윤석중 작사의 새로운 애국가를 발표하고는 작곡을 환영한다는 광고를 내보내기까지 하였다. 이렇듯 결정이 미뤄지면서 가사는 하나인데 곡조가 두 개인 애국가가 불려 혼란을 초래하였다. 이러한 문제는 점차 개선되어 안익태 곡으로 정리되어 갔다.

이후 1948년 8월 정부가 수립되었는데도 '국가(國歌)'에 관한 헌법 조항이 없다는 점이 문제로 드러났다. 제헌국회에서 '국가에 관한 건의안'이 발의되었지만, 통일 이후에 국가를 제정하자는 주장에 그만 보류되었다. 그럴지라도 당시에 '국가를 애국가로 대신한다'라거나 '남북통일 이후 국가를 제정한다'라는 내용의 문구가 명문화되었다면 이후 불필요한 논란이 없었을지도 모른다. 결국 정권이 바뀔 때마다 '국가' 문제가 꾸준히 제기되었고 흐지부지되기를 반복하였다. 2017년에는 "대한민국 국가를 애국가로 명시화하자"라는 법안이 제기되었고, 2020년에는 작곡가 안익태의 '친일·친나치 행적'을 문제 삼아 애국가를 폐기하자는 주장까지 거론되었다.

한 나라의 상징 가운데 하나인 '국가(國歌)'는 그 나라의 운명과 같이 한다. 어느덧 광복 후 정부가 수립된 지 70여 년이 훌쩍 넘었다. 대한민국은 꾸준히 민주화와 경제성장을 이룩하여 개발도상국에서 선진국 그룹으로 격상하였다. 이제 격에 맞는 헌법 개정과 아울러 '국가' 문제도 매듭지어지길 바라본다.

제4장

끝나지 않은
일제강점기의 문제들

일본의 끝없는 역사 왜곡, 어떻게 대처해야 할까

2022년, 한 중소벤처기업부 장관 후보자가 IT보안 전문업체 (주)테르텐의 대표로 재직할 당시 일본의 역사 왜곡 교과서 출판업체와 디지털 교과서 서비스를 계약한 것이 확인되었다. 후보자 측은 "세계 여러 업체 가운데 하나일 뿐이며, 거래 규모도 적었기에 문젯거리가 될 게 없다."라는 태도를 보였다. 과연 한국 장관이 되겠다는 후보자가 이럴 수 있나 싶다. 일본의 한국사 왜곡 문제는 한일 갈등의 한 요인이기도 한데, 문제의식이 없는 듯하다.

이는 근본적으로 역사 인식에 문제가 있음을 지적하지 않을 수 없다. 이에 일본이 역사 교과서를 어떻게 왜곡해 왔으며 우리는 어떻게 대처해야 할지 생각해 보고자 한다.

진실을 감추기 위한 공작

일본의 역사 교과서 왜곡 문제는 1953년에 처음 제기되었다. 당시 일본은 '이케다(일본 총리)-로버트슨(미 국무부 차관보)' 회담을 계기로 재군비와 더불어 자위대를 창설하였다. 이를 기회로 일본 우익은 좌파 세력 견제 차원에서 제2차 세계대전 이전 상황을 비교적 진솔하게 기술한 교과서를 문제 삼았다. 이후 문부과학성이 교과서 조사관 제도를 신설하여 검정을 강화하면서 자신들의 역사적 가해 사실을 교과서에서 감췄다.

그 뒤 1982년 일본의 '교과서 문제'가 한국을 비롯한 동아시아에서 국제적 문제로 대두하였다. 1980년 중의원·참의원 선거에서 과반의석을 차지한 자민당은 역사 교과서 문제를 들고나왔다. 자민당이 교과서에 애국심 관련 기술이 빠졌고 지나치게 좌경화되었다며 비판하자, 보수 언론이 이에 가세하여 애국심을 강조하는 기사를 쏟아냈고 관련 책들이 서점에 깔렸다.

이러한 분위기 속에서 일본 문부과학성은 사회 교과서에 평화헌법, 자위대, 북방 영토(러일 간에 쿠릴 열도 4개 섬을 둘러싼 영유권 다툼), 미일 안보 협력 등을 포함해야 한다고 주장하고 나섰다. 더 나아가 1882년 6월 검정 교과서 집필자들에게 '침략'이라는 용어 대신 '진출(進出)'이란 표현을 권고하였다.

그동안 일본을 상대로 과거 역사에 대한 '사죄'를 요구해 왔던 한국 정부는 이를 심각한 역사 왜곡으로 받아들였다. 특히 한국 정부가 문제 삼았던 부분은 기존 교과서와 달리 3·1운동을 "폭동"으로 기술하여 일본의 가혹한 탄압을 합법화하려 한 점이다. 이 외에도 일본의 "토지 수탈"을 (한국인이) "토지 소유권을 잃었다"라고 하거나, "강제로 신사 참배를 하

파고다공원에서 일본 고위층의 망언과 교과서 왜곡에 대한 규탄 대회 장면(1982.8.) (민주화운동기념사업회)

게 되었다"를 "신사 참배를 장려하였다"로, "한국어 사용이 금지되었다"를 "한국어와 일본어가 동시에 사용되었다"로 수정하고, "강제징용, 강제징병" 표현에서 '강제'라는 용어 등을 삭제하고자 한 점을 지적하였다.

우리는 35년 동안 일제의 식민지 지배 속에서 수탈·차별·강요·회유·민족말살·착취 등을 당해야 했던 역사적 사실을 기억하고 있고, 이는 객관적인 인식과 판단하에 기술되어야 함에도 일본 정부는 이를 의도적으로 왜곡하려 한 것이다.

반일 감정을 불러온 일본의 처사

교과서를 둘러싼 한일 양국 정부의 갈등은 한국 내 반일 감정으로 표출되었고 한국 언론은 연일 일본 비판 기사로 도배되었다. 또한 반일 집회와 각 단체의 성명이 이어졌으며 일본 상품 불매 운동도 전개되었다. 중국뿐만 아니라 북한, 대만, 동남아 국가들도 이에 가세하여 일본을 강력하게 비판하였다. 이때 전국민적인 모금 운동을 벌여 '독립기념관' 건립에 나섰다는 것은 익히 알려진 바이다.

당시 중국도 1987년 항일전쟁[중일전쟁] 50주년을 기념하여 베이징 완핑청(宛平城)의 중일전쟁 발발 터에 '중국인민항일전쟁기념관'을 세워 일본의 역사 왜곡에 맞대응하였다. 그런데 일본 정부는 오히려 내정간섭이라며 반발하고 되레 한국 측 교과서에 일본과 관련한 내용이 잘못 기술된 것이라며 물타기를 시도하였다. 이러한 교과서 파동은 일본 정부가 '이웃한 아시아 국가와 근현대사의 역사적 사실을 다루는 데 있어 국제이해와 협조를 구한다[근린 제국 조항].'라는 검정 기준을 신설하면서 일단락되었다.

하지만 그것도 잠시, 1986년 일본 우익단체 '일본을 지키는 국민회의'가 《신편 일본사》를 집필하고 검정을 신청하면서 다시금 교과서 파동이 불거졌다. 가장 문제가 된 점은 3·1운동이 윌슨의 민족자결주의에만 고무되어서 일어났다고 하고, 이를 '운동'이 아닌 '사건'으로 폄훼하고 과소평가한 것이다. 이 교과서는 문부과학성 검정을 통과했으나 한국과 중국의 거센 반발에 부딪혔고 결국 총리 지시로 네 차례나 직권 수정한 뒤에야 통과되었다. 하지만 이 교과서는 어느 학교에서도 채택하지 않았다.

'강제 연행'과 일본군'위안부' 표현 사라져

그렇다고 교과서 왜곡 문제가 사라진 것은 아니었다. 오히려 강화되었다. 1995년 일본 내 보수우익은 '자학 사관'을 비판하면서 전쟁을 미화하려는 움직임까지 보였다. 이런 상황에서 1997년 '새로운 역사 교과서를 만드는 모임(새역모)'이 결성되었다. 이들은 1999년 문부과학성에 일본군'위안부' 관련 역사 기술을 삭제할 것을 주장하는가 하면, 2000년 4월에는 자신들이 쓴 교과서를 검정 신청했다. 이는 여느 교과서보다도 과거 일본의 아시아 침략과 가해 사실을 미화·왜곡하고 축소 또는 삭제한 내용이 많

2001년 새역모가 후소샤 출판사를 통해 출판한《새로운 역사 교과서(新しい歷史教科書)》

아 큰 파문이 일었다. 이로써 한국 측의 반일 감정이 고조되었고, 한일관계는 급속히 냉각되었다.

　문부과학성은 200여 개 항의 수정 지시를 내렸으나, 2001년 4월 일부만 수정한 채 검정을 통과하였다. 비록 문젯거리가 된 교과서의 채택률은 0.1%에 불과하였지만, 2002년도부터 정식으로 중학교 역사 교과서로 사용됐다. 이를 계기로 2002년에 '한일역사공동연구위원회'가 설치되어 6년간 소기의 성과는 거뒀지만, 2011년 3월 이후부터는 활동이 중단된 상태이다.

　2006년 9월 아베 내각이 시작되면서 일본 정부는 '교육기본법'을 개정하여 '애국심 교육 강화' 조항을 삽입하였고, 이에 따라 다시금 교과서

한중일 공동 역사 교재 편찬(2005.4.)

독도를 일본 영토로 포함하고 '다케시마(竹島)'로 표기한 고등학교 교과서(2021년 3월 일본 문부과학성 검정 통과)

왜곡 문제가 불거졌다. 문부과학성은 이를 근거로 2008년 7월 중학교 '학습지도요령 해설서' 개정판에 독도 영유권 명기를 공식 발표하였고,

이는 2009년 12월 고교 '학습지도요령 해설서'에도 담겼다. 그 연장선에서 2010년 3월 독도 영유권 주장을 강화한 초등학교 교과서와 2011년 중학교 사회과 교과서가 검정을 통과하였다. 2016년에는 "다케시마(독도)는 일본의 영토", "한국이 불법 점거하고 있다"라는 내용이 담긴 고교 사회과 교과서가 검정을 통과하였다.

최근에는 2023년부터 일본 고등학교 2학년 이상 학생이 사용하게 된 교과서에서 일제강점기 조선인 '강제 연행'과 일본군'위안부'라는 표현이 아예 삭제되었다. 이에 더하여 일본의 보수우익단체인 '역사인식문제연구회'는 강제동원·일본군'위안부'·사도 광산 등과 관련하여 수정주의 역사관을 확산시켜 자신들의 역사를 감추는 데 앞장서고 있다. 이 단체는 일본의 역사 교육과 언론에 적지 않은 영향을 주는 인사들로 꾸려진 조직이다.

역사 왜곡 대응에 필요한 우리의 자세

이에 관한 한국의 대응은 여러모로 이뤄졌다. 1970년대에는 정부 차원이 아닌 학자들이 개별적으로 움직였다. 1980년대 이후부터는 역사 관련 정부 기관, 학술단체, 연구자들이 일본 교과서를 분석하고 대응 방안을 모색하였으며 공동 역사 교과서를 펴내기도 하였다. 역사 분쟁의 모델로서 '독일-프랑스', '독일-폴란드'의 사례를 참고해 볼 필요가 있다는 대안도 제시되었다.

그런데 일본 역사 교과서 왜곡 문제는 다른 국가와 차원이 다르다. 그동안의 행태를 보면, 극우단체가 앞장서고 자민당이 힘을 보태 분위기를 띄운 뒤에 정부가 이를 받아들여 교과서에 반영하는 형태가 반복되고 있다. 즉, 일본 정부의 우경화와 역사 교과서 왜곡 문제가 맞물려 있음을 알 수 있다.

역사 교육은 자라나는 세대에게 올바른 역사관을 가르쳐 일본 제국주의의 군국주의를 경계토록 하는 것이어야 한다. 그것이 인류 평화를 실현하는 출발점이자 보편적인 가르침이기 때문이다. 또한 지난날에 대한 반성을 통해 미래 지향적인 한일 관계를 발전시키는 지름길이기도 하다. 새롭게 출범하는 정부가 한일 관계를 복원한다고 나서고 있는데, 이에 앞서 올바른 역사의 합일을 이루는 것을 우선해야 할 것이다. 참다운 동반자 관계 회복은 신뢰를 바탕으로 하며 올바른 역사 교육에서 비롯되기 때문이다.

일본 초등학교 교과서의 '독도' 왜곡에 강력히 대처할 것을 촉구한다

    일본 역사 교과서의 왜곡 문제는 한국사 전반에 해당한다. 일제강점기에 국한한다면 주된 왜곡 내용은 일본이 과거사를 반성하지 않는 '침략', 일본군'위안부', 강제징용 등과 관련한 것이 많다. 이와 달리 '독도' 왜곡 문제는 광복 이후 영토주권과 관련이 있다.

독도

최근 한일 관계를 둘러싼 여러 갈등이 촉발하는 가운데 일본 초등학교 사회 교과서의 독도 왜곡 문제가 불거졌다. 이는 반복되는 일처럼 보이지만, 독도 왜곡 문제가 점점 확대·재생산되고 있어 심각성이 크다.

이에 그동안 일본 초등학교 교과서에 독도와 관련한 내용이 어떻게 왜곡 기술되어 왔는지를 살피고, 문제점을 짚어 정부의 강력한 대응을 촉구하고자 한다.

샌프란시스코강화조약으로 촉발된 독도 문제

한일 간 독도 문제는 1951년 9월 연합국과 일본이 샌프란시스코강화조약을 조인하면서 비롯됐다. 샌프란시스코강화조약은 제2차 세계대전을 종전시킨 강화조약으로, 1952년 4월 발효되었다. 그런데 이를 체결하는 과정에서 미국 주도의 연합국이 일본이 권리를 포기해야 하는 한반도 섬 중에 '독도'를 포함하지 않아 문제가 되었다. 독도는 엄연한 한국 영토였고, 연합국과 일본이 1950년에 합의한 〈연합국의 구 일본 영토 처리에 관한 합의서〉에 따르면, 독도를 엄연히 한국 영토로 확정하였지만, 이를 뒤집은 것이다.

이러한 문제점을 개선하고자 1952년 1월 대한민국 정부는 '인접 해양에 대한 주권에 관한 선언(평화선)'을 발표하여 독도를 그 안에 포함하였다. 이후 일본 측의 항의와 불법 침범 등이 잇따르자 1953년 4월 울릉도 주민이 중심이 되어 독도의용수비대를 결성하였고, 이어 독도 영토비 건립과 영토 표지·무인 등대 등을 설치하며 실효적 지배를 강화하였다. 일본 측의 거듭된 국제사법재판소 결정 위임 요구에도 한국 정부

는 독도가 명명히 우리의 영토
인데 이를 위임하는 것은 옳지
않다며 거부했다. 그런데도 일본
은 오늘날까지도 그러한 주장을
계속해 오고 있다.

〈연합국의 구 일본 영토 처리에 관한 합의서〉에 첨부
된 지도(1949.12.)

　1965년 한일 국교 정상화 당
시에도 독도 문제가 거론되었지
만, 협정에는 포함되지 않았다.
이후에도 일본 측의 독도 도발이
계속되자 한국 정부는 독도에 헬
리콥터 착륙장(1981), 레이다 기
지(1993), 500톤급 선박 접안 시
설(1997), 유인 등대(1998) 등을
설치하며 실효적 지배를 더욱 강
화하였다. 2000년에는 울릉군
의회가 독도의 행정구역을 '울
릉읍 도동리 산 42-76번지'에서
'독도리 산 1-37번지'로 변경하
였다. 2005년에는 일본 시마네
현 의회가 1905년 '독도'가 일본

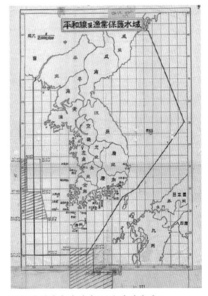

1952년 평화선 및 어업보호수역 관련 지도

시마네현에 편입·고시된 2월 22일을 '다케시마의 날'로 정하자, 이에 맞
서 경상북도 의회는 고종이 1900년 칙령으로 독도를 울릉도 부속 섬으
로 공포한 10월 25일을 '독도의 날'로 제정하였다.

　2000년대 이후 일본 내 극우 세력이 강경해지면서 독도를 두고 양국

독도의용수비대원 및 '한국령' 영토비(독립의용수비대기념사업회)

간 갈등이 더욱 고조되었다. 더욱이 2006년 아베 정권하에서 '교육기본법'이 개정되고 이에 기초하여 2008년 '학습지도요령', '학습지도요령 해설서'가 개정되면서 중학교 교육 현장에서 독도를 포함한 영토 교육이 강화되었다. 2008년 2월, 일본 정부는 '다케시마'를 자신들의 영유권이라 주장하는 책자를 발간·배포하였다. 그뿐만 아니라 그해 7월에는 중학교 사회 교과서(지리) '학습지도요령 해설서'에 '다케시마'를 일본 영토로 표기하였고 2012년부터 '다케시마는 일본 고유의 영토'라는 내용으로 교육할 것을 명시했다. 그런데 이때까지만 해도 초등학교 사회 교과서에는 독도 관련 내용이 수록되지 않았다. 다만, 러시아와 영토 분쟁을 일으키고 있는 남쿠릴열도(북방 4개 도서)에는 일본의 경계를 표시하도록 규정하는 정도였다.

일본 문부과학성의 학습지도요령 개정

독도가 일본 교과서에 수록되는 과정을 짚어 보기 전에, 일본 교과서 편찬 과정을 살펴보고자 한다. 일본 교과서는 발행자의 편집, 문부과학성의 검정, 교육위원회의 채택 등의 과정을 거쳐 교육 현장에서 사용된다. 그 전에 일본 문부과학성은 '학습지도요령'을 고시하여 초중고 학생들에게 가르쳐야 할 최저한도의 학습 내용과 목표 등을 제시하는데, 보통 10년 단위로 개정한다. 이는 교과서 내용에 반영되며 법적 구속력이 있어 교육 현장에 미치는 영향력이 크다. '학습지도요령 해설서'는 각급 학교에서 실제로 가르쳐야 하는 내용과 세부 사항을 담고 있다. 이는 '학습지도요령'의 하위 개념으로 법적 구속력은 없지만, 교과서 검정 때 상당히 큰 영향을 준다. 그런데 일본 사회과 '학습지도요령'은 이례적으로 2008년 3월 이후 여러 차례 개정되었고, 그에 따라 '학습지도요령 해설서' 또한 빈번하게 개정되었다.

이후 2010년 검정을 통과한 일본 초등학교 5학년 사회 교과서에 '학습지도요령 해설서'에도 없는 독도 관련 내용이 실렸다. 이 교과서에는 기존과 달리 지도상에 독도를 '다케시마(竹島, 죽도)'라고 표기하고 이를 자국 영토로 포함하였다. 그 무렵 2011년에 개정한 한국 초등학교 5·6학년 사회과 교과서에도 처음으로 독도 관련 내용이 구체적으로 기술되었다. 더욱이 2011년 검정을 통과한 일본 중학교 역사 교과서에는 '다케시마' 사진이 실렸고, "한국과 영유를 둘러싸고 대립하고 있는 미해결 문제"라는 왜곡된 내용을 담았다. 특히 중학교 지리와 공민 교과서에는 독도가 자신들의 '고유 영토'라거나 한국이 '불법' 점거하고 있다고까지 기술하기도 했다.

갈수록 더욱 강화되는 일본의 독도 왜곡

2014년 1월 일본 문부과학성의 검정 방침이 바뀌면서 독도 왜곡이 더욱 강화되었다. 새로운 검정 기준은 영토 교육과 관련하여, '정부 견해를 근거로 독도는 일본 고유 영토인데 한국이 불법으로 점거하고 있다'라는 내용을 서술하도록 하여 모든 교과서가 바뀌었다. 이에 2014년 일본 중고등학교 '학습지도요령 해설서'에는 '독도'와 관련하여 왜곡된 내용이 더 자세하게 담겼다.

이를 살펴보면, 기존 중고등학교 지리 교과서에만 한정됐던 독도 관련 내용이 중학교 역사와 공민 교과서까지 확대되었고, 고등학교 일본사·현대사회·정치경제 등의 교과서에도 포함되었다. 이와 함께 "죽도는 일본의 고유 영토이다.", "죽도를 국제법적으로 정당한 근거에 기반하여 일본 영토로 편입했다.", "한국이 죽도를 불법 점거하고 있다.", "(일본은 독도 문제를) 평화적인 수단에 의해 해결하려 노력하고 있다."라는 등의 왜곡된 내용이 실렸다.

초등학교 검정 교과서 역시 지도상에 독도를 '죽도(竹島)' 혹은 '죽도(시마네현)'로 표기하거나 울릉도와 독도 사이에 경계선을 두어 일본 영토임을 강조하였다. 교과서에 따라서는 독도를 "일본 고유의 영토", "일본의 영토"라고 기술하였지만, 당시만 하더라도 몇몇 교과서는 한국이 독도를 "불법점거"하고 있다는 내용을 기술하지는 않았다.

그런데 2017년부터 일본 초등학교 사회과 '학습지도요령'에 '독도'를 자신들의 영토로 언급하라고 명기되었다. '학습지도요령 해설서'에는 '한 번도 다른 나라의 영토가 된 적이 없다는 의미'에서 '일본 고유의 영토'를 강조토록 했다. 이에 2019년 3월 검정을 통과한 모든 일본 초등학

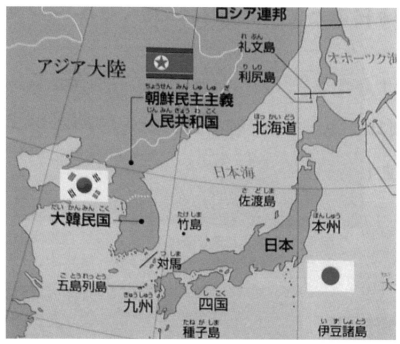

'독도는 일본 땅'이라고 표기한 일본의 2011년도 초등 5·6학년 사회 교과서

교(4~6학년) 사회 교과서에 독도가 자신들의 영토임을 강조하는 내용이 실렸다. 예전과 같이 4학년 교과서에는 울릉도와 독도 사이에 경계선을 두어 일본 영토임을 강조하였다. 하지만 5·6학년 교과서에는 그전과 달리 '일본 고유의 영토'라는 점이 분명하게 표현되었고, "한국이 불법점거 하고 있다."라고 하여 왜곡 정도가 강화되었다. 또한 독도 관련 내용이 양적으로 늘어났고 지도와 사진 등도 많이 수록됐다. 그뿐만 아니라 "한 국의 다케시마 불법 점령에 일본이 계속 항의하고 있다."라며 아베 정권 의 정치적인 입장까지도 교과서에 담았다.

왜곡된 독도 교육, 강력한 대응책을 강구해야

최근 2023년 3월 일본 정부가 발표한 초등학교 교과서 검정 심사 결과에 따르면, 학년을 낮춰 초등학교 3학년 교과서에도 독도를 '다케시마'로 표기한 지도를 담는다고 한다. 이로써 일본의 초등학교 학생들은 어릴 때부터 사회 교과서에서 배운 내용을 토대로 하여, 중·고등학교에서 지리·역사·공민 등의 교과서를 통해 반복적으로 왜곡된 영토 교육을 받게 되었다. 이를 심각하게 받아들여야 한다. 이와 관련하여 2021년에 제작된 일본 영토·주권전시관 공식 유튜브 채널에 올라와 있는 홍보 영상이 그 심각성을 보여 준다. 내용은 대략 다음과 같다.

일본의 한 어린이가 학교에서 '독도는 일본 땅'이라고 배웠다면서 "북방영토나 다케시마처럼 일본인데도 갈 수 없는 장소가 있대. 어째서 그런지 알아?"라고 질문한다. 이에 아이의 어머니는 '독도는 일본 땅'이라 주장하는 고문서와 고지도 등이 전시된 영토·주권전시관을 찾는다. 그곳에는 "북방영토·다케시마·센카쿠열도는 일본 고유의 영토로, 다른 나라의 일부였던 적이 없다."라는 설명문이 있다. 이어서 아이가 "언젠가 그곳에 가 보고 싶네."라고 하자, 어머니는 "너희 세대에는 꼭 갈 수 있게 될 거야."라고 답한다.

일본의 '독도' 야욕은 갈수록 교묘히 진화하고 확대·재생산되고 있다. 이에 대해 한국 정부가 성명을 내어 유감을 표했지만, 이로는 부족하다. 일본 정부가 초등학교 3학년부터 왜곡된 독도 교육을 받게 한 것은 일본 제국주의 시기에 버금갈 정도로 '영토 팽창'의 야욕을 드러낸 것이다. 이는 미래를 짊어질 세대에게 과거의 '침략' 야욕을 심어 주는 격이다. 이것이 바로 우리가 경계해야 할 점이다. 정부는 일본에 독도 왜곡 교육을 당장 멈출 것을 촉구해야 한다.

해외의
한국사 왜곡 문제,
어제오늘의 문제가 아니다

2022년 10월, 국내 언론 매체를 통해 미국 하버드대 경영대학원이 "필수교재에 실린 한국사 왜곡 내용의 심각성을 인지하고, 수정에 대해 긍정적으로 검토하겠다."라고 답변을 보내왔다는 소식이 전해졌다. 그런데 앞서 그해 9월에 이와 관련된 내용이 처음 보도되었을 때보다 국내 반응은 뜨뜻미지근했다. 오히려 그러한 일이 있었는지조차 잊은 것이 아닌가 하는 생각이 들 정도였다. 그러다 보니 해외의 한국사 왜곡 문제가 지금껏 반복되어 온 것이 아닌가 싶다.

미국 하버드대 경영대학원 교재에 담긴 한국사 왜곡 내용

사건의 발단은 이러했다. 2022년 9월 12일 국내 한 방송 매체가 하버드대 경영대학원 필수교재에 한국사 왜곡 내용이 담겨 있다고 처음으로 알렸다. 이와 관련하여 한국 근대사 부분만을 살펴보면, "일본의 지배 덕

later, Japan annexed Korea in 1910, deposing the Joseon king. During the subsequent 35 years, Japanese administrators banned the use of the Korean language while integrating the Korean economy with that of Japan. Japan's heavy-handed approach toward its Korean colony, which intensified during the World War II, continued to cast a shadow over the Korea-Japan relationship into the 21st century. Yet during this period Korea became increasingly industrialized, and transportation and power infrastructure improved. Educational, administrative, and financial systems were also modernized.

After Japan's defeat in 1945, the Korean Peninsula was split at the 38th parallel north. The Soviet military took control of the North, while the U.S. army controlled the South. Plans for unification under

respect for scholarly accomplishments were important in this Korean culture. Invented from scratch in the 15th century, the elegant phonetic Korean alphabet, Hangul, facilitated literacy among commoners, in contrast to the ideogrammatic writing structures in use to this day in China and Japan.

In the late 19th century, the balance of power in Northeast Asia changed dramatically, as China's Qing Dynasty declined and Japan modernized rapidly. After winning the Sino-Japanese War in 1895, Japan started to gain control over Korea. Following its victory in the Russo-Japanese War a decade later, Japan annexed Korea in 1910, deposing the Joseon king. During the subsequent 35 years, Japanese administrators banned the use of the Korean language while integrating the Korean economy with that of Japan. Japan's heavy-handed approach toward its Korean colony, which intensified during the World War II, continued to cast a shadow over the Korea-Japan relationship into the 21st century. Yet during this period Korea became increasingly industrialized, and transportation and power infrastructure improved. Educational, administrative, and financial systems were also modernized.

After Japan's defeat in 1945, the Korean Peninsula was split at the 38th parallel north. The Soviet military took control of the North, while the U.S. army controlled the South. Plans for unification under

하버드대 경영대학원 필수교재에 수록된 "일본의 한국 병합으로 한국이 발전했다."라는 등의 한국사 왜곡 내용

분에 한국이 발전했다.", "일제 35년 동안 (…) 한국은 크게 산업화했으며 교통과 전력이 발전했다. 교육, 행정, 경제 체계도 근대화했다.", "1965년 한일 청구권 협정을 체결하면서 당시 우리나라 예산의 1.5배에 달하는 금액을 한국에 지급했고 문제를 다 해결했다." 등의 내용으로, 일제의 한국 식민 통치를 정당화하고 있다. 이는 일본이 주장하는 식민지근대화론을 아무런 비판 없이 수용한 것이며, 더욱이 일제의 강제징용이나 일본군 '위안부'와 관련해서는 아무런 언급도 없었다.

이에 국내 여러 언론사가 앞다투어 이를 비판하는 기사를 쏟아 냈다. 이는 전 세계에서 모인 다양한 국적의 하버드대 경영대학원 1학년 학생들이 반드시 들어야 하는 필수과목의 교재일 뿐만 아니라 영어 교재인 만큼 전 세계적으로 파급력이 크기 때문이었다. 관련 뉴스가 온라인

상에 확산하였고, 특히 사이버외교사절단 반크(VANK, Voluntary Agency Network of Korea)는 하버드대 경영대학원을 포함한 6곳(교과서 집필진·교과서 출판사·학교 온라인 지원센터·교육센터 등)에 시정을 요구하는 항의 서한을 발송했다.

하버드대 한인학생회도 움직였다. 한인학생회는 학교 측에 항의 서한을 보내는가 하면 온라인 국제청원사이트에 항의서를 올렸고 교내 신문사와 교수들의 지지 서명을 받았다. 골자는 내년 1월 새 학기가 시작되기 전까지 수정을 요청하는 것이었다. 그 결과 한 달이 채 되기 전에 하버드대 경영대학원 교수이자 교재 〈코리아(Korea)〉의 공동 집필자인 포레스트 라인하르트(Forest Reinhard) 교수가 문제를 제기한 반크 측에 "우리는 학생들이 사용하는 교재에 대한 피드백을 받는 것에 관심이 있고, 당신이 제기한 문제에 대해서도 매우 심각하게 생각하고 있다."라고 답했다.

이렇게 해서 한국사 왜곡 문제가 일단락된 듯하지만, 되짚어 보면 문제가 된 교재는 이미 2015년에 출간되었고 그 직후부터 한인 학생들이 문제를 제기했음에도 7년이 지나서야 내용 수정에 들어간 것이다. 그 이유는 하버드대 내 일본 측 후원을 받는 재팬재단연구소가 막강한 영향력을 행사하였고 한국인 학자가 집필진으로 참여하지 못했다는 데 있었다.

어제오늘의 문제가 아닌 한국사 왜곡 문제

그런데 해외 교과서의 한국사 왜곡 문제는 오래전부터 있어 온 일이다. 1975년에 외국에서의 잘못된 한국관 교육이 국력 신장에 큰 영향을 미친다고 판단하여 정부 차원에서 이를 시정하려는 시도가 처음으로

역사 왜곡 기술된 일본의 공민 교과서

이뤄졌다. 이를 전담할 '한국관시정사업추진협의회'가 설치되어 세계 여러 나라의 교과서를 수집·분석하였으며, 왜곡된 부분에 대해서는 시정을 요청하기도 하였다.

한 예로 1970년대 미국의 고교 교과서에서는 한국사를 거의 다루지 않거나, 일부에서는 한국인을 "자치 능력이 없어 외국 통치에 익숙한 국민"이라고 하는 등 왜곡 문제가 예상했던 것보다 심각했다. 특히 일본 교과서에 문제점이 가장 많았는데, 일본의 한반도 진출을 미화하거나 한국 고유의 역사 문화를 인정하지 않을 뿐만 아니라 "해방 전에 일본이 한국 산업 발전에 크게 기여했다."라는 왜곡도 서슴지 않았다.

이후 해외 교과서 관련 업무는 1980년 한국정신문화연구원(현 한국학중앙연구원)이 담당하다가, 1981년 한국교육개발원이 맡아서 해외 교과서 수집 및 분석 작업을 추진하였다. 하지만 정부는 해외 교과서에 한국사 왜곡 문제가 발생하여 여론이 들끓을 때만 반짝 관심을 보이는 것을 되풀이했다.

1982년 일본의 역사 교과서 파동 이후 관심 대상 범위를 미주·유럽·아시아 등지로 확대하여 교과서를 분석하였는데 한국사 왜곡 문제는 여전했다. 대부분 한국 역사가 일본의 영향을 받은 것으로 기술되어 있거나, 한국이 일본의 문화권 내에 있다고 하거나, 남한이 북한보다 공업 발전이 뒤떨어져 있다거나, 남북한의 명칭을 혼동해서 사용하였다.

1980년대와 1990년대 신문 기사를 보면, 해방된 지 45년이 지났고 86아시안게임·88서울올림픽을 치른 뒤였지만, 여전히 '외국 교과서 한국 오기투성이, 미·일·스페인 등 잡지도 마찬가지', '외국 교과서 한국 왜곡 많다, 정보 부족, 일본 자료 인용 탓', '외국 교과서 한국 왜곡 극심, 일본 것 베껴 역사 문화 열등국으로', '외국 교과서 한국 기술 왜곡 오류 많다', '동남아·중동 교과서 한국 관련 왜곡 심각', '외국 교과서 한국사 왜곡 여전', '한국사 왜곡 방치할 텐가' 등의 제목이 반복되었다.

해외의 한국사 왜곡 문제의 대응 방안

2000년대에 들어서면서 여러 관련 정부 산하기관이 조직되고 비영리 민간단체인 사이버외교사절단 반크(1999년 1월 설립) 등이 다각적으로 대응하면서 해외의 한국사 왜곡 문제가 크게 줄어들었다. 특히 반크는 전 세계 교과서·지도·웹 사이트·박물관·미술관 등에 한국 역사·영토·문화 등과 관련된 오류가 있는 경우를 제보받고 이를 시정하는 데 적극적으로 나서고 있다. 1991년 12월에 출범한 한국국제교류재단(Korea

반크 홈페이지 캡처

Foundation, KF)은 꾸준히 해외 인사 초청, 해외 한국학 관련 도서관 지원, 국외 한국 연구 지원, 외국의 주요 국제 교류 기관과의 교류·협력 활동을 펼치고 있다.

2008년 2월에 출범한 해외문화홍보원(Korean Culture and Information Service, KOCIS)은 한국과 관련된 잘못된 정보를 효율적으로 바로잡는 활동을 펼치고 있으며, 한국학중앙연구원은 해외 한국학 연구 및 교육 거점 지원과 세계적 수준의 우수 연구 및 번역 지원 그리고 한국학 교육 인프라가 취약한 해외 대학의 한국학 교육 환경 구축 프로그램을 지원하고 있다. 또한 해외에 있는 한국학 교육기관은 2022년 11월 현재 107개국 1,408곳에 달한다.

그런데도 하버드대 경영대학원 교재와 관련한 한국사 왜곡 문제가 불거졌다는 것은 아직도 미흡한 구석이 있다는 점을 방증해 준다. 전 세계에서 발행되는 교과서나 잡지 등에서 왜곡된 한국사를 완벽하게 찾아내 시정하기란 거의 불가능하다고 본다. 그렇다면 이번 기회를 통해 이에 대응하는 데 구조적인 문제점은 없는지를 종합적으로 점검하고 개선해야 할 것이다. 교재는 가치관을 형성해 나가는 청소년들에게 큰 영향을 끼치기 때문이다.

이에 몇 가지 방안을 제시하고자 한다. 현재 가장 큰 문제점은 한국사를 전공하는 외국인 학자가 매우 부족하다는 것이다. 전 세계 외국인 학자를 모니터링하여 부족한 분야의 한국학 연구자를 적극적으로 발굴 및 양성해야 한다. 또한 그들에게 연구비를 지원하여 해당 국가에서 지속적으로 논문과 저서를 발표토록 해야 한다. 물론 국내 한국사 관련 학자의 해외 학술지 논문 발표나 저술 지원도 적극 고려해야 하고, 해외 파견도 활성화해야 한다.

다른 한편으로는 국내 역사 관련 학술지를 해외 주요 도서관에 배포하는 일도 지원해야 한다. 이를 위해서는 논문의 영문 초록 수준을 끌어올려야 하지만, 제각각인 한국사 관련 영어 용어를 통일하기 위한 사전 편찬이 선행되어야 할 것이다.

일제의 강제동원 피해, 오직 사과와 배상만이 해결책

국가적 차원에서도, 개인적 차원에서도 일제강점기 조선인 강제동원 (징용·징병 등)에 따른 피해 문제는 한일 간에 여전히 미해결 과제로 남아 있다. 그런데 요즘 예전과는 다른 양상이 펼쳐지고 있어 우려스럽다. 이에 해방 이후 현재까지 이루어진 일제 강제동원 피해 배상 소송 과정을 짚어 보며, 역사적 의미와 함께 현주소를 살피고자 한다.

해방 직후 이루어진 피해 보상 요구 운동

식민지 조선에서 강제동원이 이뤄진 것은 중일전쟁이 장기화하면서부터다. 일제는 군수물자와 노동력을 국가 차원에서 통제·동원하기 위해 1938년 4월 1일 '국가총동원법'을 공포했다. 이를 근거로 1939년 7월 7일 '국민징용령'을 제정하여 이를 조선 등 식민지에도 시행했다. 그 뒤 1941년 12월 태평양전쟁을 도발한 일제는 징용 적용 범위를 확대해

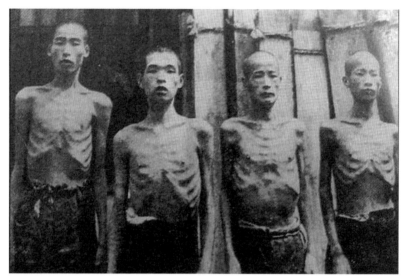
홋카이도 탄광에 강제징용된 조선인 노동자들

갔다. 그 대상은 만 16~40세 청년이었는데, 일제는 이들을 조선뿐만 아니라 일본·사할린·태평양 군도 등으로 끌고 갔다. 이들은 탄광·군수공장·비행장·건설공사장 등에서 하루에 12시간 이상 노역해야 했고, 끝내 많은 이들이 희생되기도 했다. 1939~1945년 동안 강제동원된 한인은 모두 72만 4천여 명으로 추산된다.

일제 패망 후 일본 정부는 강제징용된 한인들의 귀환을 마무리하였지만, 그에 대한 책임과 의무는 동원했던 기업에 떠넘겼다. 그 결과 선결되어야 할 미지급금과 퇴직금 지불, 귀국 운송 수단 및 선편의 알선과 여비 지급, 송환 대기 중의 응급 생활 원호 등이 제대로 이뤄지지 않았다. 결국 한인들은 각종 미지급금은 고사하고 여비마저 제대로 지급되지 않아 사비를 들여 귀환해야 했다. 일본 정부의 한인 송환 정책의 본질은 '동원에 대한 무책임'이었다.

해방 직후 1946년 미·일 회담 중 한국에 대한 배상 문제를 주제로 논의가 진행되자, 한국 여론은 강제동원에 의한 피해 상황을 파악하고자 귀환자들로부터 미지급 임금, 강제노동과 학대 피해 등을 조사하였다. 또한 강제동원 피해자들은 일본을 상대로 직접적인 보상을 요구하는 운동을 벌였다.

이때 희생자 유족들을 중심으로 동인회, 태평양동지회 등의 단체가 조직되었다. 태평양동지회는 전국적으로 남녀 육해군 군속, 징용, 보국대, 여자정신대, 전병사자 및 미귀환자의 유가족 등과 미수금이 있는 자를 대상으로 조사에 나섰다. 이들은 미군정청의 전쟁 피해 조사에 협력하여 피해 신고 등의 형태로 피해 보상을 요구했지만, 별다른 진척은 없었다.

그 뒤 정부 수립 이후 이를 근거로 태평양동지회를 비롯하여 중일전쟁·태평양전쟁유가족동인회 등은 1948년 10월 국회에 '대일 강제노무자 미제 임금 채무이행 요구'를 촉구하였다. 그 결과 국회 본회의에서 다음과 같이 의결됐다.

징용 및 관알선(官斡旋) 노동자의 노무 임금 기본 보조금, 특별 보조금, 가족 수당, 가족 송금, 복원 여비에 대한 수당, 사망에 대한 장재료, 조위금, 유가족에 대한 보조금과 기타 보관금, 보험금, 재해급여금과 미귀환자의 유골 봉환, 생환자 구호, 직업 알선 등을 한국 정부가 적극 나서 주어야 한다.

이후 정부는 1949년 2월 대일 강화회담에 대비하여 기획처에 대일배상청구위원회를 설치하고 관련 자료를 수집하였으며 이를 근거로 〈대일배상요구조서〉를 작성하였다. 그중에 중일전쟁·태평양전쟁에 기인하는 인적, 물적 피해 배상금으로 565,125,241엔을 요구하였다. 배상금 처리 문제는 1951년 10월부터 진행된 한일회담에서 의제로 다뤄졌다.

하지만 일본은 한국 측이 개인의 피해에 대한 보상을 거론하는 것에 강력히 반발하였다. 더욱이 일본은 당시 한국인의 법적 지위가 일본인이었기 때문에 일본인에게 지불할 수 없는 보상금은 지불할 수 없다는 논리로 대응했다. 이러한 한일 간의 의견 차이를 좁히지 못한 채 한일회담은 개최와 결렬을 반복하였다.

'현실 타협'한 한일 청구권 협정

그 후 박정희 정권이 들어선 뒤 1963년 3월에 작성된 〈한국의 대일청구권 8개 항목에 관한 양측 입장 대비표〉 문서에 따르면, 징병·징용 피해자가 103만 2,684명이라며 총 3억 6,400만 달러의 피해 보상금을 일본에 요구했다. 하지만 일본 정부는 이를 인정하지 않아 합의점을 찾지 못했다.

그런데 여기서 눈여겨봐야 할 것은 '보상(補償)'과 '배상(賠償)'의 차이였다. 보상은 국가 또는 공공단체가 적법한 행위로 인해 국민이나 주민에게 가한 재산상의 손해나 손실을 보충하는 대가를 말한다. 반면에 배상은 불법적인 행위 등으로 남의 권리를 침해한 사람이 그 손해를 물어주는 것을 의미한다. 그런데 당시 전후 배상 과정에서 양측은 이러한 용어 차이에 큰 의미를 두지 않고 '보상'이라는 단어를 사용했다.

1965년 6월 22일 한일협정이 이뤄졌지만, 두 나라 사이의 과거사 문

일본 도쿄 총리 관저에서 열린 한일협정 조인식 장면(1965.6.)

제와 한국 정부의 대일청구권 또는 대일민간청구권 문제는 덮인 채 체
결되었다. 대일 협상 과정에서 몇 단계를 거치면서 '청구권' 의미가 변
질되었고, 결국 '청구권'의 합당성이 애매하게 처리되고 말았다. 박정희
정권은 일본 정부가 처음부터 안건 상정을 거부한 국가 청구권을 유보
하는 대신 민간 청구권을 중심으로 일본과 타협한 것이다. 이는 월권이
자 위법으로 헌법을 짓밟는 행위였으며, 양국이 이를 자의적으로 해석
할 여지를 남기고 말았다. 일본은 국가는 물론 개인에 대한 보상이 해결
됐다고 주장하는 반면, 한국은 개인에 대해서는 해결되지 않았다는 견
해다. 일본 재판부는 이를 근거로 민간 청구권 소송을 기각하였다.

　1966년 2월 19일 한국 정부는 "민간 청구권은 청구권 자금 중에서 보
상한다"라는 법을 제정하고, 1975년 7월부터 1977년 6월까지 군인·군
속·피징용 사망자 유족 8,552명을 대상으로 1인당 30만 원씩 총액 25억
6,560만 원을 지급하기로 했다. 그러나 신청 절차가 까다로워 증거 불충
분 및 자료 미비 등으로 신고를 거부당하거나 보상에서 제외된 대상자
가 적지 않았다. 이런 가운데 피해자들은 신체적·정신적 후유증에 시달
리면서 사회적인 편견과 빈곤 속에서 살아가야 했다.

　1980년대 말 정치적인 민주화가 이뤄지고 냉전체제가 붕괴하면서 피

해자들은 피해에 대한 치유와 배상을 큰 목소리로 요구하였다. 1990년 10월 희생자와 유가족 22명이 일본 도쿄지방법원을 상대로 공식 사과와 배상을 요구하는 소송을 냈다. 1991년 1월에는 한국을 방문한 자민당 출신의 가이후 도시키(海部俊樹) 일본 총리에게 공식 사과와 피해 배상을 요구하는 시위를 하던 중 강제동원 피해자 한 사람이 할복자살을 기도하기도 하였다.

소송의 물꼬를 트다

1991년 8월 일본군'위안부' 피해자 김학순이 사상 처음으로 피해 사실을 증언한 뒤로 일제강점기에 피해를 당한 이들에 대한 인간성 회복 차원에서 일본 정부에 책임을 추궁하면서 큰 변화가 일어났다. 당시 일본 정부는 "개인의 청구권이 소멸하지 않았다"라는 입장으로 선회했지만, 소송 결과는 참담했다. 1990년대에 한국인 피해자들이 일본 법원을 상대로 소송을 제기한 29건 중 승소한 것은 1심 판결 단 하나뿐이었다. 그것도 일본군'위안부' 원고들의 청구 중 일부만 받아들였다.

그 뒤 1999년 7월 미국 캘리포니아 의회가 '제2차 세계대전 강제노동 피해자 또는 그 상속인'은 시효 규정의 적용을 받지 않고, 2010년 12월 31일까지 강제노동으로부터 '이익을 얻은 모든 자 또는 그 이익 승계자를 상대로 배상을 청구하기 위한 소송을 제기할 수 있다'라는 법률을 제정하면서 강제동원 피해자들에게 희망의 물꼬가 트였다. 이를 기회로 소송이 활발하게 이뤄졌다.

이를 근거로 피해자들은 미국에서 일본 정부와 기업을 상대로,

2000년 5월에는 부산지방법원에 미쓰비시중공업을 상대로 소송을 제기하였다. 그런데 어떤 경우에는 1심 제소 후 3심 판결까지 무려 12년 11개월이 걸리기도 했다. 그 과정에서 고령의 피해자들은 사망하는 경우가 다반사였다. 그렇다고 승소하는 일도 거의 없었다.

잇달아 패소 또 패소

2001년 3월 27일, 일본 오사카지방재판소는 일제 강제징용 피해자들이 일본 징용 기업 신일본제철을 상대로 제기한 손해배상 청구 소송에서 원고들의 청구를 기각했다. 오사카지방재판소는 원고들이 노동자 모집을 보고 스스로 지원하였기에 강제 연행이라 볼 수 없고, 피고 신일본제철의 노동자 모집은 '국민징용령'에 따른 것이라며 징용의 불법성을 부인했다. 또한 신일본제철 주식회사는 구 일본제철과 별개의 법인이므로 그에 대한 채무를 승계하지 않았고, 설사 승계했다고 하더라도 1965년 한일 청구권 협정과 일본의 재산권 조치법에 따라 채무가 소멸했다고 판단했다.

이에 원고들이 불복하여 오사카고등재판소에 항소했지만, 2002년 11월 19일 항소기각 판결을 선고받았고, 2003년 10월 9일 일본 최고재판소가 이를 기각하면서 원고 패소 판결이 확정되었다. 이후 피해자들은 더는 일본 측에 기댈 수 없게 되자, 2005년 2월 28일 서울중앙지방법원에 소송을 제기했다. 그러나 우리나라 재판부 역시, "신일본제철이 구 일본제철과 법인격이 같다거나 구 일본제철이 채무를 승계했다고 볼 수 없다"라며 일본 재판부의 입장을 받아들였다. 다만 "청구권이 1965년

2018년 10월 대법원, "신일본제철이 일제 강제징용 피해자들에게 배상하라" 판결	이행 거부
11월 대법원, "미쓰비시중공업이 피해자들에게 배상하라" 판결	이행 거부
12월 피해자들, 피고 기업의 한국 내 자산 강제 현금화 절차 추진	
2019년 6월 한국 정부, 한일기업의 자발적 출연금으로 재원 조성해 배상한다는 '1+1' 방안 일본에 제안	일본 거부
7월 일본, 반도체·디스플레이 핵심 소재인 불화수소 등 3개 품목 한국 수출 규제	
8월 일본, 화이트리스트에서 한국 제외	
12월 문희상 국회의장, 한일 기업·정부·국민 낸 기부금으로 '기억인권재단' 설립해 배상한다는 '문회상안' 발의	입법 무산
2022년 7월 정부, 배상 해법 모색 위한 민관협의회 출범	
11월 한일 정상, 정상회담에서 강제징용 등 현안 조기 해결 공감대 표시	
2023년 1월 정부, 배상 해법 의견 청취 공개토론회 개최	
3월 정부, 1965년 한일청구권협정에 따라 청구권 자금 수혜를 입은 국내 기업이 재원을 우선 출연하고 이를 피고 기업 대신 지급하는 '제3자 변제' 방식의 배상안 공식 발표 예정	

일제 강제징용 피해 배상 주요 일지

한일 청구권 협정으로 인해 소멸했다고 볼 수는 없다"라면서도 "위자료 청구권의 시효가 지났다"라며 원고들의 청구를 기각했다.

그런데 2012년 5월 24일 대법원은 이 같은 판결을 파기·환송했다. 광복 60년이 지난 후에 이루어진 일본 측 회사에 대한 손해배상을 인정한 것은 과거 청산으로 가는 첫발을 의미했다. 이후 2018년 10월 30일 전원합의체 판결로 "신일본제철의 상고를 기각하고 원고들에게 각 위자료 1억 원을 지급하라"는 원심을 확정하였다. 이를 '대상 판결'이라 한다.

이에 일본 정부는 "대상 판결이 1965년 한일 청구권 협정과 국제법을 위반했다"라고 비판하며 보복 조치로 반도체 소재 품목의 한국 수출 규제를 발표하고, 한국을 일본의 화이트리스트에서 제외하였다. 이러한 일본 측의 부당한 조처에 한국인들은 일본산 제품 불매 운동을 전개하였다.

피해자들의 눈물, 언제 그칠 수 있을까?

그런데 2021년 6월 일제 강제징용 피해자와 유족 85명이 일본 기업 16곳을 상대로 낸 손해배상 소송에서 서울중앙지법은 "일본 기업을 상대로 소송을 낼 수 없다"라며 대상 판결과 배치되는 이례적인 판결을 내렸다. 재판부는 1965년 한국 정부가 일본의 자금 지원을 대가로 대일청구권을 포기한 청구권 협정의 문언과 체결 경위 등을 볼 때, 강제징용 피해자도 협정의 적용 대상이 된다고 판단한 것이다. 재판부는 또 "자유민주주의라는 헌법적 가치를 공유하는 서방 세력의 대표 국가 중 하나인 일본과의 관계가 훼손되고, 이는 결국 한미동맹으로 우리 안보와 직결된 미합중국과의 관계 훼손으로까지 이어질 수 있다"라거나, "청구권 협정으로 얻은 외화는 이른바 한강의 기적에 크게 기여했다"라는 등의 일방적인 정치·

2017년 8월 서울 용산역광장에 설치된 '강제징용 노동자상'

외교적 가치 판단을 판결에 개입시켰다.

　이는 사법부가 피해자들에게 좌절감을 안긴 판결이었다. 일제강점기 강제징용과 관련한 일본 측의 배상은 단순한 재정적 지원 보상이 아니다. 일제 군국주의의 과거 청산이며 일본의 진정한 사죄의 한 단면이다. 나라 없는 국민으로서 강제징용을 당해야만 했던 그들의 눈물을 닦아 줘야 한다. 이는 국가가 당연히 해야 할 책무이다. 일제강점기 강제징용자들에 대한 배상은 일본으로부터 사과를 받아내는 또 다른 방식이기도 하다.

사도 광산, '군함도'의 전철을 밟을 것인가

　윤석열 정부가 들어선 뒤, 그 어느 때보다도 '미래 지향적'인 한일 관계를 강조하는 분위기다. 언뜻 보기에는 매우 긍정적으로 보이지만, 실상은 일본의 과거사 문제를 덮자는 의도가 있어 그대로 받아들이기는 곤란하다. 일본은 과거 제국주의 시기에 저지른 강제징용, 일본군'위안부', 식민 통치 35년에 대한 어떠한 반성이나 사과조차 없었기 때문이다.

　2015년 7월 일본은 하시마(端島) 탄광(일명 군함도)을 유네스코 세계문화유산에 등재하였다. 많은 한인이 이곳에 강제로 동원되어 적지 않은 이가 희생되었음에도 아랑곳하지 않았다. 그런데 이번에 또다시 사도 광산을 세계문화유산에 등재하려고 한다. 과거의 전철을 밟지 않기 위해서는 이를 경계해야 할 것이다.

세계문화유산에 등재된 지옥 섬

2015년 7월 5일 일본 내 '근대산업시설'과 '메이지 산업혁명: 철강·조선·석탄 산업' 관련 23곳이 유네스코 세계문화유산에 등재되었다. 서구권에서 시작된 산업화가 비서구권 국가로 성공적으로 이전한 최초의 사례라는 점이 인정받은 것이다. 그런데 23곳 가운데 일제강점기 대표적인 전범 기업인 미쓰비시중공업이 운영하던 나가사키 조선소·다카시마 탄광·하시마 탄광·미이케 탄광·미이케 항구·야하타 제철소 등이 포함된 것이 문제였다. 이 중 일부는 일본 정부가 강제동원이 없었다고 주장하는 역사 왜곡의 장소이자, 한인들의 강제노동 피해 현장이었다.

유독 시선을 끌었던 곳은 하시마 탄광이었다. 일본 규슈 나가사키현

유네스코 세계문화유산에 등재된 하시마 탄광

의 하시마는 나가사키반도에서 서쪽으로 약 4.5km 떨어져 있으며, 큰 야구장 두 개를 합친 정도밖에 안 되는 작은 섬이다. 회색빛 섬의 모습이 1944년에 완성된 해군 전함 '도사(土佐)'와 닮았다고 하여 군함도(軍艦島)라는 별칭을 갖게 되었다. 1810년 이곳에서 석탄이 발견되고 미쓰비시 회사가 1890년에 이를 매입하여 석탄을 채굴하면서 하시마 탄광이 세워졌다.

태평양전쟁 당시 이곳에 끌려간 많은 한인과 전쟁 포로들은 지하 1,000m 아래 경사진 좁은 곳에서, 서로의 몸이 고무줄로 묶인 채 제대로 된 화장실도 없고 온도가 40도가 넘는 곳에서 하루 12~18시간의 강제노역에 시달려야만 했다. 그들은 열악한 작업 환경으로 병에 걸리거나 사고, 영양실조 등으로 사망했고, 도망치려다 익사하기도 하였다. 하시마를 일컬어 '지옥 섬', '감옥 섬'이라 부른 것도 그 때문이었다. 하시마 탄광은 1950~1960년대 일본 석탄 업계가 침체하면서 1974년에 폐광되었고 이후 무인도로 남았다.

우리 정부의 늑장 대처가 가져온 결과

일본 정부가 하시마 탄광 건축물을 유네스코 세계문화유산에 등재하려 한다는 소식이 우리나라에 처음 알려진 것은 2008년 8월경이었다. 일제강점하 강제동원피해진상규명위원회가 나가사키시가 하시마 건축물을 세계문화유산으로 등록하고자 하며 근대화유산연구회를 발족했다는 사실을 전하면서였다. 하지만 당시 우리 정부는 물론 언론도 이에 별 관심을 두지 않았다.

그러다 일본 정부가 2009년 5월 1일 하시마 탄광을 세계문화유산 잠정목록에 올린 뒤 2010년 3월에야 우리 언론이 주목하기 시작했다. 1980년대 일본 시민단체 '나가사키 재일조선인의 인권을 지키는 모임(長崎在日朝鮮人の人権を守る会)'이 하시마 탄광에서 한인 120여 명이 희생되었다는 사실을 밝혀내고, 소설가 한수산이 이를 취재하여 2009년 12월 일본어로 《군함도》라는 소설을 발표한 뒤에야 이에 관심을 두게 된 것이다. 소설 《군함도》는 2016년 5월에 한국어로 번역·출판되었고 2017년 7월 영화로 만들어졌다.

이처럼 우리 언론이 주목했을 때는 이미 나가사키시가 하시마를 관광 상품으로 판매 중이었다. 그런데 상품 안내서 어디에도 '태평양전쟁 당시 한인 등이 처참히 희생되었다'라는 내용은 없었다. 당시 국내 언론은 '하시마 탄광의 세계문화유산 등재 자체를 반대하기보다는 하시마의 역사와 그곳 사람들의 삶과 죽음을 좀 더 고민하며 성찰해야 한다는 점'을 지적하는 정도였다. KBS-1TV는 〈역사스페셜〉 프로그램에 '지옥의 땅, 군함도'라는 방송을 내보냈고, 간혹 일간지에 하시마 탄광에 끌려갔던 사람들의 이야기가 실렸지만, 사실을 전달하는 정도에 그쳤다.

2012년 7월 일본 정부는 하시마 탄광 등을 세계문화유산에 등재하겠다는 구체적인 계획을 발표하였고, 그제야 우리 언론은 비난 기사를 쏟아내기 시작했다. 우리 측도 실태 파악에 나섰다. 2012년 12월 '대일 항쟁기 강제동원 피해조사 및 국외 강제동원 희생자 등 지원위원회'가 작성한 〈사망 기록을 통해 본 하시마 탄광 강제동원 조선인 사망자 피해 실태 기초조사〉 보고서에 따르면, 1943년부터 1945년까지 500~800여 명의 조선인이 하시마 탄광에 징용되었다고 추정했다.

이런 가운데 아베 내각은 2013년 9월 하시마 탄광을 비롯한 조선소와

(왼쪽부터) 소설 《군함도》, 영화 〈군함도〉 포스터, 강제동원 피해실태 기초조사

부두 등 일본 근대산업 유산을 세계문화유산 후보로 공식 결정하고 유네스코에 제출했다. 일본 정부는 강제징용자나 이들에 대한 가혹 행위·노동 착취·임금 체납 등과 관련한 내용은 거론조차 하지 않았다. 한국 정부는 이에 반발하여 '이웃 국가의 아픔과 관련 있는 시설을 세계문화유산에 등재하려는 것은 인류 보편적인 가치를 기리는 세계문화유산의 취지에 맞지 않는다'라는 점을 강조하며 철회를 요구했지만, 뒷북을 친 거나 마찬가지였다.

등재를 놓고 펼친 치열한 외교전

이후 우리 정부와 일본 정부는 유네스코를 무대로 치열한 외교전을 펼쳤다. 하지만 우리의 준비와 대응은 미흡했고 안일했다. 더욱이 일본은 이를 10년 동안 준비하였고 유네스코에서 막강한 영향력을 행사하고 있는 상황에서 외교를 통한 대응은 역부족이었다. 이에 우리는 철회 요구 전략을 바꿔 '조선인 강제징용 사실을 반영하여 등재하라'고 요구하고 나섰다. 이러한 노력에 힘입어 국제기념물유적협의회는 등재 기간을 1850년부터 1910년까지로 한정하지 말고 1945년 8월까지 전체 역사를 담을 것을 요구하였다.

그 결과 2015년 7월 제39차 세계문화유산위원회에서 일본 근대산업시설의 등재가 최종 결정되었지만, 등재 결정문에 각주 형식으로 '강제징용' 사실이 명시되었다. 이를 두고 우리 정부는 전방위 외교 노력이 이뤄 낸 값진 성과이고 일본이 조선인 강제노역을 인정한 것이라며 자화자찬했다. 하지만 일본 정부가 '조선인 강제노동을 인정한 것이 아니다'라고 반박하면서 합의는 무색해지고 말았다. 더욱이 하시마에 마련된 전시관에는 강제동원 사실 자체를 부정하는 증언들로 채워졌다.

일본 정부가 2017년 12월 유네스코 세계문화유산위원회에 제출한 〈보전상황보고서〉에는 '강제징용'이란 내용이 빠진 대신 "제2차 세계대전 기간과 그 후에 일본 산업을 지원한 한국인이 많았다"라는 상당히 왜곡된 내용이 기술되었을 뿐이었다. 이는 일본 정부가 한국인의 강제동원을 부정하며 배상을 거부하는 것과 맥을 같이한다.

2018년 6월에 열린 세계문화유산위원회는 일본 측에 강제노역 등의 역사를 분명하게 알릴 것을 촉구했으나, 일본 정부의 태도는 여전히 바뀌지 않았다. 이에 2021년 7월에 열린 제44차 세계문화유산위원회는 조선인 강제동원자에 대한 설명 부족 등을 지적하며 일본 정부에 이례적으로 강한 유감을 표하며 경고하였다. 이에 일본 정부는 조선인 강제동원을 포함한 '전체 역사'를 알려 나가겠다고 약속했지만, 그때뿐이었으며 이를 실행에 옮기지는 않고 있다.

2023년 9월에 열린 제45차 세계문화유산위원회는 일본의 근대사업

시설 세계문화유산 등재 후속 조처로 "관련국과 대화하고 역사를 제대로 알리겠다는 기존 약속을 지키라"고 결정했다. 이와 관련하여 주문한 사항에 관한 진전을 세계문화유산센터 및 자문기구들이 점검할 수 있도록 2024년 12월 1일까지 제출하라고 하였다. 일본이 이를 실제 이행할지 지켜볼 일이다.

일본, 사도 광산 '꼼수' 등재 추진

이런 가운데 2022년 1월 일본 정부는 니가타현 사도(佐渡) 광산을 세계문화유산 단독후보로 전격 추천했다. 일본 문화청 문화심의위원회가 사도 광산을 일본의 세계문화유산 후보로 선정한 지 꼭 한 달 만이었다. 수법도 하시마 탄광 때와 비슷하게 논란을 피하고자 1860년대 이전인 에도시대 무렵으로 시기를 한정했다. 강제동원이 시행된 태평양전쟁 기간은 포함하지 않은 것이다.

더욱이 2019년 7월 우리 대법원의 강제징용 배상 판결에 따른 보복 조치로 일본 정부가 수출규제를 단행하여 국내에서 일본 상품 불매 운동이 거세게 일어 한일 간 갈등이 최고조에 달했던 시기에 군이 이를 추진하겠다고 나선 것이다. 또한 당시는 코로나19의 오미크론 변이 바이러스가 우세종이 되면서 확진자가 급증하여 이에 정신이 팔려 있던 시기이기도 했다.

일본 정부가 사도 광산을 문화유산 잠정목록에 올려놓은 것은 2010년 11월로 10년이나 더 된 일이었다. 2009년 5월 하시마를 세계문화유산 잠정목록에 올린 지 얼마 지나지 않아서였다. 그런데 일본 정부는 하시

사도 광산

마를 둘러싼 우리 정부와의 갈등이 계속되는 상황이 부담스러웠는지, 2017·2018·2019년 세 번 모두 사도 광산을 유네스코 세계문화유산 등재 후보에서 탈락시켰다. 2019년에 한국에서 흥행한 영화 〈군함도〉가 한몫했던 듯싶다. 2020년에는 코로나19로 인해 등록 추진이 보류되었다.

그런데 2021년 12월 일본 문화심의회는 사도 광산 유적을 단독후보로 선정하였다. 이때 한국 정부뿐만 아니라 일본 시민단체 '강제동원 진상규명 네트워크'도 일제강점기 당시 최소 1,141명의 한국인이 사도 광산에서 노역했다는 일본 정부의 공식 문서를 발표하기도 했다. 한국 각계각층에서 즉각 철회를 촉구했으나, 아베 전 총리를 비롯한 일본 극우의 입장을 받아들인 일본 정부는 2022년 1월 28일 사도 광산을 유네스코 세계문화유산 등재에 단수 추천하였다.

그 뒤 2024년 유네스코 자문기구 국제기념물유적협의회(ICOMOS)는 "광업 채굴이 이뤄졌던 모든 시기를 통해 추천 자산에 관한 전체 역사를 현장에서 포괄적으로 다루는 설명 및 전시 전략을 수립하고 시설 및 설미 등을 정비해야 한다."라며 사도 광산 세계문화유산 등재 보류를 권고했다.

사도 광산 세계문화유산 등재 여부는 2024년 7월 하순경 인도에서 열리는 유네스코세계문화유산위원회에서 21개 회원국 3분의 2이상 찬성으로 결정한다고 규정되어 있지만, 관례적으로 전원 찬성으로 최종 결정해 왔다. 한국도 회원국이다.

과거를 교훈 삼아 등재를 막아야

다시금 한일 간에 '역사 전쟁'이 시작되었지만, 한일 관계를 고려해서인지 이에 대한 경각심이 많이 약해져 있다. 예전 정부는 그동안 일본 측의 사도 광산 세계문화유산 등재 움직임을 예의주시해 왔고, 일본지역 탄광·광산의 한국인 강제동원 실태를 조사했으며 관련 연구도 축적하였기에 예전처럼 당하지 않으리라는 자신감을 보였다. 당사국 간 합의, 즉 한국이 사도 광산의 세계문화유산 등재를 찬성하지 않으면 유네스코 심사를 통과하기 어렵다는 관측도 지배적이었다.

그런데 상황이 달라져 정부가 너무 소극적이며 한일 간의 갈등을 초래하지 않는 쪽으로 급선회하였다. 오히려 한국 정부가 사도 광산의 세계문화유산 등재를 위해 일본 측과 조율하면서 한반도 출신 강제노동 피해자의 위령시설 설치 등을 요구하고 있다는 소리도 들린다. 정권은 짧지만, 역사는 기억하고 있다는 점을 간과해서는 안 된다. 다시는 '군함도'의 전철을 밟을 수 없다.

'평화의 소녀상'을 지키는 것은
인간 존엄과 여성 인권을 지키는 일

"위안부는 전시 성폭력 피해자가 아니다." 지난 2022년 7월 독일 베를린시 미테구를 방문하여 '평화의 소녀상' 철거를 주장한 이른바 '위안부사기청산연대' 소속의 한국 극보수 인사들이 내뱉은 말이다. 이들은 '평화의 소녀상'은 한일 관계뿐만 아니라 국제 관계도 악화시키는 원흉이며, 소녀상 설치는 아무런 이익도 낳지 않고, 오히려 갈등과 증오만 부추긴다고 주장하였다. 과연 그들의 주장이 옳은지 그리고 정의로운 일이었는지 묻고자 한다.

진실의 민낯이 드러나다

일본군'위안부' 문제가 불거진 것은 1990년대부터이다. 광복 후 45년 만이니 늦어도 한참 늦은 셈이다. 그런데 이를 되짚어 보면 그럴 만도 하다.

일본대사관 앞에 세워진 '평화의 소녀상'

　일제가 패망하면서 일본군'위안부'들은 또 다른 고통을 맞닥뜨렸다. 어떤 이들은 일본군에게 총살 혹은 매장당했고, 어떤 이들은 지긋지긋한 옥쇄에서 벗어났지만 차마 꿈에 그리던 고향을 찾아갈 용기가 없어 현지에 남기도 하였다. 그런가 하면 용기를 내어 미 군함을 얻어 타고 고국으로 돌아오다가 바다에 몸을 던진 이도 있었다. 어떤 이는 돌아와서는 고향으로 가지 못하고 타향살이하며 한 맺힌 삶을 살아갔고, 어렵사리 보고 싶었던 부모님을 찾아갔으나 '일본군과 놀다 온 더러운 여자'라

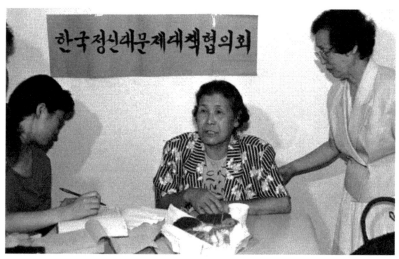

한국정신대문제대책협의회가 마련한 기자회견장에서 국내 위안부 생존자 중 최초로 피해 사실을 증언하는 고 김학순 할머니(1991.8.14.) (한국정신대문제대책협의회)

는 주변의 오해와 편견을 견디지 못해 고향을 등지고 살아간 이들도 있었다. 모든 일을 가슴에 묻은 채 말이다. 그들 가운데는 철저히 버림받아 갈 곳도, 할 수 있는 일도 없어 기구하게도 주한 미군 위안부가 된 이들도 있었다. 겨우 10대 후반에서 20대 초반의 나이였으니 산목숨 그렇게 살아가야 했을 것이다.

1990년 11월 일본군'위안부' 문제를 제기해 오던 37개 여성단체가 연합하여 한국정신대문제대책협의회를 조직한 후 1991년 8월 14일 김학순 할머니가 자신이 위안부 피해자였다며 이를 최초로 공개 증언하면서 만천하에 진실의 민낯이 드러나기 시작하였다.

이후 국내는 물론 필리핀·네덜란드 등 세계 각지에서 증언이 잇따랐다. 이날을 기려 2012년 12월 '제11차 일본군위안부 문제 해결을 위한 아시아연대회의'에서 '8월 14일'을 '세계 위안부의 날'로 지정하였고, 우

일본대사관 앞 첫 수요집회(1991.1.8.) (한국정신대문제대책협의회)

리나라 정부는 2018년 이날을 '일본군위안부 피해자 기림의 날'로 정하고 국가기념일로 지정하였다.

미국에 건립된 '위안부 피해자 기림비'

김학순 할머니의 공개 증언 이후 1992년 1월 일본대사관 앞에서 수요집회가 시작되었다. 이러한 한국 내 분위기에 1993년 8월 일본의 고노 요헤이(河野洋平) 관방장관은 일본군'위안부' 문제에 대해 강제성뿐만 아니라 일본군이 직간접적으로 관여했다며 사과하였다(이른바 '고노 담화').

그뿐만 아니라 유엔인권위원회는 보고서에 일본군'위안부'를 '성노예'로 정의하였고, 이는 이후 통용되었다. '위안부' 피해 할머니들이 자신이

미 팰리세이드파크의 위안부 기림비(2010.10.23.)

당한 끔찍한 '성노예' 경험을 미국의 여러 대학과 단체에서 증언하면서
미국인들을 움직인 결과였다. 그들은 일본군의 포악한 성폭력에 여성의
인권이 무참히 짓밟혔다는 사실에 공감하며 피해 할머니들의 호소에 동
참하였다.

　그런데 시간이 지날수록 피해 할머니들이 고령화하여 더는 공개 증언
이 어렵게 되면서 2010년대부터 변화의 바람이 불기 시작하였다. 이때
처음으로 2010년 10월 미국 뉴저지주 팰리세이드파크시 도서관 내에
'위안부 피해자 기림비'가 세워졌다. 하지만 그 과정은 순탄치 않았다.
일본 정부는 거세게 반발하였고 집요하게 이를 막았다. 한때는 시의회
통과가 거의 불가능하다는 목소리도 전해졌다. 그럴수록 한인뿐 아니라
중국인·일본인·유대인 단체가 연대하였고, 결국 시 당국은 기림비가

미국 시민들의 주도로 세워졌다는 이유로 일본 측 요구를 거절하면서 첫 결실을 보게 되었다.

펠리세이드파크시는 그러한 문제를 한일 간 다툼에 따른 정치적인 목적이 아닌 여성의 인권 문제라는 교육적 가치로 판단하였다. 그런 만큼 동판에는 "1930년대부터 1945년까지 일본 제국주의 정부 군대에 납치된 20만 명 이상의 여성과 소녀들을 기린다"라는 문구와 함께 "인류에 대한 두려운 범죄를 절대 잊지 말자"라는 다짐이 새겨졌다.

이후 이 문구가 새겨진 여러 기림비가 뉴욕 나소카운티 시내 아이젠하워 공원(2012.6.), 뉴저지주 버겐카운티 트리니티 에피스코팔 교회(2013.3.), 버지니아주 페어팩스카운티 정부 청사(2014.5.) 등에도 건립되었다. 이를 통해 제2차 세계대전 중 일본군의 성노예와 인신매매로 희생된 여성들을 기리고 전 세계에서 일어나는 인신매매와 인권 유린을 상기시키고자 한 것이다. 전쟁이 일어나는 어느 국가에서든지 여전히 반복되는 문제라는 데 공감하고 정치적 접근이 아닌 여성의 인권과 존엄의 시각에서 문제의 심각성을 바라본 것이다.

전 세계에 세워진 '평화의 소녀상'

2011년 12월 14일 수요집회 1,000회(20년)를 맞아 '평화의 소녀상'(이하 소녀상)이 일본대사관 앞에 처음으로 제작·설치됐다. 이후 소녀상은 국내뿐 아니라 전 세계로 확산하였다. 국외에서는 2013년 7월 미국 캘리포니아 글렌데일 시립 중앙도서관 앞에 처음으로 세워졌다. 그곳은 19세기 말 20세기 초 아르메니아인 백만여 명이 희생된 곳인 만큼 일본

미국 캘리포니아주 글렌데일 시립공원에 세워진 평화의 소녀상(2013.7.30.)

군'위안부' 피해자들의 고통에 공감하여 국경을 넘는 기억의 연대가 만들어 낸 것이다. 이어 미시간주 사우스필드의 한인문화회관(2014.8.)과 캐나다 토론토시 한인회관(2015.11.) 앞에도 소녀상이 세워졌다.

　이를 기회로 한국 정부는 일본에 반성과 사과를 촉구하는 압박 강도를 높여 나갔다. 특히 독일 메르켈 총리뿐 아니라 영국 여왕 등 세계 각국의 정상들에게 일본군'위안부' 관련 만행을 알려 일본을 압박하였다. 이에 일본 측에서 먼저 협상을 제안해 왔다. 그런데 방향이 엉뚱한 곳으로 흘러갔다. 2015년 12월 박근혜 정부와 일본 아베 내각 간에 일본군'위안부' 문제가 최종적·불가역적으로 종결되었음이 선포된 것이다. 이는 일본 정부가 '위안부'의 강제성과 법적 책임을 인정하지 않은 것이었기에 피해자들은 물론 국내의 반발이 거셌다. 더욱이 기림비(소녀상 포함) 철거와 성노예 삭제 등의 이면 합의가 있었다는 것에 비판 여론이 격화하였다.

이는 되레 미국 이외에 호주, 독일까지도 소녀상 건립이 확산하는 계기가 되었다. 호주 시드니 애쉬필드 교회(2016.8.), 독일 남부 레겐스부르크시 인근 비젠트(2017.3.), 조지아주 브룩헤이븐 블랙번 공원(2017.6.), 뉴욕 맨해튼 뉴욕한인회관(2017.10.) 등에 소녀상이 건립되었다. 소녀상은 아니지만 중국 상하이사범대 교정에 '한중 평화의 소녀상'(2016.10.)이, 샌프란시스코 세인트 메리스 스퀘어 공원에 '위안부' 동상(2017.9.)이 세워졌다.

특히 스퀘어 공원 '위안부' 동상은 샌프란시스코에 거주하는 한국·중국·필리핀·네덜란드 등 제2차 세계대전 당시 일본군'위안부' 피해를 본 13개 국가의 커뮤니티들이 연합해 건립한 것이다. 샌프란시스코시가 자매결연을 한 일본 오사카시와 절연하면서까지 얻어 낸 성과였다. 더욱이 샌프란시스코 시의회가 '위안부 기림비 건립과 전 세계 여성과 소녀에 대한 인신매매 중단에 대해 지역사회에 교육할 것을 촉구'하는 결의안을 만장일치로 통과시킨 뒤여서 더욱 의미가 컸다. 이 동상은 2019년 8월 일제의 정신적 침략을 상징하는 남산 조선신궁 터 부근에도 건립되어 의미를 더했다. 동판에는 "(침묵을 깨고 용감하게 증언한) 이들은 성폭력을 전쟁의 전략으로 이용하는 것은 정부에 책임을 물어야 하는 반인륜 범죄에 해당한다는 세계적인 선언을 끌어냈다. 이 여성들과 전 세계에 걸친 성폭력 및 성을 목적으로 한 인신매매 근절 노력에 이 기림비를 바친다"라고 쓰여 있다.

최근 2022년 7월 독일 중부 헤센주에 자리한 카셀 주립대의 총학생회는 대학교 본관 앞 학생회가 관리하는 부지 앞에서 평화의 소녀상 '누진(쿠르드어로 새로운 삶을 의미)'의 영구 설치를 기념하는 제막식을 열었다. 카셀 소녀상, '누진'은 베를린 평화의 소녀상 사례를 보고 전시 여성 성폭

(좌) 독일 카셀 주립대학교 내 '평화의 소녀상', (우) 소녀상 기습 철거 후 총학생회 · 시민단체 · 한인단체의 원상회복 촉구 피켓 (코리아협의회 페이스북)

력 문제에 대한 경각심을 일깨우기 위해 세운 평화비였다. 이에 감동한 소녀상 작가들이 소녀상을 선뜻 기증하고자 하여, 코리아협의회(Korea Verband)는 현지 시민단체로서 권한을 위임받아 총학생회와의 소녀상 영구 임대계약을 체결하였고, 전 세계 3천여 명의 시민들이 후원하였다.

그런데 2023년 3월 카셀 주립대 측이 일본 정부의 지속적인 철거 압박에 '평화의 소녀상'을 기습 철거하는 사건이 일어났다. 이 평화의 소녀상은 설치한 지 8개월 만에 철거되어 가장 빨리 사라졌을 뿐 아니라, 국외에 세워진 평화의 소녀상 중에 철거된 첫 사례로 기록되었다.

여성 인권과 존엄을 상징하다

2021년 2월 하버드대 로스쿨 교수 존 마크 램지어(John Mark Ramseyer)가 "위안부는 전쟁의 피해자가 아닌 자발적인 성 노동자, 매춘부였다."라고 막말하여 떠들썩했다. 또한 국내 유력 보수 일간지는 2021년 10월 "한일 관계가 파탄 나면 더 좋다. (…) 위안부 문제는 현 집권 세력에 가

성비 좋은 국내 정치용 비즈니스가 됐다. (…) 일본은 반격에 나섰고 미국도 주춤했다."라며 악의적이고 왜곡된 보도를 쏟아 냈다. 이러한 연속선상에서 국내의 극보수 단체가 독일에서 '소녀상' 철거를 주장하였다.

기림비와 소녀상은 오늘날 전 세계인이 주목하여 전시 성범죄 희생자들의 고통을 기억하는 공간이자 여성 인권과 존엄·평화를 염원하는 대상이 되었다. 그럼에도 일본 정부가 이를 철거하려는 시도는 계속되고 있다. 소녀상은 더는 한일 간의 외교 문제가 아니며 국내의 좌우 이념 문제가 아니다. 한때 국가가 없어서 그들을 지켜주지 못했다. 그러한 민족이 독립하여 새로운 국가를 세웠다면 그들을 보듬어 안아야 하고, 그렇게 만든 상대 국가에 사죄와 용서를 받아내는 것이 마땅한 일이다.

일본 정부의 야스쿠니 신사 참배, 무엇이 문제인가?

　'8월 15일', 한국·중국·일본 등은 제각기 이날을 기념한다. 세 나라는 1945년 8월 15일을 달리 기억하기 때문이다. 한국은 일제의 식민지에서 해방되었다고 하여 '광복절'이라 하고, 일본과 전쟁 중이었던 중국은 '승전일'이라고 하는데, 정작 이러한 책임에서 벗어날 수 없는 일본은 패전국임에도 불구하고 '종전일'이라 한다. 그런데 유독 이날에는 뉴스에서 일본의 야스쿠니 신사 참배 문제가 보도되곤 한다. 이는 일본이 제국주의 시기에 저지른 식민지 건설이나 전쟁에 대한 사과나 반성이 없는 것과 결을 같이한다. 그 이유와 무엇이 문제인지 짚어 보고자 한다.

기시다 총리는 공물, 각료는 참배

　지난 2022년 8월 15일, 기시다 후미오(岸田文雄) 일본 총리가 야스쿠니 신사에 공물(供物)의 일종인 다마구시(玉ぐし, 비쭈기나무 가지에 베 또는 흰 종

야스쿠니 신사

이 오리를 단 것) 대금을 봉납했다. 그는 총리가 아닌 '자유민주당 총재' 명의로 한 것이며, 이를 사비로 부담했음을 강조했다. 이와 달리 각료 중 일부는 직접 신사를 방문해 참배했다. 이러한 행태는 2012년 12월 이후 계속되고 있는데, 한국과 중국의 비난을 피하려는 꼼수에 불과하다. 일본 총리가 야스쿠니 신사에 대금을 봉납하는 간접적인 참배는 직접적인 참배와 다를 게 없기 때문이다.

그렇다면 왜, 일본 총리의 야스쿠니 신사 참배를 경계해야 하는가? 도쿄 중심가에 있는 야스쿠니 신사는 일본 최대 규모를 자랑한다. 신사(神社)란 일본 왕실의 조상이나 신대(神代)의 신 또는 국가에 큰 공로가 있는 사람을 '신'으로 모신 사당을 말한다. 처음에는 메이지유신 직후인 1869년 막부군과의 싸움에서 죽은 자들의 영혼을 '일본의 신'으로 추앙

야스쿠니 전신 쇼콘샤(1869~1879)

하고자 세운 '쇼콘샤(招魂社)'였다. 그 뒤 1879년 '평화로운 나라[靖國]'라
는 지금의 이름으로 바뀌었고, 청일전쟁·러일전쟁·만주사변 당시 죽은
일본군 위패를 그곳에 봉안하였다.

　그런데 일본이 군국주의의 길로 나간 제2차 세계대전 당시 전사자들
의 영령을 위해 제사하고 일본 왕이 참배하면서 특별한 공간으로 변모
하였다. 이로써 야스쿠니 신사는 일본인들에게 일본 왕 숭배와 군국주
의를 고무·침투시키는 절대적인 공간이 되었다. 이에 '일본 왕을 위해
죽는다면 신이 되어 국민의 예배를 받을 수 있다'라는 인식을 심어 주었
고, 일본의 젊은이들은 '야스쿠니에서 만나자'라는 약속을 하고 전쟁터
로 나갈 정도였다.

야스쿠니 신사는 곧 일본 군국주의의 상징

　제2차 세계대전 패전 후 연합군총사령부의 명령으로 야스쿠니 신사
는 종교시설로 전락하였다. 또한 1946년 11월 3일에 공포한 일본 헌
법 제20조(정교의 분리)에 "국가나 그 기관은 어떤 종교적 활동도 하면 안
된다.", 제89조에 "종교단체에 대한 공금 지출 금지"라고 명문화하였다.
그런데도 야스쿠니 신사에 합사한 숫자는 이전보다 훨씬 늘어나 군인·
민간인 등 246만 6천여 명이나 되었고, 히로히토 일왕은 패전 이후에도
그곳을 찾아 참배했다.

　그런데 자민당은 1960년대 말부터 야스쿠니 신사를 관립으로 복귀
시키고 총리와 각료의 참배를 공식화하는 법률을 제정하고자 하였다.
이는 헌법 위배 논란으로 좌절되었지만, 그러한 시도는 계속되었다.
1975년 패전일에 미키 총리를 시작으로, 1978년 후쿠다 총리 역시 '사적
인 참배'를 전제로 야스쿠니 신사에 참배하고는 비난을 피하고자 공물
료는 사비로 냈음을 강조했다. 이 역시 총리가 신사 참배하는 것은 헌법
의 정교분리 원칙에 어긋난다는 논쟁을 피하려는 궁여지책에서 나온 것
이지만, 이때도 헌법 위반 논란이 크게 일었다. 이때부터 일본의 우경화
가 시작됐다고 할 수 있다.

　1979년 4월 도조 히데키(東條英機)를 비롯한 A급 전범 14명이 합사되
었다는 사실이 뒤늦게 알려지면서 비난 여론이 거세게 일었다. 그럼에
도 오히라 총리는 이에 아랑곳하지 않고 야스쿠니 신사에 참배했다. 이
러한 행위는 이들을 전범으로 규정한 극동국제군사재판 판결을 부인하
고 침략 책임을 부정하는 것이었기에 한국과 중국뿐만 아니라 전 세계
로부터 맹비난을 받았다.

극동국제군사재판정에 선 A급 전범들(1948.11.)

A급 전범이란, 극동국제군사재판부가 1948년 11월 '평화에 대한 죄 (crimes against peace)'로 판결한 25명을 말한다. 실제로 전쟁을 기획하고 주도한 인물들이었다. 그 가운데 사형을 당한 7명과 옥중에서 사망한 7명을 '쇼와 시대의 순난자'라고 하여 이들 14명을 야스쿠니 신사에 합사했다. 이후 야스쿠니 신사는 '일본 군국주의의 상징'이 되었다. 이에 반해 히로히토 일왕은 전범의 합사를 반대하며 야스쿠니 신사를 찾지 않았고 이는 지금까지 이어져 오고 있다.

위법성을 부인하고 되풀이된 참배

일본의 우익 정치인들은 한국·중국 등 주변국의 비판과 우려에도 불구하고 매년 봄·가을 제사와 태평양전쟁 패전일에 맞춰 야스쿠니 신사를 찾아 집단으로 참배한다. 패전일에는 많은 일반인 추모객이 이곳을 찾는다. 특히 일본 극우 세력들은 군복을 입고 욱일기를 들고나와 군국주의 시절을 찬양하며 당시 군가를 부르거나 행진하곤 한다. 패전 40주년이었던 1985년 나카소네가 총리로서는 최초로 야스쿠니 신사에 공식 참배하는 일까지 벌어졌다. 한국·중국 등 침략을 당한 이웃 나라의 항의가 빗발치자, 일본 정부는 이는 헌법에 금지된 정부의 종교활동에 해당하지 않는다며 억지를 부렸다. 결국 중국의 첫 거센 비난에 총리들의 야스쿠니 신사 참배는 중단되었다. A급 전범 14명을 신사에서 제외하자는 여론도 일었지만, 신사 측의 반대로 무산됐다.

이때 오사카와 교토 시민 6명이 '나카소네의 공식 참배가 헌법의 정교분리 규정에 어긋난다'라며 국가와 나카소네를 상대로 600만 엔의 국가배상 청구 소송을 냈다. 오사카지방법원과 고등법원은 각기 1989년과 1992년에 원고의 청구를 기각했다. 다만, 고등법원은 판결문에서 "공비에서 3만 엔을 지출한 이 공식 참배는 헌법 20조·89조에 위반한 혐의가 짙다."라고 적시해 시선을 끌었다.

반면 센다이고등법원은 1991년 야스쿠니 소송에서 공식 참배가 헌법의 정교분리 원칙에 저촉된다고 판결하여 위법성을 명확히 했다. 그런데도 11년 만인 1996년 7월 하시모토 총리가 전격적으로 야스쿠니 신사를 찾아 파문을 일으켰다. 한국과 중국 등의 반발과 비난이 거세게 일 것이라는 사실을 알면서도 말이다.

이후 몇 년간 잠잠하더니 2001년 8월 13일, 패전일 이틀 전에 고이즈미 총리가 다시금 야스쿠니 신사에 참배하였다. 이는 주변국의 '직접적 비난'을 피하려는 속임수에 불과했다. 당시에도 남북한과 주변국의 비난은 거셌고 자민당의 지지 기반인 우익들도 그리 반기지 않았다. 그런데도 고이즈미는 아랑곳하지 않고 재임 기간 내내 패전일을 피해 참배하였고, 2006년 8월에는 당일에 참배하기까지 했다. 이로써 한일·중일 관계 모두 급속도로 냉각되었고, 헌법 20조 위반 판결이 나왔지만, '사적인 것'이라며 신경 쓰지 않았다. 그는 주변국의 반대, 자국 내 반발 여론, 히로히토 일왕의 반대에도 굴하지 않았다.

세계 평화를 위해 참배를 중단해야

고이즈미에 이어 총리가 된 아베는 1차 집권 당시(2006.9.~2007.9.)에는 참배를 자제했다. 그러다 제2차 집권(2012.12.~2020.9.) 이후부터 태도가 달라졌다. 당시는 일본 부총리와 각료들의 야스쿠니 신사 참배와 2011년 3월 동일본 대진으로 인한 후쿠시마 원전 사고에 따른 한국의 일본 수산물 금지 조치를 문제 삼아 WTO에 제소하면서 한일 관계가 극도로 악화한 시기였다. 2013년 12월 아베 총리는 2006년 8월 고이즈미 총리가 참배한 지 7년 만에 다시 야스쿠니 신사를 찾아 참배하였다. 그리고는 "지난 총리 재직 당시 신사 참배를 하지 않은 것이 통한"이라고 하거나, "신사는 미국 국민이 전사자를 추모하는 알링턴 국립묘지와 같다"라는 망언도 서슴지 않았다. 이는 뿔난 국내 여론에 기름을 끼얹는 격이었다. 이에 한국·중국 등은 물론 미국으로부터도 비판을 받자, 이후 아베는 주요 행사 때 공물을 보내는 것으로 참배를 대신했다. 이는 지금까지도 이어져 오고 있다.

지금껏 한국 정부는 일본 총리가 직접 참배하거나 공물을 보낼 때 그리고 각료들이 참배할 때 깊은 실망과 유감을 표하곤 했다. 그런데

2022년 8월 광복절 77주년을 맞아 대통령실은 일본 각료들의 야스쿠니 신사 참배를 제2차 세계대전에서 패전한 일본 입장에서는 '멈출 수 없는 관습'이라고 두둔하듯이 말해 논란을 일으켰다. 그러한 안일한 이해는 한일 관계에 전연 도움이 되지 않는다. 일본 정부나 우익의 야스쿠니 신사 참배는 한일 관계를 뛰어넘는 문제이기에 그렇다. 이는 '군국주의 망령을 부르는 범죄'이기에 세계 평화를 위해 극히 경계해야 함을 명심해야 한다.

중국 하이난섬의
일제 강제징용 희생자
유해 봉환을 못 하는가,
안 하는가?

    그림 같은 해변, 기암괴석, 야자수 …. 남국 정취가 물씬 풍기는 열대 지대로 '동양의 하와이'로 불리는 중국 하이난섬을 가리키는 단어들이다. 이렇듯 아름다운 섬으로 찬사를 받기도 하지만, 우리에게는 그리 달갑지 않은 섬이기도 하다. 그곳은 70여 년 전 한인들이 강제징용되어 끌려간 곳일 뿐 아니라 지금도 그들의 유해가 고국으로 돌아오지 못하고 방치되어 있기 때문이다. 여전히 '역사의 냉대'를 받는 그들의 이야기를 하고자 한다.

(왼쪽부터) 하이난섬, 하이난 해안

'천인갱'이라 불리는 조선인 천 명이 묻힌 곳

중일전쟁이 한창이던 1939년 2월, 일제는 남방 침략의 거점을 만들고자 하이난을 점령하였다. 그 뒤 일제는 중국·홍콩·타이완 등지의 사람들뿐만 아니라 한인들을 그곳으로 강제동원하여 비행장·항만 등을 건설해 군사기지를 만들고, 철광석 등의 자원을 약탈하였다. 또한 일제는 일본군 위안소에 적지 않은 한인 여성들을 끌고 가서는 곤욕을 치르게 하였다.

이후 태평양전쟁을 일으킨 일제는 1943년 봄부터 패망 직전까지 한인 2천여 명을 하이난으로 끌고 왔다. 전쟁에서 다급해진 일제는 자원 착취를 강화하고자 서대문형무소 등 전국 12곳(평양·신의주 등 북한 수형자 1,100명 포함)의 감옥 수형자들까지 '남방파견보국대(조선보국대)'라는 이름으로 동원하였다. 일제는 "하이난에 가면 형량을 감해 준다.", "높은 월급을 준다."라면서 그들을 속였다.

그러나 이들은 발목에 족쇄를 찬 채 10명 혹은 20명씩 1개 조를 이뤄 일본군의 총칼 아래 석록(石碌) 광산·전독(田獨) 광산 등에서 강제노역에 시달렸다. 일본군은 그들이 조금이라도 불복하면 매질하였고, 도망치다 붙잡혀 온 이들은 고문으로 생죽음을 당하기도 했다. 매일 고된 노역이 끝나면 그들을 군영에 감금했고 굶주림과 질병으로 죽으면 모두 한곳에 매장했다. 특히 일제의 패망 직후 하이난 싼야시(三亞市) 애현지역에 고립된 일본군은 한인 징용자 1,200여 명을 난딩촌(南丁村) 부근 산기슭으로 끌고 가서 총알을 아낀다며 이들을 칼로 무자비하게 학살하고 그곳에 집단 매장하는 만행을 저질렀다.

일본군이 하이난섬에서 물러간 뒤, 그곳 주민들 사이에는 종종 귀신

난딩촌 천인갱 입구에 세워진 '조선족 천인갱(朝鮮族 千人坑)' 입간판

을 보았다는 소문이 나돌았다. 이들은 대부분 중국 소수민족인 여족(黎族)이었음에도 그들의 원혼을 달래 주고자 마을 이름을 '조선촌(朝鮮村)'으로 고쳐 불렀다. 1975년에 '삼라촌'으로 바뀌었지만, 촌민들은 여전히 '조선촌'이라 부른다. 마을 입구에는 '조선족 천인갱(朝鮮族 千人坑: 조선인 천 명이 묻힌 곳)'이란 표지판이 세워져 있다. 이 외에도 한인들의 작업장이었던 석록 광산·전독 광산 근처에는 중국 정부가 세운 '만인갱(萬人坑)'이란 표지판과 이들을 추모하는 기념비가 여럿 세워져 있다.

광복 후 50년이 지나서야 알려진 참상

이들의 참상이 국내에 알려진 것은 광복 후 50년이 지나서였다. 1995년 하이난성 전국인민정치협상회의는 싼야시 주민 중 70세 이상

의 노인 50여 명을 구술 조사
한 뒤에 〈철제하적성풍혈우(鐵
蹄下的腥風血雨; 철발굽 아래의 피비린
내 나는 비바람)〉라는 자료를 발간
하였다. 그로부터 3년이 지난
1998년 3월 그 자료가 국내에 전
해지면서 비로소 그러한 사실이
알려졌다. 1998년 8월, 석록 광
산에서 5년간 강제노역에 시달
렸던 장달옹(당시 태평양전쟁 강제
연행 한국생존자협의회 미주 회장) 씨
가 KBS-2TV 〈해남도에 묻힌 조
선 혼〉이라는 프로그램에 출연
해 당시의 참상을 생생하게 증언
했다. 너무나도 충격적인 사실이
세간의 이목을 끌었다.

일구시기수박해조선동포사망추모비

그런데 한국 정부가 아닌 하이난에서 망고 사업을 하던 서재홍 씨가
1999년 9월 1일, 싼야시 정부의 허가를 받아 그곳에 '일구시기수박해조
선동포사망추모비(日寇時期受迫害朝鮮同胞死亡追慕碑; 일제 시기 박해를 받아
숨진 조선 동포 추모비)'와 비문을 세웠다. 또한 그는 삼라촌민위원회와 '천
인갱' 주변 땅 3만 3천m²를 보호 개발하는 30년 도급 계약을 체결했다.
2001년 1월 그는 한국에서 유해 발굴 전문가 등을 초청해 와 두 달 남짓
유해를 발굴하여 한인 유해 109구를 수습했다. 일부 유해의 손목에는 철
사로 만든 수갑이 채워져 있었고, 머리뼈에는 굵은 쇠못이 박혀 있었다.

도난 전 모습   도난 후

MBC 촬영 영상 캡처(2001.3.)

그 가운데 104개 유골은 화장하여 단지에 넣어 보관실에 진열하고, 비교적 보존이 잘된 유해 5구는 유리관에 넣어 보관하였다. 이는 2001년 3월 MBC 〈하이난섬의 대학살〉이라는 프로그램을 통해 그대로 전해졌다.

민간에서 시작한 희생자 유골 봉환 추진

하지만 이내 하이난섬의 '천인갱'은 정부와 국민의 관심에서 멀어져 갔다. 그러다 서재홍 씨가 자금난으로 5년간 토지사용료를 내지 못하면서 중국 정부와 체결한 도급 계약이 취소되었다. 이렇듯 열악한 상황 속에서 하이난 집단 학살에 관심을 보인 것은 '기슈(紀州) 광산의 진실을 밝히는 모임'(이하 '모임')이었다. 이 모임은 1997년 9월 일본의 양심적인 학자·시민들이 결성한 단체로, 1998년 6월 하이난을 방문하여 참상을 확인하였다. 이후 모임은 2002년 4월 김대중 대통령에게, 2003년 5월에는 노무현 대통령에게 하이난 학살의 진상 규명과 유해 봉환 등을 요청했지만 별다른 답변을 듣지 못했다. 또한 이들은 2004년 9월 일본 정부에도 진상 규명을 요청했지만 소용없었다. 그 후 2003년 3월 '일제강점하 강제동원피해진상규명 등에 관한 특별법'이 제정되고 이를 근거로 2004년 11월 위원회가 공식 출범하자, 이 모임은 위원회에 공동 발굴과 진상 규명을 제안했다. 당시 '천인갱' 일대가 중국의 개발업자에게 넘어갈 위기에 처했기 때문이다.

2005년 1월 정부가 일본·중국·동남아 등지의 강제동원 희생자들의 유골 봉환을 위해 일본 측에 실태 조사를 제의했지만 소용없었다. 이런 가운데 '모임'은 더는 이를 방치하면 안 된다고 판단하여 2006년 5월 독자적으로 발굴을 시도하였다. 이를 통해 진상을 밝히고 한국 측의 전면적 발굴을 촉구하기 위함이었다. 하지만 결과는 기대에 미치지 못했다. 위원회가 실태 조사를 통해 2006년 〈조선보국대 진상조사보고서〉를 작성하여 113명의 피해자를 확인하는 정도에 그쳤다. 그러다가 하이난성 정부에 의해 발굴이 중단되었고, 2008년 여름 '조선촌'을 횡단하는 고속도로 건설이 시작되면서 '천인갱' 주변은 파헤쳐지고 말았다. 이 무렵 한국 정부가 추모비 건립을 검토하였지만 실행되지 못했다.

진상 규명과 유해 발굴·봉환은 국가의 책무

그 뒤 하이난은 또다시 잊혀 갔다. 그러다가 6년이 지난 2012년 8월 대한민국 예비역 영관장교연합회가 《중국 해남도 조선촌 천인갱의 진실을 알린다》라는 책자를 발간하였고, 2015년 8월 KBS-1TV에서 〈천인

대한민국 예비역 영관장교연합회가 발행한 책자

갱, 70년의 기다림〉이라는 프로그램이 방송되었지만, 큰 반향을 일으키지는 못했다. 정부 차원에서의 하이난에 대한 추가 진상 조사 없이 2015년 12월 위원회는 해산됐다.

그사이에 '천인갱' 부지는 예전보다 20분의 1에 불과한 1천 6백m²로 쪼그라들었고 근처에는 고속도로와 고속철도가 들어섰으며, 코앞까지 초고층 아파트가 들어섰다. 그나마 남아 있던 '천인갱' 주변의 담장은 곳곳이 허물어졌고 현지 주민이 몰래 버린 관들이 쌓였으며, 추모관 바로 옆에는 돼지우리가 지어져 심한 악취까지 진동했다. 더욱이 유골함 절반은 텅 비었고 유리관에 모셔져 있던 유골 5구는 모두 사라지고 말았다.

2018년 이러한 안타까운 소식을 접한 국내의 중소 부동산 시행업체 '다담' 회사가 발 벗고 나섰다. 다담은 재단법인 천인갱을 설립하고 그나마 남아 있던 '천인갱'을 보존하고자 토지이용료를 지급하는 한편, '하이난천인갱희생자추모회'를 조직하여 진상 규명과 유해 발굴·봉환 등에 애쓰고 있다. 그런데 위원회 사업을 넘겨받은 행정안전부 산하 과거사 관련업무지원단은 진상 조사 기능이 없다며 유해 발굴은 민간단체에 떠넘기고, "진상 조사가 안 된 강제징용 피해자 유해는 정부가 나서서 수습할 수 없다."라는 주장만 반복하였다. 민간 차원에서 추진 중이던 발굴

난딩촌 천인갱 입구에 세워진 '조선족 천인갱(朝鮮族 千人坑)' 입간판

및 유해 봉환은 현재 코로나19 사태 이후 중단된 상태다.

일제강점기 국외로 강제동원된 인원 125만여 명 중 20만여 명이 돌아오지 못했다. 지금까지 위패라도 돌아온 경우는 1만 2천여 명으로 6%에 불과하고 이마저도 대부분은 민간단체가 봉환해 온 것이다. '천인갱'은 한인 강제징용 피해자들의 집단 매장지로 유일한 곳이지만, 그곳의 개발 붐에 언제 사라질지 모른다. 이제 더는 미룰 수 없다. 정부가 적극적으로 나서지 않으면 진상 규명과 유해 발굴·봉환 등 그 어느 것도 이뤄질 수 없다. 나라 없는 식민지인으로 머나먼 타지에 끌려와 학살당한 원혼들을 달래는 일은 우리 후손들의 몫이자 국가의 존재 이유이다.

일본 군국주의의 망령,
욱일기

　'욱일기(旭日旗)'는 일본 국기인 일장기의 둥그런 붉은 태양 문양 주위에 욱광(旭光, 아침 햇살)이 사방으로 퍼져 나가는 모양을 형상화한 군기를 이른다. 2022년 11월 일본 해상자위대 창설 70주년을 맞아 열린 관함식에서 우리 군함의 군인들이 욱일기 모양의 해상자위대기에 경례하여 논란이 일었던 바 있다. 2022년 카타르 월드컵 경기에서는 일본인이 욱일기를 관중 단상에 내걸려고 시도했다가 철거되기도 했다. 이렇듯 욱일기는 왜 한국뿐만 아니라 중국·동남아시아 국가들로부터 외면받고 비난받는 것일까?

에도시대부터 시작된 욱일기의 역사

　욱일기의 역사는 대강 이렇다. 지금의 욱일기로 정형화되지는 않았지만, 이는 적어도 에도시대(1603년)부터 일본의 전통적인 상징으로 사

(상) 일본 제국 육군기, (하) 일본 육상자위대기   (상) 일본 제국 해군기, (하) 일본 해상자위대기

용됐다고 한다. 욱광은 일본 일족(一族)의 가문 문장이나 민간에서 출산
·명절·축하·기원의 뜻으로 사용됐던 것이었다. 그러다가 1870년 5월
메이지유신 때 육군을 창설하면서 욱일기를 군기로 채택했고, 1889년
10월 해군도 이를 따랐다. 차이점은 전자는 원이 중앙에 있지만, 후자
는 약간 왼쪽으로 치우쳐 있다. 이때 군기는 '16조 욱일기(十六条旭日旗)'
였다. 이는 일왕 가문의 국화꽃이 16장인 것과 관련성이 깊다고 한다. 이
욱일기는 1945년 8월 일제가 항복할 때까지 사용되었다.

　욱일기가 문제가 된 것은 제2차 세계대전 당시 일제가 아시아 각국을
침략할 때 육군과 해군에서 욱일기를 전면에 내걸어 일제 군국주의와 제
국주의를 상징하는 깃발로 인식되었기 때문이다. 1942년부터 3년 동안
일제에 점령되었던 말레이시아를 한 예로 살펴보자. 당시 페낭섬의 일본

(위에서 오른쪽으로) 운요호 사건(1875), 청일전쟁, 러일전쟁, 중일전쟁, 태평양전쟁 당시 일본군 욱일기

해군기지에 독일 U보트가 파견되었고, 독일 승무원들을 위한 일본 해군의 환영식이 열렸다. 이때 욱일기가 독일 나치의 상징인 하켄크로이츠와 나란히 걸렸다. 이를 통해서도 욱일기를 전범기로 이해하게 되었다.

1945년 8월 일제가 패망하면서 일본군은 해체되었고 이에 욱일기는 자연히 사용이 중지되었다. 그런데 1954년 7월 자위대가 창설되면서 욱일기가 다시 쓰이기 시작했다. 일본 해상자위대는 붉은 16줄 무늬 욱일기(자위함기)를 군기로 제정했고, 육상자위대는 이를 약간 변형한 8줄 무

제2차 세계대전 당시 말레이시아 페낭 일본 해군기지에 입항한 독일 U보트 승무원 환영식 모습

늬 욱일기(자위대기)를 채택했다. 이와 달리 항공자위대는 단순한 붉은 원을 상징으로 사용한다. 자위대는 방어를 위해서만 무력을 보유·행사할 수 있게 되었기에 한국을 비롯하여 일제에 침략당한 국가들은 그들이 욱일기를 다시 사용하는 것을 크게 문제 삼지 않았다.

일본 우익의 군국주의 망령이 되살아나다

그런데 1990년대부터 일본 안팎에서 "일본의 노인 세대가 어린 세대에게 지나간 역사를 가르치려고 하지 않는다."라는 비판과 우려의 목소리가 나오기 시작했다. 일본이 '패전국 콤플렉스'에서 벗어나야 한다는 것이었다. 이러한 움직임 속에 2000년대에 들어 고이즈미 정권부터 우경화 흐름이 엿보이기 시작하면서 이웃 나라들과 마찰을 빚었다. 우익 사관의 일본 역사 교과서가 채택되는가 하면, 아베 정권이 들어선 2012년부터는 욱일기를 들고 길거리를 행진하는 극우 시위대가 나타났다.

문제가 된 것은 욱일기를 단 일본자위대의 국제적 활동이 예전과 달리 활발해졌다는 점이다. 더 나아가 2015년에는 자위대의 '집단적자위권' 행사가 가능해졌다. 이로써 자위대는 일본이 직접 공격당하지 않더라도 안전이 위협받거나 국제사회의 평화가 위태롭다고 판단될 때는 세계 어디서든 교전할 수 있게 되었다.

이처럼 일본 우익의 군국주의 망령이 되살아나면서 욱일기를 사용해 일본 제국이나 일본군 혹은 일본의 전쟁 범죄를 찬양하거나 미화, 선동하는 예도 종종 있다. 이와 더불어 상업용 욱일기가 수많은 제품과 디자인, 의류, 포스터, 맥주 캔, 밴드, 만화, 애니메이션, 영화, 비디오 게임 등에 사용되고 있다. 이 외에도 일본 내에서는 축제와 이벤트 때뿐만 아니라 선박의 장식용 깃발로도 사용된다. 비일본계 축구 선수들의 스포츠 경기에서도, 심지어 주일 미군 부대 마크에도 욱일기 문양이 쓰이고 있다.

국내에서 국외로 확산한 욱일기에 대한 비판 여론

국내에서는 욱일기에 대한 비판 여론이 확산하고 있다. 2013년에 국회에서 욱일기를 공식적으로 금지하는 법안이 발의되기도 했다. 이런 가운데서도 국내 연예인들이 욱일기가 그려진 옷을 입고 방송 출연하여 세간의 비판을 받기도 한다. 2016년 8월 그룹 소녀시대 멤버 티파니가 광복절 전날 욱일기 이모티콘을 올려 네티즌의 공분을 산 일도 있었다.

이러한 비판 여론은 국내에 머물지 않고 국외로 확산하였다. 2009년

'나이키 에어조던 12' 신발 깔창에 욱일기 문양이 있다고 하여 불매 운동이 일어났다. 국제축구연맹 FIFA는 공식 주간지 표지에 게재했던 욱일기 디자인을 일장기로 바꾸었다. 2019년 8월에는 PSV가 도안 리츠의 이

나이키 에어조던 12 레트로 더 마스터

적을 기념하며 욱일기 콘셉트의 포스터를 올렸다가 항의를 받고 이를 수정하였다. 하지만 2018년 러시아 월드컵 당시 욱일기가 등장하여 논란을 빚었는데도, 2022년 카타르 월드컵 때도 여전히 일본인들이 욱일기를 들고나와 논란을 초래하였다.

욱일기=하켄크로이츠, 욱일기=군국주의 망령

욱일기 사용 논란은 여전히 계속되고 있다. 아니 오히려 한일 양국 간에 더 큰 논란으로 확산하는 모양새다. 우리 정부는 2018년 10월 제주도에서 개최한 해군 관함식에 참가하는 모든 국가에 자국 국기와 대한민국 국기만 배에 전시해 달라고 요청했지만, 일본은 자신들의 법에 따라 '태양기 게양'을 의무화해야 한다며 이를 거부하고 아예 관함식에서 철수해 버렸다. 2019년 10월 일본은 '보복' 차원에서 그랬는지, 자신들이 개최한 관함식에 우리 해군을 초청하지 않았다. 2022년 10월 일본 해상자위대 국제관함식에 우리 해군이 참가하였는데, 예전과 달리 일본 해상자위함기에 경례하였다고 하여 국내에서 비난 여론이 일었다. 우리

부산항에 정박한 일본 해상자위대 '하마기리함'(2023.5.)

정부 측의 해명은 "일본자위대 깃발과 욱일기는 다르다"였다.

　2020년 도쿄 올림픽에서 우리 응원단은 이순신 장군의 메시지를 인용한, '신에게는 아직 5천만 국민의 응원과 지지가 남아 있사옵니다'라는 현수막을 내걸었는데, 일본 측은 이를 문제 삼았고 결국 이는 철거됐다. 그런데 이와 달리 IOC는 우리가 문제를 제기한 욱일기 사용 금지 요청을 거부하면서 논란이 일었다.

　한국인이 욱일기에 대해 너무 과민하게 반응한다는 얘기도 있다. 욱일기는 해상자위대의 자위함 깃발로서 세계 각국에서 아무런 문제도 되지 않는데, 유독 한국에서만 '전범기' 등의 용어까지 만들었다며 비난한다. 하지만 '욱일기=하켄크로이츠', '욱일기=군국주의 망령'이라는 공식을 잊어서는 안 된다. 도쿄 야스쿠니 신사에서 해군복 차림에 어깨총을 한 일본인 노병(老兵)이 욱일기를 앞세우고 밴드 소리에 맞춰 행진하는 한 경계를 늦출 수는 없다. 이를 경계하지 않으면 일본 군국주의 망령이 되살아날 수 있기 때문이다.

윤동주 그리고
중국 정부의
북간도 국외 독립운동
사적지 왜곡

세계에 흩어져 있는 우리 독립운동 사적지

한국의 독립운동은 초기부터 국내에 한정되지 않았다. 국외에서 전개된 독립운동은 1910년 8월 대한제국이 멸망한 후부터 더욱 확대되었다. 연해주와 미주 외에 중국 동북 지역인 서간도와 북간도, 그리고 관내의 베이징과 상하이에 이르기까지 독립운동의 거점이 마련되면서 많은 지사가 집결하는 독립운동의 중심지로 자리매김하였다.

그런 만큼 우리 독립운동 사적지는 전 세계에 흩어져 있다. 현재 국외 독립운동 사적지는 1,005곳(2018년 12월 기준)으로 집계된다. 한중 수교 이후 역사학자들은 학술적인 취지에서 중국 답사를 진행하고 여러 책을 펴냈다. 1995년에는 한국독립유공자협회의 지원을 받아 처음으로 만주의 독립운동 사적지 조사가 이뤄졌다. 그 뒤 독립기념관에서 2002년 국외 사적지를 전수 조사하였고, 이후 지금까지 지역별로 《국외 독립운동 사적지 실태 조사 보고서》를 발간하고 있다. 2023년에 21권째로 「미국

(왼쪽부터) 충칭 한국광복군 총사령부, 하얼빈 안중근의사기념관

캘리포니아주, 중국 윈난·광둥성 지역」이 제작되었다. 이는 새롭게 사적지를 발굴하는 것이기도 하고, 기존 사적지의 실태를 확인하는 작업이기도 하다. 이를 토대로 여러 기관이나 단체에서 국외 사적지 탐방 프로그램을 운영하며 개인들이 찾아 나서기도 한다.

하지만 한국의 국외 독립운동과 관련한 표지석이나 기념비가 세워진 곳은 많지 않다. 게다가 이를 보존하기는 더욱 어려운 일이다. 해당 국가의 이해와 도움이 없이는 안 되거니와 대한민국 정부의 지속적인 관심이 있어야 하기 때문이다. 특히 사적지 대부분이 중국에 분포하는데, 이를 발굴하고 보존하는 일은 한중 관계에 따라 좌우된다. 대표적인 예로 2015년 중국 정부에 의해 충칭의 한국광복군 총사령부가 도시 개발로 헐렸다가 2019년 4월 복원되었다. 또한 안중근이 이토 히로부미를 저격한 하얼빈역 근처에 자리한 안중근의사기념관은 역사(驛舍)를 새롭게 보수 공사하는 과정에서도 살아남았다.

윤동주 사적지의 훼손과 역사 왜곡

조선족이 많이 살고 있는 동북 지역의 경우는 상황이 다르다. 한중 관계에 따라 기념 비석이 세워졌다 사라지기를 반복한다. 최근 윤동주와 관련한 사적지의 훼손은 국외 독립운동 사적지 훼손의 대표적 사례이다. 연변조선족자치주 용정시에는 대성중학교 옛터에 용정중학교가 자리하고 있다. 1946년 대성중학교에 윤동주가 다녔던 광명중학교를 비

(상) 대성중학교 옛터 내에 세워졌던 윤동주 흉상·시비, (하) 담장을 세우고 흉상·시비가 철거된 모습

명동촌 윤동주 생가 입구

롯하여 동흥·은진·명신·광명 등의 6개 중학교가 통합되었다. 그곳에 1993년 한국의 해외한민족연구소와 동아일보사가 비용을 함께 부담하여 윤동주의 〈서시〉를 새긴 시비(詩碑)를 세웠고, 다음 해에는 용정시 정부와 해외한민족연구소가 주선하여 금성출판사의 지원으로 대성중학교를 옛 모습 그대로 복원하고 기념관으로 꾸몄다.

하지만 지금 기념관에는 '용정중학전람관(龍井中學展覽館)'이란 간판이 내걸리고 그 주변으로 담장이 둘러쳐 있다. 윤동주 시비는 온데간데없이 사라졌다. 더욱이 용정중학교 내 한국인의 출입조차 금지되었으며, 중국 당국은 CCTV로 이를 감시하고 있다. 담장 안의 '별의 시인 윤동주(星的詩人 尹東柱)'라 새겨져 있던 흉상은 '중국 조선족 유명한 시인 윤동주'로 바뀌었다. 윤동주를 대놓고 '중국 조선족 시인'으로 소개하고 있다.

비단 이곳만 그런 것이 아니다. 명동촌에 있는 윤동주 생가 입구에는 '중국 조선족 애국 시인 윤동주 생가(中國朝鮮族愛國詩人 尹東柱故居)'라고

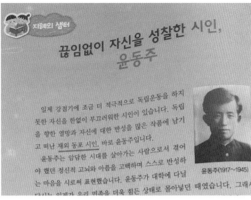

초등학교 6학년 도덕 교과서 내 윤동주 관련 내용

새겨진 안내석이 세워져 있다. 안에는 그의 작품이 중국어로 전시되어 있다. 그곳을 찾는 사람들 대부분이 한국인임에도 불구하고 말이다. 중국에서 발간하는 책에는 그를 "중국에서 출생한 조선 이민 2세대 시인 (尹東柱是在中的出生的朝鮮移民第二代詩人)"이라며 아예 조선족 작가로 소개하기도 한다.

　윤동주가 이곳에 살게 된 것은 그의 증조부 윤재옥이 함경북도 종성군 동풍면 상장포에 거주하다가 1886년 두만강을 건너 북간도 자동으로 이주하면서부터이다. 그 뒤 조부 윤하현이 명동촌으로 옮겨와 살기 시작하였다. 부친 윤영석이 그곳에서 터전을 일구고 있던 김약연의 누이동생과 결혼하여 1917년 12월에 난 아들이 윤동주이다. 그러니 윤동주는 전 생애의 절반인 14년을 명동촌과 용정에서 산 셈이다.

　'조선족'이란 명칭은 1954년 이후 중국에서 태어난 한국인을 지칭하는 말로 시작되었다. 그런데 윤동주를 중국 국적의 조선족이라 할 수 있을까? 그렇다면 중국 정부가 굳이 윤동주를 '조선족'으로 만들려는 의도를 생각해 볼 필요가 있다. 여기에도 동북공정과 역사 공정의 그림자가 드리워진 것이 아닌가 생각된다. 그는 중국 국적을 취득하지도 않았다. 1944년 3월 일본의 교토지방재판소가 윤동주에게 치안유지법 위반으로 징역 2년 형을 선고했을 당시 판결문에도 그의 본적은 함경북도였다.

그런데 더욱 놀라운 것은 우리나라 교육부가 2019년 3월에 발행한 초등학교 6학년《도덕》국정 교과서에 실린 윤동주에 관한 기술이다. 이에 따르면 "독립을 향한 열망과 자신에 대한 반성을 많은 작품에 남기고 떠난 재외 동포 시인, 바로 윤동주입니다."라고 소개하고 있다. 중국 정부가 윤동주를 '조선족'이라 한 것과 맥이 통한다는 생각에 당혹스럽다. 중국 정부가 내세우는 것을 비판 없이 받아들이는 것은 아닌가 하는 우려에서다. 이는 분명 국외에 있는 대한민국 사적지를 해당국에서 정치적으로 악용하고 있는 대표적인 사례이다. 정부 차원에서 적극 나서서 외교적으로 풀어야 할 숙제이다.

여름방학이면 한국의 대학생을 비롯하여 많은 단체가 방문하는 국외 독립운동 사적지의 일번지는 단연 대성학교 터와 명동촌이다. 이제 우리는 대성중학교 정문조차 넘을 수 없고, 명동촌에서는 자랑스러운 우리 대한민국의 독립운동가이며 천재 시인 윤동주를 '조선족 시인'으로 대해야만 한다. 우리 아이들에게 윤동주는 중국인이라고 말해 주어야 하는 날이 올지도 모른다. "죽는 날까지 하늘을 우러러 한 점 부끄럼이 없기를" 바랐던 그의 시구절에, 나라 밖에서 목숨을 걸고 독립운동을 했던 분들에게 오늘 유난히 파란 하늘 아래 한없이 부끄럽다.

진정한 독립의 길

우리 민족이 일제의 식민지에서 벗어난 지도 80년이 다 되어 간다. 식민지 기간이 35년인 점을 고려하더라도 두 배가 넘는 시간이 흘렀다. 그런데 아직도 일제 잔재가 남아 있다. 그 가운데 일본어도 한몫한다. 이를 청산하려는 노력을 게을리한 것도 아닌데 말이다.

광복 이후 일본어 퇴출하기

광복 당시만 하더라도 몸에 밴 일본어는 쉽사리 청산되지 않았다. 거리 여기저기에서 '김상(さん)', '이상(さん)'과 같은 호칭은 물론 '먼저 실례(失禮)한다'와 같은 일본식 표현이 곳곳에서 들려왔다. 학교에서 출석을 부를 때 "하이"라고 했다가 "네"라고 고쳐 대답하는 학생들이 적지 않았다.

이에 우리말을 다시 찾는 일이 시급한 문제였다. 일본식 간판, 일본식

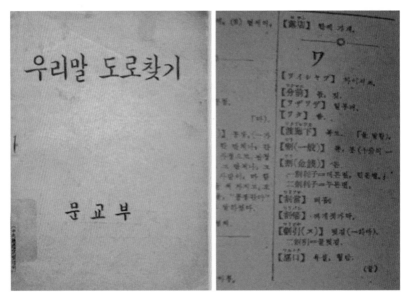

《우리말 도로찾기》 책자와 본문 내용(1948.6.)

이름, 일본식 말투를 하루속히 없앨 방도를 찾자는 호소도 있었다. 때에 맞춰 초등·중등 교과서 용어부터 한글로 바꾸기로 하여 '산술'을 '셈본'으로, '평균'을 '고른 수'로, '직경'과 '반경'을 '지름'과 '반지름'으로 고쳐 부르자 불만과 이견들이 표출되기도 하였다. 이런 가운데 1948년 대한민국 문교부는 《우리말 도로찾기》라는 책자를 발행하기도 하였다. 그 내용을 살펴보면 '벤또(辨當)-도시락', '혼다데(ほんだて)-책꽂이', '가감[加減, かげん]-더하고 빼기', '간스메[缶詰, かんづめ)]-통조림', '후미끼리(ふみきり)-건널목' 등이다.

이런 노력 덕분에 한국 사회 깊숙이 자리하고 있던 일본어는 점차 일상생활에서 사그라졌다. 그렇다고 완전히 해소된 것은 아니었다. 몇해 전 어느 국회의원이 "지금 **겐세이**(牽制, けんせい) 놓으신 거 아닙니까?",

"이렇게 동료 의원 질의에 **야지**(野次, やじ) 놓는 의원은 퇴출해 달라", "국민 혈세로 막 이렇게 **뿜빠이**(分配, ぶんぱい)해서 이래도 되는 겁니까?"라고 하여 공분을 사기도 하였다. 국회의원이 공식 석상에서 일본어를 사용한 것에 국민이 불쾌감을 느낀 것이다.

이런 일제 찌꺼기 용어들은 1930~1940년대 일제강점기에 쓰였던 말이고, 현대 일본어에서도 사라진 말이다. 노년층이 아니면 좀처럼 사용되지 않는 데다 대부분 비속어나 은어로만 사용되고 있어 공석에서는 퇴출해야 할 용어이다.

우리 일상에서 알게 모르게 일본어가 마치 우리말처럼 쓰이는 예도 적지 않다. 이빠이, 기스, 꼬봉, 가라오케, 오야붕, 와사비, 나가리, 다꽝, 와리바시, 요지, 쓰메키리, 빠께스, 다라이, 빠꾸, 오라이, 스끼다시, 앙꼬, 다마내기, 히야시, 오뎅 등등 셀 수 없이 많다. 이 외에도 일본식 한자를 사용하는 예도 허다하다. 가봉, 견적, 낙서, 내역, 노견, 선착장, 차압, 구좌, 매점, 납득, 흑판, 순번 등은 일본어가 우리말처럼 쓰이는 경우다.

일본어 찌꺼기 청산

일본어 찌꺼기 청산의 어려움에 대한 고민은 고려 시대 원 간섭기 공민왕의 고민과도 닮아 있다. 고려는 100여 년 가까이 원나라의 정치적 간섭을 받으면서 자연스럽게 몽골 풍습이 유행하게 되었다. 변발(變髮)과 호복(胡服)은 당시의 대표적인 몽골 풍습이었다. 공민왕은 개혁 정책의 하나로 이러한 몽골풍을 없애고자 하였다.

당시 신하가 "우리나라의 산줄기는 백두산에서 뻗어 지리산에서 마칩니다. 그 산세가 물을 뿌리로 하고 나무를 줄기로 한 땅에 뻗어 있습니다. 물은 흑색이고 나무는 청색이므로 흑색은 부모가 되고 청색은 몸체가 됩니다. 풍속이 땅의 이치에 잘 따르면 창성하고, 땅의 이치를 거스르면 재앙을 입습니다. 풍속이란 군신과 백성들이 사용하는 의복과 모자로 나타납니다. 지금부터 문무백관들은 검은 옷을 입고 푸른 갓을 쓰게 하고, 승려들은 검은 두건과 큰 관을 쓰게 하며, 여자들은 검은 깁옷을 입게 하여 땅의 순리에 따르는 풍속으로 삼으십시오."라고 건의하자 공민왕이 그대로 따랐다. 이는 변발을 풀고 몽골 옷을 벗으라는 명령이었다.

그렇다고 몽골 찌꺼기가 완전히 사라진 것은 아니었다. 몽골의 언어와 풍속 가운데 지금까지 내려오는 것도 있다. 700년이 다 되어 가는데도 말이다. 가령 '장사치', '벼슬아치' 등 사람을 가리키는 '치'라는 언어와 임금의 음식상을 가리키는 '수라'는 몽골어에서 비롯되었다. 오늘날 애용되고 있는 '만두', '설렁탕', '소주'와 같은 단어도 그렇다. 조선 시대 영조 대에는 몽골 풍습이었던 부녀자들의 가체(加髢)가 유행하자 이를 금지하고 족두리로 대신하도록 명을 내리기도 하였다.

공민왕이 우리 생활 속 말과 옷차림을 단속하였던 것은 침탈당한 역사로부터 진정한 독립을 하기 위한 노력이었으며, 400여 년이 지나서 영조도 그러한 정신을 계승하였다. 어쩌면 진정한 의미의 일제로부터의 독립은 공민왕과 영조의 노력처럼 우리 삶 속에 깊이 뿌리박혀 있는 침탈자들의 문화에서 벗어나는 일일 것이다.

꼭 가려 써야 할 일본어 투 용어

	일본어 투 용어	권장 표현
	망년회	송년회
	견습	수습
	모포	담요
	고수부지	둔치
	구좌	계좌
	노견	갓길
	가불	선지급
	가처분	임시처분
일본식	마대	포대/자루
한자어	익일	다음날
(20개)	거래선	거래처
	종지부	마침표
	대절	전세
	도합	합계
	보합세	주춤세
	불입	납입
	고참	선임
	다반사	예삿일
	수취인	받는 이
	잔고	잔액

	일본어 투 용어	권장 표현
	모찌	찹쌀떡
	유도리	융통성
	나가리	무산
	나와바리	구역
	단도리	단속/채비
	땡땡이	물방울
	만땅	가득
	쇼부	결판
	와사비	고추냉이
	찌라시	전단지
	가오	체면
	쿠사리	핀잔
	노가다	막노동
일본식	대빵	대장
음차어	나시	민소매
(30개)	스키다시	곁들이찬
	아나고	붕장어
	가라	가짜
	간지나다	멋지다
	무데뽀	막무가내
	이빠이	많이/가득
	곤조	고집/근성
	기스	흠집
	뽐빠이	나누다
	사시미	생선회
	와꾸	틀
	지리	맑은탕
	쪼록나다	들통나다
	삐까삔쩍	반짝반짝하다
	빵사리	실수/음이탈

꼭 가려 써야 할 일본어 투 용어

100여 년 전
간토대학살에 희생된
재일 조선인을 추모하며

일제강점기에 한인이 집단 학살을 당한 일이 세 차례 있었다. 1920년 4월 '연해주 참변', 같은 해 10월부터 12월까지 3개월 동안 북간도 한인 사회가 초토화된 '간도대학살', 그리고 1923년 9월 일본 간토 지역에서 일어난 '간토대학살(관동대학살)' 등이다.

앞선 두 사건은 일본군이 연해주와 북간도 지역 내에서 활동하던 독립군을 '소탕'한다며 한인들을 학살한 경우이다. 이와 달리 '간토대학살'은 일본인들이 무고한 재일본 조선인들을 학살한 것이다. 이제 100년의 역사를 되짚어 보고 그들을 추모하고자 한다.

간토대지진과 조선인 관련 유언비어 확산

1923년 9월 일본 간토 지역의 하늘은 온통 까맣고 붉었다. 그해 9월 1일 11시 58분, 일본 도쿄, 가나가와현 등 간토 일대에 규모 7.9의 강진이

간토대지진 당시 도쿄 시가지 모습(1923.9.)

간토대지진 당시 죽창으로 조선인을 학살하는 장면(1923.9.)

발생했다. 그날은 토요일인 데다 점심때라 집마다 밥을 짓고자 화로에 불을 지피고 있었는데, 지진으로 화로가 넘어지면서 목조 건물에 불이 붙었고 때마침 불어온 강풍에 큰 화재로 번졌다. 지진으로 상수도가 파괴되는

간토대지진 당시 발동된 계엄령 조문

바람에 화재 진압도 어려워 9월 3일에야 불씨를 잡았다. 이 일로 일본인 10만여 명이 사망했고, 3만 7천 명이 실종되었는데 대부분 화재 때문이었다.

그런데 사건은 예기치 않은 방향으로 흘러갔다. 치안도 무너져 민심과 사회질서가 대단히 혼란스러운 가운데, 9월 1일 오후 3시부터 불령선인(不逞鮮人; 일본 제국주의자들이 자신들의 말을 따르지 않는 한인을 일컫던 말)이 방화를 저지르고 있다는 유언비어가 나돌기 시작했고, 밤부터는 조선인들이 폭동, 학살을 자행하고 있다는 얘기가 간토 전역으로 퍼져 나갔다.

일본 정부는 이를 빌미로 9월 2일 계엄령을 발포하면서 각 경찰서에 "조선인들이 사회주의자들과 결탁하여 방화·폭탄에 의한 테러, 강도 등을 획책하고 있으니 주의하라"라는 내용을 하달하였다. 이것이 일부 신문에 보도되고 편향적인 유언비어까지 보태지면서 일본인의 과격한 선동을 부추겼다. 유언비어는 "조선인이 우물에 독을 풀었다.", "조선인들이 독이 든 만두를 나눠 주고 있다.", "조선인들이 일본에 지진이 일어나게 해 달라고 일본에 저주를 퍼부었다." 등등 터무니없는 것이 대부분이었다. 심지어 "조선인들 모두가 일본 열도를 영차영차 밀어서 지진을 일으켰다."라는 말까지 나돌았다. 이에 그치지 않고 그러한 내용이 만평이나 선동 그림으로 만들어져 신문에 게재되었고 벽보로도 나붙었다.

일본인들의 조선인 간토대학살 만행

치안에 대한 불안감이 커진 일본인들 사이에서 조선인에 대한 분노와 두려움까지 더해져 곳곳에서 우익들의 선동하에 죽창·몽둥이·도끼· 갈고리·일본도·총기 등으로 무장한 자경단(自警團)이 결성되었다. 폭도 나 다를 바가 없던 그들은 곳곳을 돌아다니며 조선인 복장을 한 이들을 사정없이 죽였다. 또한 일본인 복장을 한 조선인을 가려내겠다며 어려 운 일본어 발음을 시키고는 이를 제대로 못 하면 가차 없이 죽였다. 이에 일본인의 희생도 컸다. 그런데 죽이는 방법이 너무나 잔인했다. 그들은 조선인을 찌르고, 때리고, 찍고, 베어 죽이거나, 기름을 부어서 혹은 장 작불에 화형을 시키는가 하면 밧줄로 엮어 강물에 던졌고 수면 위로 올 라오면 쫓아가 확인 사살했다. 그들의 만행은 갈수록 악랄해졌고 암매

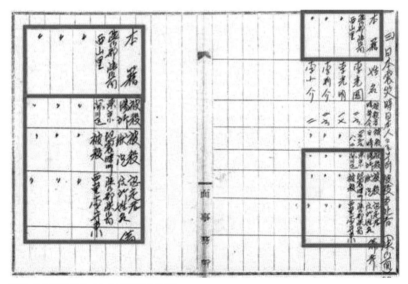

'일본 진재(震災) 당시 피살자 명부'(국가기록원)

장 혹은 방치된 시신들의 피로 강물이 붉게 물들 정도였다. 이런 끔찍한 일이 자행되고 있는데도 일제 경찰과 일본군 등은 이를 방관하거나 심지어 돕기까지 했다.

이러한 일본인들의 만행은 3개월여 동안 지속해서 이뤄졌고 학살된 조선인의 숫자는 수천 명에 달했다. 이 소식이 국내에 알려진 것은 1923년 10월 19일 《동아일보》가 이를 보도하면서다. 하지만 일제의 보도 통제로 사건이 제대로 알려지지도 않았다. 당시 상하이 임시정부는 희생자 수를 6,661명으로 파악했다. 그런데 일본 정부는 유언비어를 공식 확인하고도 자경단 일부만을 연행, 조사했고 그마저도 증거 불충분으로 석방되거나 솜방망이 처벌로 사건을 무마하였다. 오히려 일본 정부는 희생자 수가 부풀려졌고 대부분 지진으로 인한 희생자의 착오라며 실제로는 300명 미만이라고 공식 발표했다. 결국 일본은 학살 사건에 대한 사법적, 도의적 책임을 외면했다. 이후 학자마다 파악한 희생자의 숫자는 차이를 보였는데, 그 숫자가 2만 3천여 명에 달한다는 주장도 제기되었다. 이렇듯 큰 차이를 보이는 것은 일본 정부 차원에서 제대로 된 진상 조사를 한 바가 없기 때문이다.

희생자 추모 행사의 어제와 오늘

이들에 대한 추모 행사는 사건 발생 이후 1~2년 동안에는 일본 유학생이나 재일 조선인단체 주도로 개최되었는데, 그마저도 1925년 이후로 잊힌 사건이 되고 말았다. 그러다 해방 후 1946년에 처음으로 재일본 조선인연맹과 반일운동자구원회가 추도회를 개최하였다. 간토대학살

40주년이 된 1963년에는 재일 사학자 강덕상과 금병동이 《현대사 자료 6: 간토대진재와 조선인》을 펴내 그날의 실상을 기록으로 남겼다. 또한 양심적 일본 시민사회단체 일조협회는 '조선인희생자조사위령특별위원회'를 조직하고 진상 조사를 전개했다. 학살 50년째인 1973년에는 도쿄 요코아미초 공원에 조선인 희생자 추도비를 세우고 공식 추도식을 시작하여 오늘날까지 이어져 오고 있다.

그렇다고 일본인 모두가 이를 추모하는 것은 아니다. 1970년대 이후 도쿄도 지사들도 이에 동참하여 '간토대지진 조선인 희생자 추도식'에 추도문을 보냈지만, 일본 우경화가 심화하던 2017년부터 중단되었다. 2003년 일본변호사연합회가 학살에 대한 일본 정부의 책임을 인정·사죄하고 원인 규명에 나설 것을 권고했으나, 고이즈미 준이치로 내각은 이를 무시했다. 학살 100주년을 맞은 2023년 2월에 고이케 도쿄도지사에게 간토대학살에 대한 인식을 물었으나, 그는 "다양한 내용이 역사적 사실이라고 적혀 있는 건 알고 있으나, 무엇이 명백한 사실인지는 역사가가 밝혀야 할 일"이라며 답변을 회피했다.

그런데 더욱 부끄러운 일은 우리 정부와 국회의 태도이다. 정부는 지금껏 일본 측에 제대로 이의를 제기한 적이 없으며 문제 해결을 위한 어떠한 조치도 취하지 않았다. 19대(2012.7.~2016.5.), 20대(2016.5.~2020.5.) 국회에서 이에 대한 진상 규명과 희생자 명예 회복을 위한 특별법안이 제안됐지만, 회기 내 처리하지 않아 자동 폐기되었다. 이는 지금도 별반 달라진 게 없다.

다채로운 추모 행사와 진상 규명 촉구

그나마 다행인 것은 한국과 일본에서 간토대학살 관련 내용이 소설·드라마·영화에 등장하거나, 방송 프로그램으로 제작되어 이를 상기시켜 주고 있다는 점이다. 2006년 영친왕과 이방자의 일대기를 다룬 일본 드라마 〈무지개를 이은 왕비(虹を架ける王妃)〉에서 영친왕이 조선인 학살 소식을 듣고 뛰쳐나가려다 아랫사람들에게 제지당한 뒤 통곡하는 장면이 나온다. 일본 내에서는 좀처럼 간토대학살을 드러내지 않았기에 그것만으로도 잠시 화제가 되기도 했다.

2017년 6월 개봉한 한국 영화 〈박열〉에서도 간토대학살이 묘사되었고, 2022년 3월 Apple TV+가 제작한 8부작 드라마 〈파친코〉에서도 간토대지진 당시 어느 집에 숨어든 조선인을 발견한 자경단원이 집에 불을 지르는 장면이 등장한다. 2023년 9월 1일 모리 타츠야 감독이 1923년 9월 6일 지바현 후쿠다무라(현 노다시)에서 일어난 사건을 영화 〈후쿠다무라 사건(福田村事件)〉으로 제작하여 상영하였다. 이는 조선인을 대상으로 한 영화는 아니지만 간토대지진 당시 실화를 바탕으로 제작한 만큼 진실을 밝히는 데 의미가 컸다.

2016년 2월에 발족한 시민단체 '1923년 학살당한 재일 한인 추도 모임'은 그해 8월 간토대학살이 일어난 지 93년 만에 처음으로 공식 추모 행사를 개최했다. 희생자를 기리는 분향소가 광화문광장 북측에 마련됐고 일본 시민단체도 참여했다. 그 후 이맘때면 여러 단체가 주관하는 추도식, 학술대회가 열리고 한일 양국 정부에 진상 규명을 촉구하고 있다.

2023년 간토대학살 100주기를 맞아 한국 시민사회가 연대하여 발족한 '간토 학살 100주기 추도사업 추진위원회'와 재일 교포 및 일본 시민

단체들이 나서서 그날을 잊지 않고 기억하려는 다채로운 행사를 기획하고 개최하였다. 그런데 21대 국회에서 '간토대학살 사건 진상 규명 및 피해자 명예 회복에 관한 특별법안'을 발의하여 의미 있는 결과를 기대했지만, 무산되고 말았다.

희생자들의 명예 회복을 기대하며

이러한 일들은 무엇보다도 당시 희생된 분들의 명예를 회복하는 일이고, 식민지인으로 살면서 돈을 벌기 위해 무작정 일본에 건너갔다가 영문도 모르고 죽어갔을 그들의 영혼을 달래고, 그들을 기리는 데 목적이 있다. 이는 한일 간의 외교 문제도 아니고 정치적인 것도 아니다. 진실의 기반 위에서 양국이 사과하고 용서하고 화해하여 죽은 자들의 명예를

도쿄도 스미다구 야히로에 위치한 간토대지진 한국·조선인 순난자 추도비

《바람이여 봉선화의 노래를 전해다오》 책자 표지

회복해 주자는 것이다. 아직도 고향으로 돌아오지 못하고 이국땅에서 구천을 헤매고 있을 그들의 혼을 달래고 안식처를 마련해 주는 것이 우리의 몫이기 때문이다. 그런 의미에서 40여 년 동안 진상 조사와 추도 활동을 꾸준히 전개해 온 니시자키 마사오(西崎雅夫)를 소개하면서 글을 마치고자 한다. 부끄럽게도 우리는 피해 당사국임에도 그처럼 하지 못했기 때문이다.

니시자키 마사오는 1982년 대학 재학 중 간토대학살 사건을 처음 접했다. 그는 그해 9월 아라카와(荒川) 강변 학살 현장에서의 발굴 작업에 참여하였고, 1923년 당시 《동아일보》가 만든 '안부조사표'를 일일이 분석하는 한편, '추도 모임' 인사들과 함께 한국에 오가며 생존자나 유족을 찾아 당시의 증언을 채집하였다.

이를 모아 1992년 《바람이여 봉선화의 노래를 전해다오(風よ鳳仙花の歌をはこべ)》라는 책을 펴냈다. 이후 그는 추도비 건립에 온 힘을 쏟고자 중학교 교사를 그만두었다. 천신만고 끝에 2009년 9월 '悼(도)'라고 새긴 추도비가 세워졌다. 이후 그곳은 꼭 들러야 하는 역사 탐방 장소가 되었다. 하지만 극우단체의 공격이 걱정된 그는 비 옆에서 2014년 12월까지 7년여 동안 '시묘살이'를 하였다. 극우단체의 '해코지'가 없기도 했지만, 그의 건강이 악화하여 이를 중단하였다. 2016년에는 《간토대진재 조선인 학살의 기록 – 1,100가지의 증언》이라는 책도 펴냈다.

'김대중-오부치 선언'을 실천하는 것이 한일 관계의 정도(正道)

　최근 한일 관계가 해빙기를 맞은 듯하다. 윤석열 대통령이 2022년 11월 캄보디아 프놈펜에서 열린 아세안+3 정상회의에서 기시다 총리와 처음 만난 이후 그동안 막혔던 한일 외교가 풀렸다고 한다. 2023년 3월 윤 대통령은 일본을 방문하여 정상회담을 개최하였고, 그해 6월 답방 형식으로 기시다 총리가 한국을 찾았다.

　이는 2019년 5월 문재인 전 대통령이 G20 정상회의 참석차 일본 오사카를 찾은 후 약 4년 만이었고, 양자 회담이 성사된 것은 2011년 12월 이명박 전 대통령의 일본 방문 이후 12년 만이었다. 이를 두고 일간지들은 12년 만의 '셔틀 외교' 복원, 양국 관계의 '완전 정상화'라고 의미를 부여했다.

　하지만 다른 한쪽에서는 그 내용을 두고 한일 정상회담이 '굴욕외교'였다고 평가하였다. 윤 대통령이 "과거는 직시하고 기억해야 하지만, 과거에 발목이 잡혀서는 안 된다. 한일 관계도 이제 과거를 넘어서야 한다."라고 한 점이 잘못되었다는 것이다. 이런 가운데 '김대중-오부치 선언'에 주목해야 한다는 목소리가 이곳저곳에서 터져 나왔다.

1990년대 경색된 한일 관계

'김대중-오부치 선언'은 1998년 10월 8일 김대중 대통령과 오부치 게이조 일본 총리가 채택한 합의문을 말한다. 양국 정상은 21세기를 앞두고 한일 양국 간 불행한 역사를 극복하고 미래 지향적인 관계를 발전시키기 위해 과거사 인식을 포함한 11개 항의 '21세기의 새로운 한일 파트너십 공동선언'을 발표했다. 그렇다고 공동선언을 할 당시 한일 간의 관계가 좋았다고 보기는 어렵다. 당시 한일 관계는 문재인 정부 당시만큼이나 최악의 상황이었다.

1995년 11월 "일본의 버르장머리를 고쳐 놓겠다."라는 김영삼 대통령의 발언은 한일 관계를 얼어붙게 하였다. 1993년 3월 김영삼 정부가 출범하면서 한일 수교 이후 처음으로 과거사 문제가 한일 양국의 외교 쟁점으로 떠올랐다. 냉전체제 종식에 따른 한일 관계의 이완, 한국의 국력 신장과 민주화에 따른 대일 강경 자세, 일본 내 역사 인식의 정치 쟁점화 등이 작용한 결과였다.

특히 1991년 8월 고 김학순 할머니가 일본군'위안부' 피해 사실을 최초로 공개 증언한 이후 그 문제가 한일 관계에서 최대 쟁점으로 급부상하였다. 이에 김영삼 정부가 피해자들에 대한 금전적 보상은 일본에 요구하지 않고 한국 정부가 직접 하겠다며 변화된 모습을 보이자, 1993년 8월 고노 요헤이 관방장관이 일본군'위안부' 동원의 강제성을 인정하는 '고노 담화'를 발표하였고, 무라야마 총리는 1995년 8월 15일 전후 50년

(왼쪽부터) 고노 요헤이 관방장관, 무라야마 도미이치 총리

을 맞아 일본의 식민지 지배와 침략 전쟁에 대해 "통절한 반성"과 "마음으로부터의 사죄"를 표명하는 담화를 발표했다('무라야마 담화').

그런데 1995년 11월 에토 다카미 총무청 장관이 "한일 합방으로 일본이 좋은 일도 했다."라고 망언하면서 한일 관계는 제대로 꼬였다. 이때 그 유명한 김영삼 전 대통령의 "버르장머리를 고쳐 놓겠다."라는 발언이 회자되었다. 이후 한일 관계는 급격히 경색되었다. 더욱이 1996년 자유당의 하시모토 류타로가 총리로 취임하면서 시작된 한일어업협정 개정 협상 과정에서 배타적경제수역(EEZ)의 경계 획정과 독도 영유권 문제가 맞물리면서 마찰은 더욱 심화하였다.

이런 가운데 한국은 IMF 사태가 터져 일본의 금융 지원이 필요한 상황에 부닥쳤는데, 일본은 한국을 돕기는커녕 이를 악용하여 1998년 1월 일방적으로 한일어업협정 파기를 선언하였다. 이로써 한일 양국 관계는 파국의 상황으로 치달았다.

김대중-오부치 선언

이때 1998년 2월 김대중 정부가 출범했다. 김 대통령은 IMF 위기를 극복하려면 일본의 도움도 필요했기에 한일 간 첨예하게 대립하던 독도·일본군'위안부'·한일어업권 문제 등을 원만히 해결해야만 했다.

김 대통령은 취임식에 참석한 자민당 출신의 나카소네(재임 1982.11.~1987.11.)와 다케시타(재임 1987.11.~1989.6.) 전 총리에게 한국의 위기 극복을 위한 일본의 기여를 요청했고, 남북 관계와 경제적 이해관계 등도 일본과의 관계를 강화하면 국익에 부합한다며 도움을 청했다. 일본 대표단에 적극적으로 일본 문화 개방 정책을 펼칠 것이라고도 했다. 이후 얼어붙었던 한일 관계는 서서히 풀려 갔다.

김대중 대통령은 취임 직후부터 '한일 파트너십 공동선언'을 위한 준비 작업에 착수하였다. 일본 측도 한국 신정부와의 원만한 관계 구축을 희망하는 분위기였다. 먼저 '공동선언' 발표를 구상한 것도 일본 측이었다. 김 대통령과 하시모토 총리는 1998년 4월 아시아유럽정상회의(Asia-Europe Meeting, ASEM)가 열린 런던에서 처음 만났다. 이때 하시모토 총리는 과거의 역사는 바꿀 수 없고, 과거 위에 현재가 있는바 이를 토대로 미래를 바꾸어 나갈 수 있다며 전향적인 모습을 보였다. 이를 기회로 김 대통령이 가까운 시일 내에 다시 만나 흉금을 터놓고 이야기하고 싶다고 하자 하시모토 총리는 국빈 방일을 요청했다.

안타깝게도 국빈 방일이 성사되기 전에 일본 내에서의 참의원 선거에서 패배한 하시모토 총리가 물러났다. 하지만 다행히도 '공동선언'을 추진하던 오부치 외상이 총리로 취임하면서 선언 준비는 차질 없이 이어졌다. 1998년 8월 북한이 쏜 대포동 미사일이 일본 영공을 통과하는 전레 없는 사건이 일어나 북한 미사일 개발을 강력히 반대한다는 내용이 '공동선언'에 담겼고, 이후 한일 안보협력 강화와 대북 정책 협조가 중시됐다. 다만, 일본 측에서는 일본의 유엔안보리 상임이사국 진출을 한국이 지지한다는 내용을 포함할 것을 강력히 희망했지만, 국제연합을 비롯한 국제사회에 대한 일본의 기여와 역할을 평가하고 일본의 역할을 기대한다는 정도로 합의하였다.

한국 측이 '공동선언' 가운데 가장 역점을 둔 부분은 과거사에 대한 일본의 반성과 사죄 표명이었다. 김 대통령은 한국과 일본이 미래를 열어나가기 위해서는 과거사가 두 번 다시 문제 되지 않도록 깨끗이 청산되어야 하며, 일본은 독일의 과거사 청산으로부터 교훈을 얻어야 한다고 강조하였다. 그런데 '과거사 청산'은 오랜 기간이 필요하며, '청산'이란 표현이 부적절하다는 지적에 '정리'로 바뀌었다.

일본 측은 과거사 문제를 회피할 생각이 없다면서도 일본의 역사 인식은 '무라야마 담화'에서 변화가 없다는 수준에서 정리하고자 하였다. 우리 측은 일본이 과거사에 대해 명확히 표명하기를 원했지만, 모처럼 화해 분위기로 나아가는데 양국 간에 마찰과 대립을 초래할 수 있다고 판단하여 이를 강력히 촉구하지는 않았다.

그런데 우리 측 실무진 사이에서 '공동선언'에 과거사에 대한 일본의 사죄와 반성을 표명하는 내용을 담아 양국 정상이 서명하도록 하자는 의견이 제시되었다. 이전 대통령들이 방일했을 때, 일본 왕이 만찬사라는 형식을 빌려 과거사에 대한 반성과 유감을 표명한 적은 있지만, 공식 문서에 담지는 않았다. 실무진들은 '무라야마 담화'가 존재하므로 그러한 내용이 담겼더라도 일본 총리가 서명할 가능성이 높다고 판단하여 이를 추진하였다. 훗날 일본이 반성과 사죄의 모습을 보이지 않을 때, 이

문서를 근거로 잘못을 지적할 수도 있다는 점이 고려되었다.

다행히 일본 측이 이를 수용하였다. 일본 측은 일본이 과거사에 대한 인식을 표명하면 한국도 이를 긍정적으로 평가하고 미래를 향한 화해와 협력을 표해 주기를 희망했다. 이때 최종 조율한 것은 일본 측이 과거사 문제를 표명할 때 항상 'おわび(오와비)'라는 말을 사용했는데, 이를 한글로 '사과' 혹은 '사죄' 중 어느 것으로 표기할 것인지였다. 막판까지 줄다리기하다가 '사죄'로 최종 결론을 냈다.

1998년 10월 8일 오전, 김 대통령과 오부치 총리는 도쿄의 영빈관에서 정상회담을 가진 뒤, '파트너십 공동선언'에 서명했다. 오부치 총리는 일본이 과거 한때 식민지 지배로 인하여 한국 국민에게 다대한 손해와 고통을 안겨 주었다는 역사적 사실을 겸허히 받아들이면서 이에 대하여 통절한 반성과 마음으로부터의 사죄를 표명했다.

노나카 히로무 관방장관은 '공동선언'을 존중하며 더 이상 양국 간 역사에 관한 잘못된 발언 등이 나오지 않도록 노력하겠다고도 했다. 이로써 어업협정 파기로 바닥을 찍었던 한일 관계가 불과 10개월 만에 최상의 관계로 회복되었다.

김대중-오부치 선언의 퇴보

하지만 이후 일본이 우경화로 치달으면서 양국의 갈등은 골이 깊어졌다. 특히 2001년 4월 출범한 고이즈미 내각은 주변국의 비난에도 불구하고 총리가 야스쿠니 신사 참배를 강행하였고 일본 역사 교과서 왜곡이 심해졌으며 여러 각료의 망언이 쏟아졌다. 이어 집권한 아베 정권은 이보다 한발 더 나아가 극우 경향이 뚜렷해져 한일 갈등은 점점 더 심해졌다. 양국은 일본군'위안부', 강제동원 문제, 일본 역사 교과서 왜곡 문제 등으로 어느 때보다 격하게 충돌하였다.

문재인 정부는 과거사 문제와 미래 지향적 발전을 별도로 하는 투 트랙(two track) 접근을 취하였으나 문제 해결의 실마리가 보이지 않았다. 급기야 후쿠시마 원전 사고 이후 일본산 수산물 수입 금지, 한국 대법원의 강제징용 배상 판결, 위안부 협정 파기, 한일 레이더 조사(照射) 및 초계기 갈등 등으로 말미암아 한일 외교는 닫히고 말았다.

이렇듯 한일 간의 경색 국면이 지속되는 가운데 윤석열 정부가 들어섰다. 김대중 정부가 들어섰을 때와 비슷한 양상이 펼쳐진 것이다. 그런데 두 정부가 문제를 해결하는 방식이 달랐다. 윤석열 정부는 대선 당시부터 한일 관계 정상화를 공약으로 내걸었는데, 취임 이후 일방적으로 일본에 우호적인 인식을 드러냈다.

2022년 8월 광복절 경축사, 2023년 3·1절 기념사에서 윤 대통령은 '김대중-오부치 공동선언'을 계승하겠다고 강조했지만, 한일 관계의 발전적인 미래만을 언급했을 뿐 과거사 문제는 침묵했다. 2023년 3월 한일 정상회담에서도 윤 대통령은 양국 관계 정상화를 선언하며 '김대중-오부치 선언'을 언급했지만, 여전히 과거 문제에 대한 언급은 없었다. '공동선언'의 미래 지향적 내용이 제대로 시행되지 않은 것은 일본 측에 더 큰 책임이 있음에도 눈을 감아서는 안 된다.

'김대중-오부치 선언'의 의의는 과거를 직시하고 상호 이해와 신뢰에 기초한 관계를 발전시켜 나가는 데 있다. 그런 점에서 '공동선언'은 한일 모두의 소중한 역사적 가치이기에 이를 실천하는 길만이 정도(正道)라 할 것이다.

무궁화가
국화(國花)가
되기까지

　우리나라 상징물 가운데 가장 소외된 것이 무궁화가 아닌가 한다. 태극기와 애국가는 대내외 행사에서 게양되고 울려 퍼지지만 국화(國花)인 무궁화는 상대적으로 덜하다. 그만큼 관심도 적다. 무궁화에 대해 어떤 이는 진딧물이 많고 꽃도 그리 예쁘지 않다고 말하고, 어떤 이는 무궁화를 폄훼·왜곡하는 책자를 출간하기도 했다. 국화로서의 '무궁화'가 지닌 의미와 역사를 안다면 그에 대한 인식도 달라지지 않을까.

　무궁화는 언제부터 나라의 상징이었나

　오늘날 무궁화(無窮花)로 불리기 전 이 땅에는 오래전부터 근(槿), 근화(槿花)가 있었다. 중국에 전해지는 가장 오래된 지리서 《산해경(山海經)》에는 고조선을 소개하면서, "군자국(君子國)은 대인국(大人國) 북쪽에 있다. 사람들은 의관을 갖추고 칼을 차며 짐승을 주식으로 한다. (중략)

무궁화

근(槿)이라는 풀이 자라는데, 아침에 났다가 저녁에 죽는다."라고 기록되어 있다. 당시 중국인들은 아침에 피었다가 저녁에 지는 꽃이라서 신기하게 여긴 모양이다.

그래서인지 우리나라는 '근역(槿域)'이란 별칭을 갖게 되었고, 신라 혹은 고려 시대에는 '근화향(槿花鄕)'으로 불리기도 했다. 1910년 9월 경술국치 이후 자결 순국한 황현은 〈절명시(絶命詩)〉에서 "근화세계이침륜(槿花世界已沈淪, 무궁화 세계가 이미 망했구나)"이라며 침통해했다.

그렇다면 '근화'가 '무궁화'로 불린 것은 언제부터일까? 1896년 11월 독립문 정초식 당시 배재학당 학생들이 불렀다는 애국가 후렴구에 "무

무 궁 화 가

셩즈신손오빅년은
우리황실이요
산고슈려동반도눈
우리본국일셰
무궁화삼천리
화려강산
대한사룸대한으로
기리보젼ᄒ셰
츙군ᄒᆞ논일편단셤
북악ᄀᆞᆺ치놉고
인국ᄒᆞ논열심의긔
동ᄒᆡᄀᆞᆺ치깁혜
쳔만인오즉ᄒᆞᆫ모음
나라사랑ᄒᆞ여
소롱공샹귀쳔업시
직분만다ᄒᆞ셰
우리나라우리황실
황텬이도으샤
국민동락만만셰에
태평독립ᄒᆞᆯ셰

《대한매일신보》1907년 10월 30일 자에 실린 〈무궁화가〉

1900년 대한제국 대례복(한국자수박물관)

궁화 삼천리 화려강산”이 등장하는 것을 보면, 당시 ‘무궁화’가 대중화된 것으로 보인다. 물론 이때 처음으로 ‘무궁화’가 등장한 것은 아니다. 이규보의 《동국이상국집》(1241)에 ‘無窮(무궁)’ 및 ‘無宮(무궁)’이란 표현이 있고, 조선 초 의약서인 《향약집성방》(1433)에는 ‘無窮花木(무궁화목)’이, 최세진이 지은 《사성통해(四聲通解)》(1517)와 《훈몽자회(訓蒙字會)》(1527) 그리고 허준의 《동의보감》(1613)에도 ‘무궁화’가 기록되어 있다.

무궁화는 새벽녘에 피기 시작하여 오후가 되면 오그라들었다가 해 질 무렵에 떨어지지만, 다음 날 아침이면 다른 가지에서 새 꽃이 핀다. 이렇게 8월부터 10월까지 100일 동안 한 그루에서 무려 3천여 송이가 피고 지니 '무궁화'란 이름이 제격이다. 무궁화 꽃말이 '일편단심', '영원', '은 근과 끈기'인 것도 이와 무관하지 않을 것이다. 그 때문인지 일제강점기에 '무궁화'는 탄압을 받았을 뿐만 아니라 이를 기렸던 이들도 고초를 겪어야 했다. 반대로 독립운동가들은 무궁화를 조국 독립의 표상(表象)으로 내세웠다.

무궁화가 우리나라 상징으로 등장한 것은 대한제국 시기이다. 으레 대한제국 문장 하면 오얏꽃을 떠올리겠지만, 무궁화 문양 또한 폭넓게 사용되었다. 1892년 인천전환국에서 제조한 5냥 은화에 무궁화 가지 도안이 처음 사용되었고 그 후 1905년까지 이어졌다. 1900년에는 훈장(자응장)과 외교관 · 문관 대례복에도 무궁화 문양이 새겨졌다. 1902년에 제정된 '대한제국 애국가'의 인쇄물 표지 중앙에는 태극을, 주위에는 네 송이의 무궁화를 그려 넣었다.

그런데 1906년 2월 통감부가 들어선 뒤 친임관(황제가 직접 임명장을 주는 최고 고등관)과 칙임관(정1~종2품 최고 관리)의 대례복 모자, 소매, 등, 허리에 새겨졌던 무궁화가 자취를 감췄다. 그렇지만 사람들은 무궁화를 국화로 인식하였고 〈무궁화가〉가 널리 퍼지면서 일제강점기에 '무궁화'는 우리 민족의 희망을 상징했다.

민족의 염원이 담긴 무궁화가 되기까지

1919년 3 · 1운동 이후 '무궁화 강산', '무궁화 삼천리 동산' 등의 표현

1910년대 남궁억이 고안한 무궁화 13송이 한반도 지도

이 널리 애용되었고, 비록 강토가 일제의 식민지가 되었지만, 다시금 근화, 근역 등의 용어가 회자하였다. 《무궁화》 잡지가 등장하기도 하였다. 이에 일제는 1920년대 후반부터 '무궁'이란 말을 트집 잡아 민족운동의 일환이라면서 출판물을 불허하거나 기사를 삭제토록 하였다. 무궁화 보급 운동을 벌였던 남궁억은 1933년 11월 무궁화 십자당 사건으로 붙잡혔다가 고령이라는 이유로 석방되었지만, 이내 고문 여독으로 불귀의 객이 되고 말았다.

한편, 대한민국 임시정부는 3·1운동을 배경으로 한 창작극 〈무궁화의 노래〉를 공연하였고, 공식 행사에서 '무궁화 애국가'를 불렀으며, 광복군 장교의 군복에 무궁화를 새기고 색깔로 계급을 구분하였다.

해방 후 무궁화는 민족정신으로 되살아났다. 1946년 1월 경찰 복장의 견장, 모장(帽章), 단추 등이 무궁화로 바뀌었고, 법관의 의장에는 무궁화 가지에 13도를 상징하는 열세 송이의 무궁화가 달렸다. 이 외에도 담배 이름이나 우표, 엽서, 지폐 등에도 무궁화 도안을 사용하였다. 그해 4월 광복 후 첫 식목일에는 전국적으로 무궁화를 심었다.

1948년 8월 대한민국 정부 수립 이후에는 급행열차 이름이 '무궁화호'로 바뀌었고, 태극기 깃봉에 무궁화 봉오리를 제작하도록 하는가 하면, 대한민국 중앙정부 공무원의 휘장을 무궁화로 정하였다. 1950년 4월에는 은색 봉황새와 금색 무궁화가 새겨진 대통령기를 만들었다.

1950년대 법관 복장

오늘날에도 무궁화는 외국에 보내는 공문서와 국가적 중요 문서, 기타 시설물, 물자 등에 대한 민국을 상징하는 휘장으로, 나라 문장으로 사용되고 있다. 대통령의 관저, 집무실 등과 대통령이 탑승하는 항공기·기차·자동차 등에 사용하는 대통령 표장 중심 부분에도 무궁화가 자리 잡고 있다. 우리나라에서 가장 높은 등급의 훈장 명칭은 '무궁화대훈장'이며 훈장 도안도 무궁화로 장식되어 있고, 대통령·국무총리 표창장과 그 외 각종 상장에도 무궁화 도안이 들어 있다. 국회기·법원기 등에도 무궁화 도안 중심부에 기관 명칭이 새겨져 있고, 국회의원·지방의회 의원 배지, 장·차관 등의 배지도 무궁화를 기본 도안으로 하고 있으며, 군인·경찰의 계급장 및 모자챙 그리고 모표 등에도 무궁화가 있다. 정부에서 주관하는 국경일 등 각종 행사 시에는 무궁화를 장식하며, 독립운동가의 묘소나 독립운동 사적지에도 무궁화를 심었다. 무궁화를 '국화'로 공식 채택하지는 않았지만, '국화'로 인정한 셈이다.

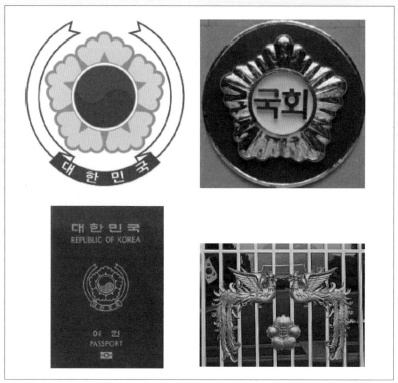

무궁화 문양이 들어간 국가 상징물

무궁화는 하루 동안만 피지만, 또 다른 가지에서 매일 다시 꽃이 피어 나는 것을 보면 참으로 굴곡진 우리 역사와 많이 닮았다. 해방 후 유행한 대중가요 〈귀국선(歸國船)〉의 노랫말에도 무궁화가 등장한다.

〈귀국선〉

돌아오네 돌아오네 고국산천 찾아서

얼마나 그렸던가 무궁화꽃을

얼마나 외쳤던가 태극 깃발을
갈매기야 웃어라 파도야 춤춰라
귀국선 뱃머리에 희망도 크다

이 노래에는 귀국 동포들의 감격스러운 심정이 담겼다. 여기서도 애타게 그리던 조국 광복과 염원이 무궁화로 표현되었다. 당시 광복된 조국을 그리던 애달픈 심정은 아닐지라도 '무궁화'의 역사를 통해 그 의미를 새롭게 다졌으면 한다.

제5장

아직도 지워지지 않은
친일의 그림자와 청산 과제

일제 식민지 잔재와
청산의 현주소

우리 삶에 침투한 식민지 잔재

2019년에는 3·1운동과 대한민국 임시정부 수립 100주년을 맞아 독립운동을 새롭게 조명하려는 노력과 함께 식민지 잔재를 청산하려는 움직임도 활발하게 진행되었다. 35년간의 일제 식민 통치가 우리에게 씻을 수 없는 고통과 상처를 주었는데, 아직도 그 잔재가 사회 곳곳에 남아 있다는 데 대한 반성이기도 했다.

수십 년간 제대로 매듭짓지 못한 친일 잔재는 유형, 무형으로 곳곳에 남아 있다. 일제가 동화정책을 시행하며 한민족을 말살시키려 했기에 더욱 그렇다. 일제는 한국사를 왜곡하고 일본사를 강요하였으며, 한글을 가르치지 않고 한국어를 금지하는 대신 일본어로 채웠다. 한국의 역사는 일본에 비해 열등하므로 자신들의 지배가 당연하며, 오히려 한국에는 행운이라는 약육강식의 이론을 내면화했다. 이에 더하여 일제는 신사참배와 창씨개명을 강요했다.

1945년 8월, 일제 패망과 더불어 우리에게 해방이 찾아왔다. 할 일이 산적했다. 크게는 독립된 자주 국가를 세워야 했고 친일파를 단죄해야 했으며, 작게는 일제 식민지의 잔재를 청산해야만 했다. 하지만 무엇 하나 제대로 처리되지 못한 채, 인적 요소는 물론 제도와 운영 방식, 정치·문화 등 식민지 잔재가 한국 현대사에 직접적으로 영향을 끼쳤다. 그것은 무의식중에 사회 구성원 모두에게 침투하여 삶의 일부가 되었으므로 겉으로 드러난 친일파를 청산하는 것보다 훨씬 어려운 일이었다. 한 예로 양옥·양장·양복·양파 등 서양의 것에 '양(洋)'자를 붙여 우리의 것과 구분하려 하였지만, 서양 문물은 의외로 폭넓고 강력했다. 우리 의식주를 포함한 사회 전반에 영향을 끼친 것만 봐도 그렇다.

이처럼 일제강점기 일본어의 영향력은 해방 후에도 줄어들지 않았다. 쉬운 예로, 벤또(弁当·べんとう, 도시락), 사라(皿·さら, 접시), 요지(楊枝·ようじ, 이쑤시개), 쓰메끼리(爪切り·つめきり, 손톱깎이), 바께쓰(バケツ, 양동이) 등과 같은 단어들은 꽤 오랫동안 널리 사용되었다.

일제가 서구의 새로운 개념을 도입하여 번역한 것을 그대로 차용한 것 또한 적지 않다. 특히 그것을 대체할 우리의 언어가 있는데도 건축이나 언론 등 일부 분야에서는 일본어가 여전히 자연스럽게 쓰이고 있다. 이러한 예는 노가다(공사판 노동자), 하시라(기둥), 하리(보), 렝가(벽돌), 고대(흙칼) 등과 사쓰마와리(경찰서 순회), 야마(요지), 미다시(제목), 우라까이(베끼기), 반까이(만회 보도) 등이 대표적이다.

교육 현장의 식민지 잔재와 교육계의 노력

더욱 심각한 것은 한국의 미래를 짊어지고 나아갈 학생들의 교육 현장에 식민지 잔재가 적지 않다는 것이다. 일제의 군국주의식 교육 문화가 한동안 한국의 교육계를 장악한 적도 있었다. 학교의 병영화(교련)와 상명하달의 불평등한 교육 구조 등이 좋은 예이다. 이는 박정희 군사 독재 시기에 더욱 굳어졌다. 학교는 국가의 통제를 잘 따르는 기관이어야 하며, 학생들은 규율과 규칙에 순종하고 상벌로 대열 이탈을 막아 '조국과 민족'에 충성을 다하는 학생을 길러내야 했다. 오죽했으면 당시에 만들어진 〈국민교육헌장〉의 첫머리가 "우리는 민족중흥의 역사적 사명을 띠고 이 땅에 태어났다."라는 말로 시작했을까?

이러한 군국주의식 교육 문화는 그동안 자정 노력을 통해 많이 극복되었다. '천황에게 충성하는 황국신민'이라는 뜻의 '국민학교'가 51년 만에 '초등학교'로 바뀌었고, 애국 조례, 학교장 훈화, '차렷·경례' 등의 문화도 사라졌다. 많이 늦기는 했어도 교육계가 적극 나서서 식민 잔재를 청산하려 노력한 결과이다.

그러나 아직 남아 있는 잔재들이 많다. 해방된 지 70년이 넘었지만, 여전히 친일 경력자가 작사·작곡한 교가가 불린다. 심지어 일본 군가풍의 교가를 사용하는 학교도 있다. 일제강점기에 강조되기 시작한 '근면·성실·협동'의 훈육적인 구호도 지금도 교훈으로 사용되고 있다.

교복 역시 일제강점기에 획일적으로 학생들을 강제하기 위한 수단에 지나지 않았으나, 그 문화는 지금도 변함없다. 그 어느 시기보다 일률성과 규제에 민감한 청소년들에게 교복은 더할 나위 없는 구속과 통제의 상징일 뿐이다. 일본인과 한국인 학교를 구분하기 위해 붙여진 ○○제일고·○○동중학교·○○서중학교의 명칭도 바뀌어야 한다. 중국에서는 1945년 해방 이후 일제가 사용한 '유치원'이라는 용어 대신에 '유아원'으로 바꾸었는데 우리는 지금도 그대로 사용하고 있다.

민족을 넘어 세계로, 우리 문화의 힘

고려는 원나라로부터 100년 가까이 내정간섭을 받은 때가 있었다. 당시 몽골족의 변발과 호복(胡服)이 고려 지배층 사이에서 유행하였다. 공민왕이 자주적인 국권을 회복하고자 반원(反元) 정책을 추진하여 몽골풍을 폐지하기도 하였지만, 그 흔적을 현재 우리 주변에서도 찾을 수 있다. 벼슬아치·양아치·장사치 등 상대를 낮춰 부를 때 쓰는 '○○치'라는 단어가 그러한 예이다. 본디 몽골에서는 '○○치'가 사람을 표현하는 말이라 한다. 문화접변은 어쩔 수 없다고 하지만 일제강점기의 문화는 식민 문화였고 한민족을 말살하기 위해 일제가 강제한 측면이 강하다. 이것은 힘에 의한 문화전파이며, 어쩔 수 없는 수용이었다. 이러한 강제성 때문에 그 잔재를 청산해야 하는 것은 당연하다.

지금 세계는 타 문화의 영향을 받기도 하고, 자국의 문화를 전파하기도 한다. 이러한 문화 교류는 자주적이며 능동적이다. 특히 지금 우리 문화는 세계의 주목을 받고 있다. 2018년 우리나라 아이돌 그룹 방탄소년단(BTS)은 '빌보드 200'에서 1위를 한 바 있으며, 전 세계적으로 2천만이 넘는 팬을 가지고 있다. 우리는 자주적이며 창조적인 민족이다. 일제로부터 피동적이고 강제적으로 수용했던 문화를 우리 것으로 다시 창조해야 한다.

독립운동가와
친일파를 함께 기리는
국립현충원

현충원과 독립운동가의 묘지

6월은 '호국보훈의 달'로, '나라를 지킨다'라는 뜻의 '호국(護國)'과 그
러한 '공훈에 보답한다'라는 '보훈(報勳)'을 의미로 추념하는 달이다. 6월

국군묘지 조성 당시 모습(1955.6.) (국립서울현충원)

6일 '현충일', 6월 25일 '6·25전쟁'을 비롯하여 2002년 6월 '제2연평해전'까지 더하여 희생한 분들을 기리고자 하는 것이다. 이 가운데 가장 뜻 깊은 날은 법정공휴일로 지정된 현충일일 것이다. 이날은 조기가 게양되고 국립서울현충원이나 국립대전현충원에서 대통령과 3부 요인이 참석한 가운데 추념식을 거행하는데, 오전 10시 사이렌 발령과 동시에 조포를 쏘기도 한다.

그런데 종종 국립현충원에 친일반민족행위자가 안장되었다며 이장을 촉구하는 시민단체의 성명이 발표되고 신문·방송에서 이 같은 문제점을 지적하기도 한다. 왜 이런 문제가 불거졌을까?

1952년 국방부는 빨치산 토벌과 6·25전쟁 등으로 전사한 장병들을 안치할 묘지가 필요하여 '군묘지설치위원회'를 구성하고 여러 곳을 답사한 끝에 동작동 현 위치를 국군묘지로 선정하였다. 이후 1953년 9월 이승만 대통령의 재가를 받아 이를 확정하고, 1954년 3월 정지 공사를 시작하였다. 공사가 어느 정도 마무리될 즈음인 1955년 5월 '육탄십용사현충비(肉彈十勇士顯忠碑)'가 세워지고, 같은 해 7월 국군묘지가 조성되었다. 이때 그곳에는 장군으로 예편한 일제강점기 일본군 혹은 만주국 간도특설대 출신자들이 적지 않게 묻혔다. 다음 해인 1956년 4월에는 6월 6일을 '현충기념일'로 제정하였다. 그해 현충원에서 처음으로 육해공군 전몰장병 합동 추도식이 거행되었다. 이날에는 모든 가무음곡이 금지되었고 댄스홀과 카바레의 영업이 중지됐다.

당시 추도식에서는 지금과 달리 순국선열이 빠졌다. 국군묘지에 독립운동가들의 유해가 안장되지 않았기 때문이다. 그렇다고 정부 차원에서 별도로 독립운동가 묘역을 조성하거나 순국선열을 기념하는 날을 지정한 것도 아니었다. 해방 이후 순국선열 기념행사는 대한민국 임시정부

국군묘지 무명용사문 신축 공사(1956.3.) (국립서울현충원)

요인들이 1945년 12월 23일에 개최한 '순국선열 추념대회'가 처음이었고, 다음 해부터는 임시정부가 기념해 온 '11월 17일' 순국선열 기념일에 맞춰 행사가 거행되었다. 하지만 이는 정부 차원이 아닌 민간단체 차원에서 이뤄진 것이다. 1958년 7월, 국회가 현충일과 별도로 국치일인 '8월 29일'을 '순국선열의 날'로 제정할 것을 정부에 건의하였지만 그뿐이었다.

1962년부터 순국선열들을 다 함께 모실 수 있는 별도의 국립묘지를 마련해야 한다는 목소리가 높아졌다. 하지만, 1965년 3월 국군묘지를 국립묘지로 승격하는 것에 그쳤다. 그렇다면 국립묘지가 조성되기 전까지 독립운동가들의 유해는 어디에 모셔졌을까? 해방 이후 독립유공자 포상이 제대로 이뤄지지 않았으니 묘지가 조성되었을 리 만무했지만 말이다. 그 때문인지 국립묘지 외에 독립운동가들이 묻혀 있는 곳은 선산이나 공동묘지 아니면 효창공원, 망우리묘지공원, 강북구 우이동 독립지사 묘역 등으로 흩어져 있었다.

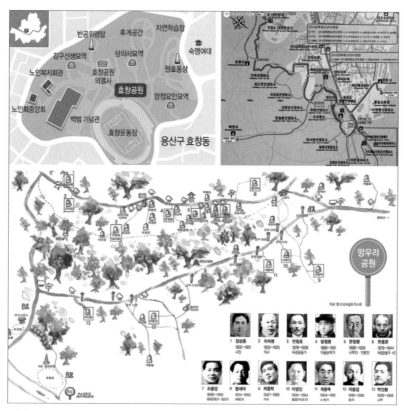

(위에서 오른쪽으로) 효창공원 묘지, 북한산 강북 독립운동가 묘역, 망우리 공원 묘역

해방 직후 김구의 주도하에 일본에서 봉환된 이봉창·윤봉길·백정기 등의 유해가 1946년 6월 효창공원에 안장되었다. 그 뒤 1948년 8월 임시정부 요인이었던 이동녕·조성환·차리석 등의 유해가 중국에서 봉환되어 이곳에 모셔졌고, 1949년 6월에는 김구도 이곳에 묻혔다. 서울과 구리에 걸쳐 있는 망우리묘지공원은 1933년 '경성부립묘지'로 조성된 것인데, 일제강점기에 돌아가신 독립운동가뿐만 아니라 근현대사의 유명 인사들이 이곳에 묻혔다.

(상) 1969년 4월에 준공한 현충문, (하) 오늘날 현충문 (국립서울현충원)

대표적인 인사는 안창호와 그의 제자이자 비서였던 유상규, 흥사단 단원 문명훤과 한용운을 비롯한 오세창·문일평·방정환·오기만·서광조·서동일·오재영 등이다. 이곳은 한동안 방치되다가 2012년 한용운 묘소가 등록문화유산으로 등록된 이후 모두 9위의 묘소가 국가에 의해 보존·관리되고 있다. 안창호 묘소는 1970년 11월 도산공원으로 옮겨졌다. 북한산 자락에 있는 우이동 독립운동가 묘역에는 1907년 7월 헤이그 특사로 갔다가 순국한 이준 열사를 비롯해 손병희·이시영·신익희·김창숙·

여운형 등과 광복군 합동 묘소 등 모두 16위가 모셔져 있다. 이준 등 6명의 묘소는 2012년에 등록문화유산으로 지정되었다.

같은 곳에 안장된 독립운동가와 친일파

국군묘지에 독립운동가들이 함께 안장된 것은 1962년 박정희 정권이 독립유공자 포상을 재개하고 '국가수호자특별원호법안'을 공포한 이후이다. '원호법안'은 애국지사와 유족, 4·19의거 상이자 및 유족, 월남 귀순자 등을 특별 원호하기 위해 제정되었다.

이때 '순국선열의 날'이 국가기념일로 지정되었다. '원호법안'에 따라 1963년 3월, 국내 항일로 독립장을 수여받은 김재근(金載根)이 1964년 3월 유명을 달리하여 최초로 국군묘지에 안장되었다. 그 뒤 이곳에 독립운동가들의 유해가 묻혔다. 친일파들이 묻힌 곳에 독립운동가들이 안장된 셈이다. 당시에는 친일 문제가 사회적 이슈로 떠오르지 않았기 때문에 이의를 제기하는 일은 없었다. 어찌 됐든 그 뒤 국군묘지가 국립공원으로 승격되면서 1965년 6월 제10회 현충일에는 전몰장병과 더불어 순국선열들의 추모식도 함께 치러졌다.

이후 국립묘지에는 공동묘지, 혹은 선산에 묻혔던 독립운동가의 유해가 애국지사 묘역에 이장되거나 작고한 분들이 안장되었다. 1920년 1월 북간도에서 15만 원 탈취 사건을 주도한 철혈광복단의 윤준희·임국정·한상호 등의 유해가 1966년 11월 국립묘지로 이장되었다. 그들이 1921년 8월 서대문형무소에서 순국하여 관할 공동묘지에 묻힌 지 40여 년만의 일이었다. 강우규의 유해도 이곳에서 1954년 수유리로 이장된

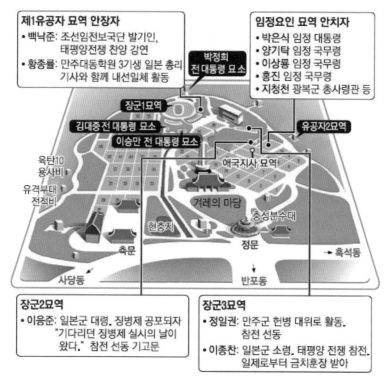

제1유공자 묘역 안장자
• 백낙준: 조선임전보국단 발기인,
  태평양전쟁 찬양 강연
• 황종률: 만주대동학원 3기생 일본 총리
  기사와 함께 내선일체 활동

임정요인 묘역 안치자
• 박은식 임정 대통령
• 양기탁 임정 국무령
• 이상룡 임정 국무령
• 홍진 임정 국무령
• 지청천 광복군 총사령관 등

박정희 전 대통령 묘소

장군1묘역

김대중전 대통령 묘소

이승만 전 대통령 묘소

유공자2묘역

육탄10용사비

유격부대 전적비

애국지사 묘역

겨레의 마당

충성분수대

현충지

촉문

정문

흑석동

사당동

반포동

장군2묘역
• 이응준: 일본군 대령. 징병제 공포되자
  "기다리던 징병제 실시의 날이
  왔다." 참전 선동 기고문

장군3묘역
• 정일권: 만주군 헌병 대위로 활동.
  참전 선동
• 이종찬: 일본군 소령. 태평양 전쟁 참전.
  일제로부터 금치훈장 받아

국립서울현충원 임시정부 · 독립유공자 묘역과 친일파 장군 묘역 상황

이후 1967년에 국립묘지로 모셔졌다. 민족 대표 33인 중 한 사람이었던 신석구는 6·25전쟁 당시 북한군에 붙잡혀 총살되었는데, 1968년 9월 유해 대신 유품이 국립묘지에 안장되었다. 1933년 8월 하얼빈에 묻혔던 '독립군 어머니' 남자현의 경우처럼 묘소를 찾지 못해 헛무덤만 모셔진 예도 있다. 또한 1993년 8월에는 박은식·신규식·노백린·김인전·안태국 등의 유해가 상하이의 만국공묘에서 봉환되면서 서울 현충원에 임시정부 묘역이 별도로 조성되어 현재까지 19위가 모셔져 있다. 2019년 5월 현재 이곳에는 독립유공자 218위가 안장되어 있다.

그런데 1987년 6월 항쟁 이후 민주화의 진전과 함께 친일 청산 문제가 다시 대두되면서 현충원에 안장된 친일반민족행위자의 묘소 이장 문제가 불거지기 시작하였다. 1993년에 작고한 임시정부의 마지막 비서장 조경한은 "내가 죽거든 친일파들이 묻혀 있는 국립묘지가 아니라 동지들이 묻혀 있는 효창공원에 묻어 달라."라는 유언을 남길 정도였다. 하지만 그의 유해는 유언과 달리 국립서울현충원의 애국지사 묘역에 안장되었다가 임시정부 묘역으로 옮겨졌다. 이후 독립운동가들 가운데 친일 경력이 드러난 경우, 서훈이 취소되고 현충원에서 쫓겨나기도 하였다.

하지만 여전히 국립서울현충원에 7명, 국립대전현충원에 4명의 친일파 유해가 안장되어 있다. 이들은 2009년 친일반민족행위진상규명위원회가 발표한 친일반민족행위자 명단에 포함된 사람들로, 대개 현충원 장군 묘역에 묻혀 있다. 특히 서울현충원의 경우, 친일파가 묻힌 '장군 제2묘역' 아래에 '애국지사 묘역'이 조성되어 있어서 숭고한 분들의 공간에 누가 되고 있다.

국립현충원에 조성된 친일반민족행위자들의 묘를 강제로 이장할 방법은 현재로서는 없다. 이들이 6·25전쟁 등에 이바지했기 때문에 안장 자격이 취소되지 않는 한 강제로 이장할 수 없는 현행법 때문이다. 2016년 이들을 국립묘지에서 퇴출하기 위한 법안이 발의되었지만, 수년째 논의만 되고 있다. 하루빨리 국립묘지 공간의 영예성을 회복해야 한다. 이것은 순국선열과 호국영령을 추모하고 그분들께 감사하는 '호국보훈'의 의미를 되새기는 출발점이기 때문이다. 모든 현충 시설에 새겨져 있는 "여기는 민족의 얼이 서린 곳, 조국과 함께 영원히 가는 이들, 해와 달이 이 언덕을 보호하리라."라는 글귀가 더욱 빛을 발하길 기대해 본다.

제헌절에
친일파 청산 문제를
되돌아보다

이념 갈등과 청산되지 않은 역사

몇 해 전 퇴역군인 모임인 재향군인회 회원들이 광복회로 몰려가 시위를 벌였다. 광복회가 의열단 단장 김원봉의 서훈을 추진하고, 국군 창군 원로이자 6·25전쟁 영웅인 백선엽 장군을 모독했다는 이유에서였다.

백선엽은 1943년 4월에 만주군 소위로 임관한 뒤, 간도특설대에서 장교로 근무하며 만주 지역 항일무장 독립 세력을 탄압한 인물이다. 이에 대통령 소속 친일반민족행위진상규명위원회는 2009년에 그를 친일파로 규정하였다. 백선엽은 2020년 7월 10월 유명을 달리했다.

왜 우리는 친일파 문제에 과민하게 반응하는 것일까? 광복한 지 80년이 다 되었지만 지금도 '친일파'라는 화두는 여전히 뜨거운 논점과 쟁점이 되고 있다. 이는 미완으로 끝난 '친일파 청산'이 보수와 진보 사이의 '이념 대립'으로 전이되었기 때문이다.

1948년 5·10 총선거로 탄생한 제헌국회는 정부를 수립하자마자 '반

(상) 반민특위에 체포된 김연수(오른쪽)와 최린(왼쪽), (하) 반민특위 재판 모습

민족행위처벌법'을 통과시켰다. 이는 일제강점기 반민족행위와 친일 행적을 조사하고 처벌하기 위해 제정된 것으로, 해당 법에 따라 '반민족행위특별조사위원회'(반민특위)가 결성되었다. 어느 정파에도 소속되지 않은 무소속 의원이 85석이라는 가장 많은 의석을 차지했기 때문에 가능했다.

하지만 그 결과는 참담했다. 친일파 청산은 친일과 지주 세력을 정치적 기반으로 삼았던 이승만 정권과 집권 여당의 노골적인 방해와 공작 때문에 단 한 명도 법적 처벌을 받지 않은 채 흐지부지 끝나고 말았다. '역사의 정의'가 무너진 것이다. 반면에 독립운동의 역사적 규명과 독립운동가에 대한 적절한 보상은커녕, 일제강점기에 대한 철저한 반성과 처벌조차 이루어지지 못했다.

해방 정국은 친일 청산보다는 반공 이념으로 도배되었다. 미국과 소련이 38선을 경계로 한반도에 주둔하면서 남북은 민주주의와 공산주의 이념 대립의 장으로, 냉전의 화약고로 변했다. 친일 세력은 반공주의자로 '화려한' 변신을 하였고 독재 권력에 기생하며 막대한 자본력을 이용해 우리 사회의 굳건한 기득권 세력으로 자리 잡아 갔다. 그러면서 친일 청산은 역사의 뒤안길로 사라져 갔다. 끝내 우리 사회는 한쪽 날개를 잃은 것이다.

언론인이자 역사학자인 리영희는 1994년에 펴낸 평론집《새는 '좌·우'의 날개로 난다》라는 책에서 "8·15 광복 이후 근 반세기 동안 이 나라는 오른쪽은 신성하고 왼쪽은 악하다는 위대한 착각 속에 살아왔다."라며 한국 사회에 만연한 맹목적 반공과 냉전 수구적 사고를 질타했다. 당시 극단적인 우 편향의 대한민국 사회를 지적한 것이다.

리영희 저,《새는 '좌·우'의 날개로 난다》표지

갈등 대신 협력이 필요할 때

그로부터 20여 년이 지났다. 한국 사회에 달라진 점이 있을까? 대한민국의 갈등 지수 가운데 이념 갈등이 최고인 것을 보면, 오히려 이념 갈등은 더 심해진 듯하다. 근래에는 진보와 보수라는 단어가 좌·우의 자리를 대신하고 있다. '친일=독재=보수'라는 일련의 선과 '독립운동=민주화운동=진보'라는 선은 평행하게 맞서고 있다. 그런데 우리 사회의 진보와 보수의 개념은 일반적이지 않다. 전 세계적으로 보수는 민족주의와 국익을 우선하지만, 대한민국의 보수는 자신을 우선시한다. 그래서 오히려 진보가 '진정한 보수'로 보이기도 한다. 대한민국에는 진정한 진보와 보수가 없다. 대한민국의 사회정의를 구현하고 국격의 가치를 더 높이려면 건전한 보수와 진보가 역사의 수레바퀴를 돌리는 두 축으로 바

친일반민족행위진상규명위원회 출범 (2005.5.)

친일반민족행위 진상규명 보고서 (2009.11.)

로 서야 할 것이다. 둘은 갈등이 아닌 협력 관계, 보완적인 관계로 정립
되어야 한다.

이를 위해서는 소모적인 논쟁이 대한민국을 가르는 것도 경계해야 하
지만, 친일 청산 문제로 편이 갈리는 것도 지양해야 한다. 친일 문제를
덮고 넘어가자는 얘기는 아니다. 1949년 미완으로 끝난 친일 청산 문제
는 2005년 5월 대통령 직속 기관으로 '친일반민족행위진상규명위원회'
가 출범하면서 관심을 모았다.

진상규명위원회는 활동이 종료된 2009년 11월까지 1,006명을 친일반
민족행위자로 규정했다. 거의 같은 시기에 비영리 연구단체 민족문제연

구소가 펴낸《친일인명사전》에 수록된 4,776명보다 훨씬 적은 수이다. 최소한 정부 차원에서 규정한 '1,006명'의 잘못은 밝히고, 우리 사회는 함께 반성해야 한다.

반성은 자기 자신의 상태나 행위를 돌아보는 일이다. 이를 통하여 잘못을 되풀이하지 않고, 부족한 부분을 채워 나가는 것이

《친일인명사전》(2009.11.)

발전일 것이다. 제헌절에 친일파 청산 문제를 되돌아보며, 진정한 반성을 통한 우리 사회의 긍정적인 발전을 생각해 본다.

친일파 제정
음악상·문학상·학술상 등에 대한
이유 있는 항변

친일파의 이름을 딴 상과 수상 거부

2020년 1월, 김금희 작가의 이상문학상 거부 소식은 문학계에 신선한 충격을 안겨 주었다. 우수상을 받는 조건으로 작품 저작권을 출판사에 3년 동안 넘긴다는 내용의 계약서를 받아들일 수 없기 때문이라고 한다. 작가의 노고와 권리를 존중하지 않는 문학상은 거부하겠다는 뜻에서였다. 마찬가지로 우수상을 받은 최은영·이기호 작가도 이에 동참했다.

2013년에는 현대문학상 수상자 황정은 작가(소설 부문)와 신형철 문학평론가(평론 부문)가 수상을 거부해 파문이 일었다. 이는 《현대문학》 2013년 9월호에 박근혜 대통령의 수필이 실리고, 일부 작가들의 글 게재가 거부되자 젊은 문인들이 해당 문예지 기고를 거부한 연장선상에서 불거진 것이었다. 이러한 문학상 거부는 쉽지 않은 결정인 만큼 그들의 용기가 이를 더 나은 방향으로 개선하는 계기가 되었으면 한다.

이와 더불어 우리가 한 번쯤 생각하고 관심을 가져야 할 문제가 있다.

서울 롯데호텔에서 열린 제1회 인촌상 시상식 장면(1987.10.12.) 《동아일보》

바로 친일파를 기리기 위해 제정된 문학상·학술상·음악상 등에 관한 이야기다. 사회의 비판 여론에도 불구하고, 지금도 이러한 상들이 버젓이 수여되고 있다. 동인문학상·조연현문학상·인촌상·용재학술상·난파음악상 등이 대표적이다. 이는 각각 김동인·조연현·김성수·백낙준·홍난파 등의 인물들과 관련이 깊은 상인데, 이들은 하나같이 친일반민족행위진상규명위원회가 인정한 친일파이다. 이들은 친일 경력이 있음에도 해방 후 친일 청산이 제대로 이루어지지 않은 가운데 정부로부터 국민훈장·문화훈장, 심지어 대한민국 공로훈장을 받기도 하였다. 가끔 이러한 상을 거부한 인사가 나와 사회적으로 논쟁거리가 되기도 했지만, 그때뿐 행사는 계속 이어져 오고 있다.

가장 먼저 지적하고 싶은 것은 앞서 언급한 상들 가운데 가장 권위 있다고 평가받는 인촌상이다. 오랫동안 '인촌상 수상자'라고 하면 대한민국 '문학을 대표하는 인물'로 인식되었다. 상을 받은 인사들 대부분도 이를 자랑스럽게 여겼다. 그러나 인촌 김성수는 친일 행적이 인정되어 지난 2018년 2월 독립운동가 서훈까지 취소된 인물이다. '인촌로'라는

서울 세종문화회관에서 열린 '친일문인기념문학상 이대로 둘 것인가 – 동인문학상편' 세미나(2018.10.) (민족문제연구소)

이름의 도로명을 '고려대로'로 바꾸는 일도 있었다. 그런 만큼 인촌상의 위상을 높게만 볼 수 있을지 의문이다. 소설가 최인훈은 "어디까지나 공적인 이유"라고 했으나, 2001년 인촌상 문학 부문 수상을 거부했다. 몇 해 전에는 인촌상 수상자가 받은 상금 일부를 시민단체에 기부했다가 반납받기도 했다.

한편 《조선일보》는 사회의 비판적 여론에도 불구하고 동인문학상을 계속 주관하고 있다. 이에 작가 황석영·공선옥·고종석 등은 동인문학상 후보에 오른 것 자체에 이의를 제기하며 수상을 거부하였다. 물론 이는 김동인의 친일 문제보다는 조선일보사의 신문 보도 성향과 굴욕적인 선정 방식에 기인한 것이었다.

이 외에도 2013년 9월 작곡가 류재준은 난파음악상 수상을 거부하였다. 그는 "친일 시비에서 자유롭지 못한 음악가의 이름으로 상을 받기도 싫었고 이전 수상자 중 존경받는 분들도 많지만, 도저히 이해할 수

한국문인협회의 최남선 · 이광수 문학상 제정 반대 시위(2016.8.) (민족문제연구소)

없는 분들도 일부 포함되어 있어 이 상의 공정성과 도덕성에 회의를 느꼈다."라는 이유를 들었다. 용재학술상의 경우, 수상자로 선정된 성균관대 모 교수가 백낙준의 친일 행적을 비판했다는 이유로 돌연 선정을 취소하는 촌극도 벌어졌다.

이와 반대로 수상 제도 자체가 폐지되기도 하였다. 중앙일보사는 서정주가 친일 논란에 휩싸이고 민족문화협회와 많은 문인의 거센 항의가 잇따르자, 2001년부터 수상해 오던 미당문학상을 2017년에 폐지하였다. 이들은 "정의를 벗어난 펜은 총보다 무서운 흉기가 되어 민족과 이웃을 겨누게 된다."라면서 "인간의 삶을 떠난 문학적 업적이란 존재할 수 없으며 문학만이 역사적 평가에서 예외일 수 없다."라고 못 박았다.

공로를 기리기보다는 책임을 묻기를

이러한 사회적인 분위기 속에서도 친일파의 이름을 딴 상을 제정하려는 움직임이 나타났다. 최근 한국문인협회는 최남선의 육당문학상과 이광수의 춘원문학상을 신설하려다가 여론의 뭇매를 맞고 포기하였다. 그런데 출판사 동서문화사가 2016년 돌연 '육당학술상'과 '춘원문학상'을 제정하였다. 이 밖에 한국일보사의 김기진 팔봉비평문학상, 통영시가 유치환을 기리기 위해 만든 청마문학상, 전라북도 군산시와 '채만식 탄생 100주년 기념사업회'가 제정한 채만식문학상도 이 같은 논란에서 벗어날 수 없다.

이들의 주장은 친일 행적 때문에 문학적 공로가 가려져서는 안 된다는 것이다. 그러나 이는 친일파의 전형적인 자기변명의 논리다. 이 외에도 살기 위해 어쩔 수 없이 그랬다는 생계론, 나뿐만 아니라 다른 사람도 친일했다는 식의 전 민족 범죄론, 유능한 인재를 친일로 매장하지 말고 다시 쓰자는 인재론 등의 친일 변론이 있다. 공로가 있다고 하여 친일 행적이 결코 정당화될 수는 없다. 이들을 기리는 상은 친일과 반민족행위를 정당화시키는 일이다. 상을 고집하는 단체도 문제이지만, 계속해서 수상을 거부하는 인사들이 없다는 점이 안타깝다.

1944년 8월 나치 치하의 파리가 해방된 뒤 프랑스 임시정부는 부역자 숙청을 시작했다. 그러나 대상과 범위를 둘러싸고 격론이 벌어졌다. 특히 문인과 언론인의 처벌을 놓고는 관용론과 청산론이 충돌했다. 결국 청산론이 힘을 얻어 나치 동조 문인과 언론인 7명이 처형되었다. 소설가·시인·비평가·극작가·기자였던 젊은 천재 로베르 브라지야크도 그중 한 명이었다. 그의 재능을 아낀 문화계 인사들이 탄원서를 냈지만, 그의 죽음을 막을 수는 없었다. 글 쓰는 문인과 언론인에게 더 엄중한 책임을 물은 것이다. 용기 있는 문인들이 "정의를 벗어난 펜은 총보다 무섭다"라고 한 말이 새삼 떠오른다.

반민특위 습격 사건,
한국 현대사의 해악

6월은 '호국보훈의 달'이다. 이달엔 순국선열과 호국영령을 추모하는 현충일이 있고, 6·25전쟁, 제2연평해전에서 목숨을 잃거나 희생된 분들을 기념하고자 하는 데 의미가 있다. 대한민국이 존재하고 국민이 자유와 평화를 만끽할 수 있는 것은 그분들의 숭고한 정신이 있었기에 가능했기 때문이다. 그런데 다른 한편으로 6월은 뼈아프기도 하고 안타까운 사건으로 얼룩져 있는 달이기도 하다.

친일 민족 처벌을 위한 반민특위 설치

우리에게는 역사의 본보기로 삼아야 할 중요한 사건이 있다. 지금으로부터 70여 년 전의 일이다. 하나는 1949년 6월 26일 김구가 안두희가 쏜 총에 맞아 사망한 사건이고, 다른 하나는 그해 6월 6일 반민족행위특별조사위원회(이하 반민특위)가 과거 친일 경찰들에 의해 습격당한 사건

1949년 6월 서거한 김구의 경교장 빈소

이다. 두 사건 모두 대한민국 정부가 수립되고 이승만 정권이 출범한 지 1년 가까이 되었을 무렵에 발생했다. 두 사건은 별개처럼 보이지만 하나로 연결되어 있다.

반민특위는 1948년 9월에 일제강점기 친일 민족 반역자를 처벌하기 위해 제헌국회가 제정한 '반민족행위 처벌에 관한 특별법'(이하 반민법)에 의해 조직되었다. 반민법은 제헌헌법 부칙 제101조 "단기 4278년(1945년) 8월 15일 이전의 악질적인 반민족행위자를 처벌하는 특별법을 제정할 수 있다."라는 조항에 근거하였다. 그 뒤 특별조사위원회를 시작으로 특별재판부, 특별검찰부가 조직되어 1948년 10월 22일 반민특위(위원장 김상덕)가 설치되었다.

하지만 그 과정은 순탄치 못했다. 친일파들의 조직적이고 권력을 앞세운 저항이 만만치 않았다. 반민법이 공포된 날 우익단체 한국반공단(단장 이종형)은 '반공구국총궐기 국민대회'를 열어 반민법을 주도한 소장파

서울 중구 남대문로 2가에 있던 반민족행위특별조사위원회 청사

를 성토하였고, 친일 경찰 출신 노덕술·최난수 등은 반민법 제정을 주도
한 의원들을 납치·살해하려 하였다. 이러한 위협에 특위·특별검찰부 조
사위원, 검찰관·조사관 등의 신변을 보호하고자 특경대가 설치될 정도
였다. 그런데도 반민특위 요인에 대한 협박과 테러 행위는 다양한 방식으
로 자행되었다. 이승만 정부는 예산 배정과 사무실 미배정 등으로 반민특
위의 발목을 잡았으며, 조사에 필요한 자료 요청도 거부하기 일쑤였다.

이승만 정권의 반민특위 와해 작전

1949년 1월 특별조사위는 화신 재벌 친일파 박흥식을 필두로 최린·
이종형·이승우·노덕술·박종양·김연수·문명기·최남선·이광수·배

1949년 날조된 국회 프락치 사건 관련자들

정자 등을 체포하였다. 이에 이승만은 1949년 1월 '반민족행위처벌법'
시행 최소화 담화를 발표하고 그해 7월까지 국무회의에서 11회에 걸쳐
반민법 개정 논의를 거친 안을 국회에 제출하였다. 반민법 개정 요구는
특별검찰부·특별재판부 및 특경대를 폐지하는 것이었지만 궁극적으로
반민특위 자체를 와해시키고자 한 것이었다.

그해 2월에 이승만은 "반민법이 헌법에 위배된다"라는 담화를 발표하
는가 하면, 4월에는 '공소시효 단축안'을 제안하기도 하였다. 특히 이승
만은 친일 경찰 출신의 경찰 간부들이 구속되면서 정치적 위기에 내몰
리자 "서울시 수사국장 노덕술을 치안 기술자"라며 정부가 보증해서라
도 석방토록 하는가 하면 그를 체포·구금한 특별조사위원회 관계자를
의법 처리하라고 지시하였다. 5월에는 반민특위 활동에 앞장선 국회의
원 3명을 남로당의 프락치 활동을 했다는 혐의로 검거하였다(제1차 국회

'반민특위가 패망하던 날의 비극'(김상돈 전 반민특위 부위원장) (《진상》 1957년 12월호) (민족문제연구소)

프락치 사건). 6월에 접어들면서 이승만 정권은 반민특위를 와해시키기 위한 총공세를 펼쳤다. 우익단체인 국민계몽대는 '빨갱이 의원' 성토대회를 개최하고는 특별조사위원회로 몰려가 건물을 에워싸고 "공산주의자가 이 안에도 있으니 빨리 나와라.", "반민특위 내 공산당을 숙청하라."라며 사무실로 침입하려 하였다. 위험에 처한 반민특위 직원들이 중부경찰서에 연락했지만 소용없었다. 반민특위가 나서서 6월 4일 배후 인물들을 체포·수감하자, 다음 날 서울시경은 비상경계에 들어갔고, 경찰국 산하 사찰과 직원 440여 명은 신분 보장을 요구하며 사표를 제출하는 것으로 갈등 분위기를 고조시켰다. 반민특위와 경찰 당국이 정면충돌하는 양상이었다.

1949년 6월 6일 오전 8시, 서울시 중부경찰서 서장 윤기병의 지휘 아래 40여 명의 사복 경찰들이 반민특위 사무실을 습격하였다. 특별조사위원·조사관·특별검찰관·특별재판관 등의 가택 수색까지도 벌어졌다. 특경대장 등 대원 30여 명이 중부서로 체포되었고 특별검찰관과 총장은 몸수색을 당했다. 사복 경찰들은 특별재판부에서 투서·진정서철, 반민자 죄상 조사서, 출근부 등을 압수해 갔다. 이른바 반민특위 습격 사건이 일어난 것이다. 이는 이승만 정권이 반민특위를 와해시켜 친일파 숙청을 원천 봉쇄하려는 극단적 대응이었다. 특경대의 무장해제는 명분에 불과했다.

반민특위 해체 후 독재 정권 등장

반민특위 습격 사건 이후 정국은 극단적인 반공 정국으로 빨려 들어갔다. 반민특위 습격 사건을 지휘한 내무차관 장경근은 연행한 특경대원·사무직원들에게 "반민특위는 빨갱이의 소굴이다.", "너희들은 언제 남로당에 가입했느냐."라며 이를 기정사실로 하였다. 이런 가운데 6월 22일 국회부의장 김약수 등이 국가보안법 위반 혐의로 검거되는가 하면(제2차 국회 프락치 사건), 반민특위 활동을 적극 지지하며 친일파 숙청에 강경 발언을 쏟아 냈던 김구가 1949년 6월 29일 암살되었다. 이후 반민특위 활동은 급속히 위축되었고 와해 절차가 진행되었다.

1950년 6월 20일로 규정된 공소시효는 1949년 8월 31일로 앞당겨졌고 반민 피의자의 조사와 체포는 급격히 줄어들었다. 특별검찰부는 공소시효 마감일에 상당수의 반민 피의자를 기소유예 석방하여 특검 업무를 종료했다. 특별재판부는 9월 23일부터 보석 및 구류 취소 등으로 업무를 종료하였다. 더욱이 반민특위의 폐기 법안이 통과되면서 민족 반역자에 대한 처벌이 불가능해졌다.

또한 1951년 2월 '반민족행위 재판기관 임시조직법'이 폐지되어 공소 계속 중인 사건은 모두 '공소 취소'되었고 반민법에 따른 판결도 모두 효력을 잃었다. 반민특위는 어렵게 조성된 민족정기를 살릴 기회를 상실한 채 시효 만료로 문을 닫고 말았다. 이로써 민족정기는 굴절되었고 이승만을 정점으로 하는 친일 반민족 세력이 재등장하고 독재 권력을 낳는 결과를 초래하였다.

오늘날 한국 사회는 사회갈등지수가 OECD 국가 가운데 2위에서 4위 정도로 아주 높다. '갈등 공화국'이라 말하기도 한다. 이에 따르는 갈등 비용은 한 해 82조 원에서 246조 원에 이른다는 분석도 있다. 이러한 사회적 갈등은 지역·이념·빈부·남녀·세대 간에서 비롯된 것이다.

민주화 이전엔 지역 갈등이 컸지만, 지금은 이념 갈등이 제일 크다. 이는 좌파와 우파, 진보와 보수 간의 대립에서 기인한 것인데 친일 문제도 한몫한다. 반민특위 습격 사건은 그 불씨가 되었고 결국 반민특위를 좌절시켰다. 결국 민족 양심과 사회정의, 나아가서는 민족정기의 패배를 가져다주었다는 점에서 한국 현대사에 커다란 해악을 끼쳤다.

친일 인사의
유물·유적을 조사하여
친일 청산 교육의 장으로 만들자

얼마 전 어느 젊은 웹툰 작가가 독립운동가와 그 후손을 비하하는 글을 올려 논란이 일었다. 그는 자신의 페이스북에 "친일파 후손들이 저렇게 열심히 살 동안 독립운동가 후손들은 도대체 뭐 한 걸까?"라는 질문을 던지고서는 '친일파 후손의 집'이라 적힌 고급 단독주택과 낡고 허름한 '독립운동가 후손의 집' 사진을 나란히 보여 줬다. 올바른 역사의식을 지닌 사람이라면 친일파를 비판적으로 바라보지 않을까?

친일 인사에 대한 비판의 목소리 높이기

친일파 논란은 어제오늘의 일이 아니지만, 청장년층에까지 친일을 긍정하는 인식이 확산한 것은 아닌지 우려스럽다. 2019년 '신친일파'가 쓴 《반일 종족주의》라는 책이 인기 도서가 된 것도 이와 무관하지 않을 것이다. 당시는 3·1운동과 대한민국 임시정부 수립 100주년이 되는 해로 어느 때보다도 독립운동의 의미를 되새겼음에도 말이다. 이런 비판적인 시각에서 자라나는 청소년들에게 친일 문제를 어떻게 이해하도록 할 것인지 다시금 되돌아봐야 한다.

2009년 대통령 직속으로 꾸려진 친일반민족행위진상규명위원회는 1,006명을 친일파로 최종 선정한 바 있고, 한 해 앞서 비영리 단체 민족문제연구소는 식민지 지배에 협력한 인사 4,776명의 친일 행각과 광복 전후 행적을 담은 《친일인명사전》을 펴냈다. 완벽하지는 않지만, 친일 인사들을 총정리했다는 데 큰 의미가 있었다. 이후 "친일파 관련 기념비 등을 철거해야 한다.", "국립묘지에 안장된 친일파 묘소를 이장해야 한다.", "친일파의 이름을 딴 문학상을 폐지해야 한다." 등의 주장이 제기되었지만, 실제 이행은 지지부진하였다.

그뿐만 아니라 친일 인사들에 대한 비판의 목소리도 크게 이슈화되지 않았다. 잊을 만하면 불거지는 보수 인사들의 친일 망언과 그에 따른 잠깐의 성토가 있었을 뿐이다. 이는 한두 번이 아니라 그동안 반복되어 온 일이다. 친일 화가·음악가·문학가 등의 작품이 여러 번 지적되었지만, 사회적인 여론을 형성하지 못해 흐지부지되는 경우도 다반사였다. 어느 예술가의 생애를 다루는 TV 프로그램만 해도 그의 예술성에 친일 활동 정도는 가볍게 묻어버린다. 내가 좋아하는 시, 가곡, 소설 작가인데 그 정도는 별것 아니라는 식이다. 그러다 보니 친일파에 대해 무감각해지고, 심지어 이들을 옹호하는 분위기까지 생겨나는 것은 아닌지 우려스럽다.

친일 인사들의 유물·유적 관리하기

이제는 친일 인물들의 행적을 정리하는 수준을 넘어 직접 행동할 때이다. 이를 위해서는 전국적으로 친일파들의 유물과 유적을 조사하고 살아 있는 역사 교육의 장소로 활용해야 한다. 무엇보다 청소년 역사 교육 차원에서 교육 현장의 친일 잔재를 없애는 일이 선행되어야 한다. 교실에서는 독립운동가의 활동을 기리고 친일을 비판하는데, 여전히 교내에 친일 인사의 동상이나 기념비가 있다면 모순이 아닐 수 없다.

그런데도 전국 17개 시도 교육청 중 광주·전남만이 교내 친일 잔재 청산에 적극적이다. 이와 대조적으로 부산·대구·세종·강원·충북·경북·경남 교육청은 그러한 사업에 대한 계획조차 없다. 2019년 민족문제연구소가 서울 소재 학교 내 친일 잔재 전수 조사를 한 것은 매우 고무적인 일이었지만, 관할 서울시교육청은 친일 청산 작업은커녕 이를 바로잡기 위한 조사조차 진행하지 않고 있다. 인천·대전·울산·경기·충남·전북·제주 등 7개 교육청에서 교육 현장 속 일제 잔재 실태 파악 및 청산 관련 조사나 토론회 등을 실시한 것은 그나마 다행이었다.

다음으로 친일파와 관련된 기념비·기념탑·동상·기념관·도로명 등의 유물과 유적을 전수 조사하고 목록화해서 관리해야 한다. 전라북도는 2020년 '친일 잔재 전수 조사 및 처리 방안 연구용역'을 진행하였고, 이에 대한 처리 기준을 마련하여 역사 교육에 활용할 것이라 한다. 이는 상당히 고무적인 일이지만 이러한 움직임을 보이는 지자체는 그리 많지 않다.

이를 반대하는 측은 친일파들의 행적을 논할 때, '공(功)'과 '과(過)'의 균형을 잡아야 한다는 주장을 내세우곤 한다. 유명인일 경우에는 더욱

김백일 동상 옆에 세워진 '김백일 친일 행적 단죄비'(민족문제연구소)

민감하다 보니 기념비나 동상 등을 철거하기란 간단치 않다. 몇 년 전부터 민족문제연구소 등 민간단체들은 친일 기념비를 없애기보다는 좀 더합리적인 방안으로 그 옆에 '단죄비(斷罪碑)'를 세우고 있는데, 논란을 비껴갈 하나의 방안으로 보인다. 그 자체도 역사이니 친일 기념비를 역사교육 자료로 활용할 수 있다는 차원에서다.

그렇다손 치더라도 친일파가 제작하거나 건립한 독립운동가 동상과기념비는 철거되어야 한다. 이는 단죄비를 세우는 것과는 다른 얘기다.어느 누가 보더라도 논란의 여지가 있기 때문이다. 이 부분에 대한 철거를 주장하는 경우가 많지만, 맥없이 흐지부지되기 일쑤였다.

그렇다고 성과가 전연 없던 것도 아니다. 경남 마산시가 2003년 5월〈선구자〉를 작곡한 친일파 조두남을 기리고자 '조두남기념관'을 지었으나, 그의 친일 문제가 불거지면서 결국 2004년 7월 '마산음악관'으로 명

'마산음악관'으로 명칭이 바뀐 '조두남기념관'

칭이 바뀌었다. 2021년 9월 전북 정읍시는 친일 작가 김경승이 제작한 덕천면 황토현전적지의 전봉준 장군 동상과 부조 시설물을 모두 철거하고, 2022년 6월 새롭게 동상을 건립했다. 그런데 서울 탑골공원의 3·1운동사 부조, 서울 남산의 김구 동상 등도 그의 작품이지만 건재하다. 이 외에도 강원도 원주 민긍호 의병장의 묘소 근처에는 친일파인 정일권 전 육군참모총장의 충혼비 헌시가 버젓이 세워져 있다.

역사의 단죄는 잘못을 처벌하는 것이 목적이 아니다. 역사의 잘잘못을 가려 친일 행위가 더는 옹호해야 하는 대상이 아니라 청산의 대상이라는 점을 분명히 하는 것이다. 친일 인사들의 유물과 유적을 전수 조사하고 목록화해서 통합·관리하는 것은 그것을 가리는 시작이 될 것이다.

그 많던 초등학교 내 봉안전은
어떻게 되었는가?

몇 해 전 일제강점기에 초등학교 교사를 지냈던 분을 인터뷰했다. 광복 직후 마을 청년들이 교내 봉안전을 때려 부수자, 이를 본 학생이 달려와 청년들을 말려 달라고 했다 한다. 교사가 학생들에게 등교할 때 반드시 봉안전에 절을 하라고 시켰기 때문이다. 교사는 학생에게 마을 청년을 말릴 수 없는 이유를 설명할 수 없어서 교사직을 그만뒀다고 한다.

그 이야기를 잊고 있었는데, 얼마 전 전주 지역을 답사하던 중 전주초등학교 내 '독립기념비'를 보고 새삼 그분의 말이 떠올랐다. 더욱이 광복 직후인 1945년 11월 15일에 봉안전을 헐고 그 기단 위에 '독립기념비'를 세웠다는 데 남다른 감회를 가진 적이 있었다.

일제강점기 봉안전이란

봉안전(奉安殿)은 일본어로 '호안덴(ほうあんでん)'이라 하는데, 일본 제

〈교육칙어〉(1907)

국과 그 식민지의 학교에 일왕·왕후의 초상과 〈교육칙어〉를 넣어 두던 구조물이다. 〈교육칙어〉는 1890년 10월 일본의 메이지 왕이 '천황제'에 기반을 둔 교육 방침을 공표한 칙어로, 천황의 신격화와 일본 국민의 정신적 규범으로 작용하였다. 그런데 일제는 식민지 한국에도 이를 교육 전반의 기본 규범으로 정하고, 1912년까지 대부분의 공립보통학교에 사본을 교부하였다.

그러다가 1936년 8월 제7대 조선 총독으로 미나미 지로가 부임하면서 내선일체, 황국신민화 정책이 본격화되었다. 이후 신사 참배, 국기 게양 행사, 황국신민서사 제정, 창씨개명(일본식 성명 강요), 궁성요배 등이 강요되었다. 학교에서는 조선어를 선택 과목으로 만들더니 아예 교과 과정에서 이를 제외하였으며, 봉안전 설치와 더불어 〈교육칙어〉뿐만 아니라 일왕의 사진도 그 안에 보관토록 하면서 격이 달라졌다. 이후 〈교육칙어〉는 우상화되었고, 일왕 사진을 지키다가 목숨을 잃은 교사도 있었다. 봉안전 안전을 위해 교원의 숙직, 당직 규정이 강화되기도 했다. 그런 만큼 봉안전은 학생과 교사 모두에게 위압적인 존재였다. 친일파

(왼쪽부터) 봉안전, 학교에서 〈교육칙어〉를 봉독하는 모습

전주초등학교 내 봉안전 기단 위에 세워진 독립기념비

들은 이러한 봉안전 건립을 위해 건설비를 기부하기도 했다.

봉안전은 대개 교문 주변이나 교실로 들어가는 중간 어딘가에 단을 쌓아 높게 설치되었다. 이에 학생들은 등하교할 때 반드시 봉안전 앞을 지나가야 했고, 그때마다 90도로 허리를 굽혀 절하는 최경례를 하고 손뼉을 두 번 치도록 강요받았다. 이는 점차 학생들의 일상이 되어 갔다. 또한 패망 이전까지 일본 제국의 4대 공휴일(1월 1일, 기원절, 신무천황제, 천장절)에 각 학교의 교직원과 학생들은 봉안전 앞에 줄을 서서 최경례를 올리고, 〈기미가요〉를 부르도록 하는 등 엄숙한 분위기 속에서 〈교육칙어〉를 봉독하였다.

일제 잔재로만 여겨야 할까

일제 말에 국민학교를 다녔던 분들은 지금도 봉안전 앞에서 최경례하고 이를 어기면 매우 혼났다는 기억을 생생하게 증언하고 있다. 어린 학생들에게 얼마나 강요된 굴종이었는지 가늠케 한다.

고인이 된 이규태 기자의 칼럼을 통해서도 이를 확인할 수 있다. 광복되던 날 봉안전이 부서지고 교실에서 일왕 사진이 뜯겼는데, 이를 청소하는 것이 당번이었던 그에게 맡겨졌다 한다. 하지만 이는 단순한 사진이 아니라 그 이상의 주력(呪力)이 붙어 있다고 여겼기 때문에 이를 구기거나 찢거나 하면 신명(神明)의 노여움을 사 해코지를 당할 것이라는 두려움에 떨었다고 한다. 결국 어린 마음에 사진을 어찌하지 못하고 책갈피 속에 넣었는데, 허리가 아프다고 하는 일왕의 꿈까지 꿀 정도였다. 이후 어머니에게 그러한 사실을 고백하고 사진을 태워 땅에 묻어버렸는데, 그 신명이 뒤통수를 잡아끄는 착각이 들어 지레 겁을 먹고는 큰절하고 도망쳤다는 것이다. 이는 어린 학생들에게 일왕이 초인간적으로 군림했음을 보여 주는 단적인 예라 할 것이다.

이와 다른 일화도 있다. 1941년 4월 동래중학교 5학년에 재학 중이던 배종훈은 부산학생항일의거(노다이 사건)로 동기생 임규호가 퇴학당하자, 이에 불만을 품고 봉안전 정면 문 앞에 용변을 봤다. 평소 일제의 봉안전 참배에 불만을 품고 있던 차였다. 다음 날 학교는 발칵 뒤집혔고, 그는 일본 경찰에 구속돼 불경죄로 1년 6개월의 실형까지 살아야 했다. 2019년 그는 독립운동가로 인정받았다.

1945년 8월 일제가 패망한 뒤 그해 12월 15일, 연합군 최고사령부의 '신도지령'에 따라 봉안전 폐지가 결정되었다. 일왕의 초상화는 소각되었고 구조물은 대부분 해체되었다. 일본에서도 1946년 4월 봉안전 폐지가 결정되었다. 그런데 이보다 앞서 광복 직후 1945년 8월 16일부터 8일 동안 파괴·방화된 신사와 봉안전이 136건에 달했다는 기사도 있다. 일제 식민 통치의 제일선이었던 경찰관서 습격(149건) 다음으로 많았다.

광복 직전 공립 국민학교와 중등학교가 4천 개였음을 참작한다면, 수백 개의 학교에 봉안전이 있었을 것으로 추정된다. 그런데 광복 직후 모두 철거되었고, 현재 봉안전의 흔적이 남아 있는 곳은 몇 곳에 불과하다. 목포에 있던 봉안전은 1996년 8월에 철거되었고 터만 남았다. 이 외에 앞서 언급한 전주초등학교와 전주풍남초등학교에도 그 흔적이 남아 있다.

그런데 이를 일제 잔재라고만 여겨, 간혹 신문에 '버젓이 남아 있다'라는 투로 보도되곤 한다. 철거되어야만 할 대상으로밖에 인식하지 못한 결과다. 어린 학생들에게 일제의 잔악상을 보여 줄 수 있는 최고의 역사 교육 현장이라는 다른 시선으로 바라봐야 한다. 그러기 위해서는 우선 그곳에 '봉안전'이 있었던 곳이며, 왜 이를 설치했고 철거했는지를 분명하게 알리는 안내문을 설치해야 한다. "역사를 잊은 민족에게 미래는 없다"라는 말을 다시금 되새겨야 한다.

어느 독립운동가의
일그러진 초상

독립운동가 곁에는 밀정이 있었다

사전적으로 밀정이란, '적국·가상적국·적대 집단 등에 들어가 몰래 또는 공인되지 않은 방법으로 정보를 수집하거나 전복 활동 등을 하는 자'로 정의하고 있다. 일제강점기에 얼마나 많은 밀정이 있었는지는 정확히 알 수 없다. 그렇지만 독립운동 단체가 있는 곳에는 반드시 밀정이 있었다고 해도 과언이 아닐 정도로 그 수가 많았다.

그래서 국내에서 군자금을 모집하여 상하이 임시정부로 보내려고 했지만 제대로 전달되지 못한 경우가 태반이었다. 독립군이 일본군을 습격하기도 전에 계획이 탄로 나 실패하는 일도 부지기수였고, 수많은 독립운동가가 일본 군경에 붙잡혀 옥고를 치르기 일쑤였다.

누가 밀정이 되었나

3·1운동과 대한민국 임시정부 수립 100주년을 맞아 2019년에 독립운동과 관련된 영화나 방송이 많이 제작, 방영되었다. 그런데 한 방송사가 이와 대척점에 있는 '밀정'에 주목한 프로그램을 내보내 사회에 적지 않은 충격을 던져 주었다. 일본과 중국의 기밀문서를 분석하여 895명의 밀정 혐의자 실명을 공개한 것이다.

물론 이들 모두의 실체를 확인한 것은 아니며, 그렇게 하는 것은 거의 불가능하다. 당시 밀정은 여러 개의 가명을 썼고, 대부분 몰래 활동하여 실체가 밝힐 수 없기 때문이다. 더욱이 해방 이후 그들은 신분 세탁을 했기에 누가 밀정이었는지 알 수도 없다.

밀정 가운데는 애초 일제에 고용돼 월급을 받은 이들도 있었지만, 독립운동을 하다가 일제의 회유에 변절한 사람들도 있었다. 안중근의 동지였던 우덕순, 김좌진 장군의 비서, 의열단장 김원봉의 부하, 봉오동 전투의 주역 홍범도의 수하 등이 대표적이다. 심지어 임시정부 내에도 밀정이 존재했는데, 상하이에는 독립운동가보다 밀정 수가 더 많았다고도 한다. 물론 실제 밀정이었는지 논란이 있는 인물도 있다.

밀정은 어떻게 독립유공자가 되었나

그런데 더욱 충격적인 것은 이들 중 상당수가 독립유공자로 포상을 받았다는 점이다. 1960년대 서훈 심사가 부실하고 친일 청산이 제대로 이뤄지지 않던 때의 일이지만, 1990년대에도 이러한 사례가 있었다.

그렇다고 관련 부처나 심사를 담당했던 전문가들에게 책임을 묻기도 어렵다. 자료 미비로 독립유공자 선정 과정에서 밀정임을 확인할 수 없었기에 그렇다.

그렇다면 어떻게 해야 할 것인가? 일제에 맞선 독립운동가는 15만 명이 넘는 것으로 추산하지만, 현재 독립유공자로 인정된 것은 1만 8천여 명에 불과하다. 그러다 보니 정부가 독립유공자 발굴에 소홀하지 않았냐는 비판을 받기도 하는데, 중복 포상, 친일 경력자 포상 등으로 곤욕을 치르곤 한다. 그렇다고 언제, 어디서, 어떤 자료가 나올지 모른다고 하여 마냥 심사를 미룰 수도 없다. 정부는 더 많은 독립유공자를 발굴해야 하고 그만큼 검증을 철저히 해야 하는 이중 부담을 안고 있다. 즉 새로운 자료의 발굴로 독립유공자의 결격 문제가 제기될 가능성은 언제든지 존재한다.

그런데 이를 임기응변식으로 대응한다면 호미로 막을 것을 가래로 막는 격이 될지도 모른다. 이에 대한 적절한 대응 매뉴얼이 필요하다. 사전에 정부 차원에서 팀을 꾸려 독립유공자에 대해 철저히 검증해야 하고, 친일 문제가 발견되면 적법한 절차에 따라 신속히 서훈을 박탈해야 한다. 그러려면 기준 마련이 시급하다. 누구나 공감할 수 있는 원칙을 세워야 논란을 잠재울 수 있다. 자칫 행정소송에 휘말릴 수도 있지만, 문제점이 발견되었어도 판단을 미루거나 분명한 의견을 제시하지 않는다면 비판은 더욱더 커질 게 자명하다.

독립운동가들이 바라던 자주독립의 대한민국이 존재하는 만큼, 이들의 공훈은 지금 살아가는 후손들에게 본보기가 되어야 하고 역사적으로 기록돼야 한다. 이는 전체 독립유공자의 명예, 신뢰와 직결되기 때문이다.

한국독립운동, 아직 끝나지 않았다
- 미완의 독립: 기억과 청산의 기록

초 판 1쇄 인쇄·2024. 8. 5.
초 판 1쇄 발행·2024. 8. 15.

지은이 이계형
발행인 이상용·이성훈
발행처 청아출판사
출판등록 1979. 11. 13. 제9-84호
주소 경기도 파주시 회동길 363-15
대표전화 031-955-6031 팩스 031-955-6036
전자우편 chungabook@naver.com

ⓒ 이계형, 2024
ISBN 978-89-368-1244-7 03910